KB263929

토닥이는 마음

다독이는 영화

토닥이는 마음

다독이는 영화

토닥이는 마음 다독이는 영화

초판 1쇄 발행 2025년 11월 14일

지은이 장다나, 이정식, 강원중, 최규창, 최은

표지디자인 강원중

펴낸곳 컨텐츠조우 **펴낸이** 최재용

전화 02)310-9775 **팩스** 02)310-9772 **전자우편** jowoocnc@gmail.com

주소 경상북도 김천시 어모면 산업단지 4로 113-5

출판등록 2018년 3월 29일 제 25100-2018-000025호

ISBN 979-11-91173-12-3 03680

장다나
이정식
강원중
최규창
최 은
모기영의 씨네레터
컨텐츠조우

우리는 지금 영화가 필요하다

여러 개의 마감이 겹쳐 숨이 턱에 걸릴 때면 글자보다 그림이 많은 '고양이 책'을 주문합니다. 읽는 게 아니라 주문한다는 게 중요합니다. 이 일이 끝나면 고양이 책이 와 있을 거야, 라는 생각만으로 아드레날린이 솟는 것 같거든요. 마음이 힘들고 정신이 시끄러울 땐 가끔 난해한 철학서나 이론서 같은 벽돌책을 집어들기도 합니다. 평소라면 큰 맘 먹어야 시작할 수 있는 책이지만 몹시 힘든 순간에 고도의 집중력을 요구하는 이런 책을 붙잡는 것은 저에게는 나름 자존심과 의지의 표현입니다. '생각이 제 마음대로 흘러가는 것을 내버려두지 않겠다'는 다짐이라고나 할까요.

이 경우 제가 필요로 하는 것은 책의 주제나 의미보다는 그 책의 '그런' 성격, 그러니까 물성 또는 스타일이겠죠. 『우리는 지금 문학이 필요하다』(비잉, 2021)를 쓴 앵거스 플레처라면 그건 "시선을 밖으로 돌리는" 일이며, 예컨대 "배외측 전전두피질의 강력한 걱정회로 같은, 반

 토닥이는 마음 다독이는 영화

추를 부추기는 자기성찰적 뇌 부위가 점차 이완되는” 경험이라고 친절하게 설명해줄지 모르겠습니다.

플레처에게 문학은 테크놀로지이고 신기한 발명품입니다. 정확하게는 문학의 여러 수사법이나 서술기법들이 그렇다는 거겠지요. 예컨대 호머의 『일리아드』는 인간이 내는 하나님 목소리(God-voice)를 고안하여 독자들에게 전능한 마음과 용기를 부여했고, 『이솝우화』는 풍자의 혁신인 패러디와 암시와 아이러니를 통해 평정심을 갖게 했습니다. 『신데렐라』의 샤를 페로는 도덕심과 미덕을 전제로 하지 않는 행운과 해피엔딩을 통해 기존의 동화를 전복해서 독자들에게 희망을 주었고, 셰익스피어의 『햄릿』은 그가 아들을 잃은 슬픔과 이룬 타협의 산물이었으며, 따라서 상실의 아픔을 달래줍니다.

아이러니와 자유간접화법과 의식의 흐름 기법처럼, 문학을 문학답게 하는 혁신과 새로운 시도는 모두 인간의 마음과 신경회로를 자극하는 정신활동과 관계있다며, 저자는 스물다섯 개의 발명품에 과학적인 설명을 조목조목 덧붙입니다. 의미와 주제의 해석보다 문학이 주는 위로와 공감과 치유, 분노의 극복과 용기와 유대감 같은 효용과 혜택을 마음껏 누려보자고 제안하는 거죠.

이제 “우리는 지금 영화가 필요하다”고 고쳐 말해 볼까요? 독서든 예술 감상이든, 의미추구가 우리의 정신을 고양한다는 것을 우리는 잘 알고 있습니다. 다만 영화가 주는 놀라운 위로와 공감과 즐거움 덕분에 해석과 입장표명이 무색해지는 경이로운 순간을 아주 포기할 수는 없 겠죠. 그러고 보니, 영화야말로 테크놀로지이고 20세기의 신박한 발명 품이었네요.

이 책 『토닥이는 마음 다독이는 영화』에 실린 다섯 필자의 글은 존재 자체로 누군가에게 위로가 되고 숨쉴 틈이 되기를 감히 바랐던 모 기영(모두를위한기독교영화제)의 지난 6년 여정이 영화라는 대중문화 텍스트와 행복하게 만난 기록입니다. 매주 모기영의 생존을 알리는 뉴 스레터를 발간하기 시작하면서 좋은 영화의 힘을 빌려 모기영의 벗들 에게 얼굴 있는 모습으로 친밀하게 다가가려고 한자 한자 써내려간 편 지들이었어요.

돌이켜보면 모기영은 기독교가 개독이라는 조소를 넘어 분열을 조 장하는 사회악으로 지탄받고 있던 시기에 출범했습니다. 영화하는 그 리스도인 몇이 모여 우리 뭔가 착한 일을 도모해보자 이야기했지요. "혐오 대신 도모 배제 대신 축제"라는 모기영의 슬로건은 그렇게 탄 생했습니다. 헬라인이나 히브리인에게나 차별 없는 좋은 소식Good News이었던 복음의 본질을 따라, 우리는 기독교인들과 비기독교인들 이 선물 같은 한편의 영화를 놓고 함께 울고 웃는 축제를 꿈꾸었습니 다. 더 이상 우리에게 이런 슬로건이 필요 없어진다면 장렬하게 소멸해 도 좋겠다고 생각했던 초기의 모순된 바람과 달리 계엄의 바다를 지나 온 이 시대에 이렇게 주장할 수 있어서 슬프기도 하고 감사하기도 합니 다. 우리는 지금 영화가 필요하고 모기영이 더욱 필요하다고 말이지요.

취향과 결이 다르고 뿌리내리고 살아가는 일상의 토양도 각기 다르지만, 이 책의 다섯 필자들은 기독교 신앙의 본질을 놓지 않으면서도 보편의 어휘와 공감의 시선으로 고단한 시절을 살아가는 이웃들에게 말을 건넨다는 점에서 같은 방향을 바라보고 서 있습니다. 각자의 믿음을 삶으로 살아내기를 바라며 작고 연약한 것들의 곁이 되어 주고 싶은 마음을 전하면서요.

일상의 에피소드와 경험으로부터 출발하는 장다나의 "이 세계가 하도 곤고하여"는 쉽고 편안하고 다정하게 영화에 접근하는 통로입니다. 여기에는 직장을 그만 두고 훌쩍 여행을 떠나고, 주거 불안정의 현실을 공동체를 이루어 사는 것으로 돌파해가고, 때로 한 잔 술에 의지해가면서, 남들에게는 의미 없어 보일지 모를 일상의 루틴을 기어이 지켜내고자 하는 장다나와 친구들이 있고 그가 건져낸 영화 속 인물들이 있습니다. 글을 읽다 보면 영화에서 금방 튀어나온 것 같은 이 매력적인 필자의 실물 캐릭터가 궁금해질 거라고 말씀드릴 수 있을 것 같네요.

목회자이면서 문학과 영상 연구자인 이정식의 "시네마 분더카머"는 나와 내가 아닌 것, 자아를 규정하는 시선의 다른 편에서 갈등하고 주저하는 인물들을 탐구합니다. 내 안의 타자성으로부터 시작해서 자아의 소멸인 죽음과 그것을 뛰어넘는 사랑을 경유한 필자의 종착지는 십자가와 구원에 대한 성찰입니다. 장르도 주제와 감성도 다른 열편의 영화를 엮어내는 자연스러운 흐름과 서사를 발견하는 것도 '분더카머' 읽기의 즐거움입니다.

강원중의 "인류세 스크린"의 글들은 한시도 지체할 수 없는 기후위기와 창조세계의 훼손을 바라보며, 절실한 마음에서 써내려간 필자의 호소문이자 기도문 같기도 합니다. 하지만 절박함이 전부는 아니라고 그는 말하는데요, 절박함이 앞세운 옳고 그름의 문제가 자칫 작은 것들에 대한 사랑을 간과하기 쉽기 때문이죠. 그 사랑이야말로 파국의 시대를 살아가는 최고의 비결이자 비밀이 아닐까 "인류세 스크린"은 되묻습니다.

예술이란 현실세계에서 다른 세계를 보는 '구멍'이라고 최규창의 "두 세계 이야기"는 말합니다. 평소 좋아하는 영화와 드라마에서 이 두 세계를 들여다볼 수 있는 대사들을 선별하여 소개하면서 이야기를 풀어나가는데요, 한 줄 대사에서 철학적이고 심오한 통찰을 길어내는 필자의 안내를 따라가다 보면 우리는 어느 새 다른 '구멍'에 이르게 됩니다. 다름 아닌 가혹하고 견고한 이 세상에서 만나는 숨쉴 구멍이죠.

최은의 "취미와 취향"에는 현실 너머의 무언가를 추구하고 자주 현실과 불화하는 예술이 신앙의 어떤 점과 닮았다고 믿는 필자의 평소 생각과 취향이 담겨 있습니다. 산문의 언어나 정보의 나열보다는 시의 언어와 예술 자체로 희망과 양심과 자유와 혁명과 연대와 대화를 말하는 작품들을 만나실 수 있습니다.

다독임이 필요하고 동지가 그리운 누군가에게 가 닿기를 기대하며 매주 날려 보낸 편지글을 모아 책으로 엮고 종이 위 활자로 다시 만나

 토닥이는 마음 다독이는 영화

니 감사한 일이 많습니다. 모기영이 아무 실체가 없던 출발부터 모기영의 시대정신을 지지해주시고 주저 없이 동행해주신 강신일 집행위원장님과 최고의 기획자 강도영 실행이사님, 디자인 작업으로 주간모기영 시대를 열어주신 김지향님, 홍보의 달인 김명관 팀장님, 연재에 동참해주신 박일아 프로그래머님께 감사인사를 전합니다. 묵묵히 지지해주시는 모기영의 이사님들과 후원자님들께도 고맙습니다. 마지막으로, 주간모기영의 진심과 가치를 먼저 알아봐주시고 출판을 추진해주신 컨텐츠조우 최재용 대표님께 감사드립니다.

바라건대 이 책과 여기 담긴 영화들이 곤고할 때 떠오르는 여러분의 '고양이 책'이 되었으면 좋겠습니다.

2025년 가을, 필자들의 감사와 사랑을 모아
최 은 드림

주간모기영
https://maily.so/cff4every1

모두를위한기독교영화제
https://www.cfffe.kr

추천사

강신일(모두를위한기독교영화제 집행위원장, 배우)

모기영에서 책을 출간하게 되었습니다. 참으로 기쁜 일이 아닐 수 없습니다.

기쁨은 기독교의 본질 중 하나입니다. 복음(εὐαγγέλιον)은 기쁜 소식이고, 그리스도인은 이것을 전하는 자들이지요. 서로 나누고 함께 누리는 것, 모기영에서 추구하는 '서로 도모하고 축제의 마당을 꾸미는 것'은 결국 공의로운 세상을 향한 열망에서 비롯된 작은 몸짓입니다. 그 결실로 태어난 이 책이 많은 사람들에게 위안과 즐거움이 되었으면 좋겠습니다.

 토닥이는 마음 다독이는 영화

안숭범 (경희대학교 교수, 영화평론가, 시인)

기독교는 있지만 포용과 위로의 종교가 없다고 말하는 친구들이 있습니다. 교회는 있지만 사랑과 공감이 메마른 시대를 산다고 말하는 친구들이 있습니다. 그리하여 '모두를위한기독교영화제(모기영)'는 우리에게 소중합니다. 어떤 영화는 경직된 설교보다, 규범을 강조하는 교리보다 더 멀리 있는 사람들에게 가닿습니다. 배제의 시선 앞에서 환대를 요청하고, 분열의 제스처 앞에서 화해를 권면하고, 고립을 걱정하는 이들에게 연대의 손길을 내밀기도 합니다. 그런 다독이는 영화들 곁에서 피어난 토닥이는 마음들이 글로 옮겨졌습니다.

이 책은 '주간 모기영'을 통해 독자를 만나 온 다섯 분의 필자가 미리 다녀온 영화의 세계를 소개합니다. 다섯 분이 삶으로 영화 장면에 단 정직한 주석들이 정갈하게 모여 책이 되었습니다. 이를테면 이 책은 <레이디 버드>를 통해 '스스로를 새롭게 명명'하며 사는 삶을 가늠합니다. <더 웨일>의 빛나는 장면들에서 '타인의 기척에 반응하는' 법을 묵상합니다. <마더!>에서 피조세계의 절규를 보며 함께 절규하고 계시는 신을 만납니다. <보헤미안 랩소디> 속 프레디 머큐리가 남긴 나그네의 신음을 들으며, 그의 콜 앤 리스폰스(call-and-response)에 동참합니다. <우리가 사랑이라고 믿는 것>이 지나간 자리에서 '심판자가 아닌 파수꾼이, 관리자가 아닌 시인이' 되어보자는 제안을 합니다.

저는 이 책이 스크린 너머에 존재하는 우리 모두의 삶을 경청하고 있다고 느꼈습니다. '당신은 믿음이 있나요?'라고 추궁하지 않고, '당신은 이 장면 앞에서 잠시 멈출 수 있나요?' '당신도 그 장면 앞에서 울었나요?'라고 속삭이고 있다고 느꼈습니다. 오래 두고 가끔씩 꺼내 볼 영화가 필요한 당신이라면, 그런 영화와 더불어 속엣말을 나눌 친구가 고픈 당신이라면 이 책을 권합니다. 누군가는 생각과 감정의 온도가 한 눈금 올라간 내일에서 깨어날 것입니다.

신지혜 (칼럼니스트. 작가)

우리는 호모 나란스이다. 이야기를 좋아하는 인간은 이야기를 통해 사회를 이해한다. 그 이야기들은 단순히 인간에게 재미있는 오락거리로서만 작용하지는 않는다. 이야기는 누구에게나 쉽게 들려지고 쉽게 전달된다는 특성을 가지고 있으면서도 흥미진진한 전개 속에 뚜렷하거나 숨겨진 층위를 가지고 있기 때문이다.

이야기들은 다양한 형태를 지닌다. 소설로 연극으로 음성으로 영화로 만화나 애니메이션으로 춤이나 음악으로 펼쳐지는 이야기들은 우리의 뇌리와 마음에 각인되고 우리 자신을 둘러싼 집단과 세계의 모습을 알려주며 함께 살아가기 위한 다양한 약속과 규범을 전해준다.

이야기를 가장 효과적이고 손쉽게 짧은 시간에 많은 사람에게 전달하는 문화콘텐츠는 영화일 것이다. 우리가 영화를 볼 때 우리의 머리와 마음은 움직이고 생각을 하며 감동을 받고 의지를 다진다. 나아가 함께 영화를 보고 상영관을 나오는 순간 그 공간과 시간을 공유한 사람들은 어딘가 동지 같은 느낌을 받기도 한다. 조금씩의 차이는 있지만 대부분의 우리는 비슷한 감상과 감정의 범주에 들어 있을 테니 말이다.

<토닥이는 마음 다독이는 영화>는 그런 면에서 우리에게 주어진 큰 선물이다. 저자들의 명징한 시선과 따뜻한 마음이 영화의 주제를 관통하고 결을 다듬으면서 이야기를 파생시키고 생명력을 준다. 표면의 재

미를 즐긴 우리에게 표층을 살짝 들어 보이며 그 아래 존재하는 또 다른 이야기들을 탄탄하고 단단하게 엮어 숨겨진 이야기를 들려준다. 그 이야기들이 나의 이야기와 맞물리면서 또 하나의 이야기가 탄생할 것이다. 기대하고 읽으시라.

목 차

이 세계가 하도 곤고하여

장다나

<레이디 버드>(2018)

<세 자매>(2021)

<월터의 상상은 현실이 된다>(2013)

<노매드랜드>(2019)

<그레이트 뷰티>(2014)

<요시노 이발관> (2009)

.<퍼펙트 데이즈>(2024)

<어나더 라운드> (2021)

<완벽한 타인> (2018)

장다나 _ 모두를위한기독교영화제 프로그래머

영화연출을 전공했지만 오래도록 다른 영역에서 버티기자세 취하는 중이다.
CGV아트하우스 큐레이터를 시작으로 모두를위한기독교영화제, 부산국제어
린이청소년영화제, 서울국제노인영화제, 울산울주세계산악영화제의 프로그
래머로 꾸준히 관객들과 만나는 일을 하고 있다.
유치한 말 장난, 오랜시간 관찰하는 것을 좋아하고 무엇보다 영화로 덕업일
치를 이뤄 행복한 고양이 추종자.

     토닥이는 마음 다독이는 영화

해석 불가한 세상의 무게가 결코 만만치 않음을 조금씩 알아
가던 언젠가부터 온라인상에 푸념 섞인 글을 자주 쓰기 시작했습니다.
이 세계는 견고했지만 그만큼 유치하기 짝이 없더군요. 거대하지만 지
극히 사소한 것들을 동력 삼아 움직이고 있었을 뿐더러, 모든 것을 포
용할 듯한 표정을 짓고 있으면서도 실상은 감히 다가갈 수 없게 하는
위선적인 위용을 뿜어내는 터라, 저는 이 세계를 경험할수록 소심해질
뿐이었습니다. 아마도 그때 저를 감싸던 공기에는 깊은 무력감이 녹아
들어 있었을 거라 생각해봅니다.

그렇게 단출한 기분 전환용으로 시작된 메모들은 어느 순간부터 서
글픈 마음을 가진 친구들과 서로를 위로하는 짤막한 수필이 되기도 하
고, 오랜 시간을 두고 사색을 멈추지 않는 미완의 글이 되기도 했습니
다. 때로는 대차게 욕지거리를 쏟아내고는 황급히 지워버리기도 했지

요. 삶의 미션을 오롯이 해내야만 하는 부담이 제 마음을 가차 없이 흔들어댈 때마다, 저와 비슷한 고민을 품은 캐릭터들의 서사 곁에 저를 조용히 끌어들이는 일은 제게 큰 위로의 시간이 되었습니다. 해답을 찾기 위해 치열하게 고민했던 시간들을 무색하게 만들 정도로 말이지요.

<이 세계가 하도 곤고하여>는 지금도 해답이 아닌 위로와 연대를 얻기 위해 극장 근처를 두리번거리고 있는 저의 사적인 영화 에세이들입니다. 어쩌면 제 개인의 이야기가 생각보다 재미없을 수도 있습니다. 왜냐하면 소비적 욕망으로 개인을 들여다보는 시선과, '이 사람이 하는 인생 푸념에 내가 왜 공감하고 위로해야 하느냐'의 태도는 전혀 다른 결이니까요. 하지만 저의 고민이 타인의 고민과 크게 다르지 않을 수도 있다는, 의외로 놀라울 만큼 비슷할 수도 있다는 믿음이 언젠가부터 제 마음 깊이 자리잡았나 봅니다. 주변의 응원으로 계속 영화 에세이를 써 내려가고 있는 것을 보면, 조금은 저의 사소함을 나눠도 좋지 않을까 하는 용기도 생깁니다.

이 챕터에 실린 아홉 편의 영화 에세이는 제가 영화 칼럼니스트로 <빛과 소금>, <복음과 상황>, <에덴미디어>등의 지면에 기고해 온 글 가운데, 독자들과 꼭 나누고 싶었던 이야기들을 모은 쑥스러운 꾸러미입니다. 조금은 성글고 예의 없는, B급 정서가 듬뿍 담긴, 그러나 무엇보다 애정 어린 기록들이지요. 하염없이 곤고한 이 세상의 고단함 위에 푸념을 던지고 농담을 얹고 말장난을 보태고 싶은 마음은 비단 저만의 것이 아닐 겁니다. 훌훌 털어내는 말들 속에서, 어쩌면 끈질기게 신경

쓰이던 신발 속 모래들이 함께 떨어져 나갈지도 모르니까요.

그럼에도 불구하고 쑥스러운 건 아무래도 성격 탓일 것 같네요.

내 이름을 불러줘
〈레이디 버드〉(2018)

내 이름은 내 맘대로

서른 살이 되었을 때 제 이름은 '다나'가 되었습니다. 부모님 각자의 존함에서 하나씩 꺼내 만든 이전의 이름도 무척 의미 있었지만 당시 큰 굴곡의 시기를 잘 견디고 무사히 서른을 맞이한 스스로에게 도전적인 선물을 해 주고 싶었던 저는 개명이라는, 나름 호기로운 선택을 했지요. 입시로 힘든 시기 유일한 즐거움이 되어 주었던 외화 시리즈의 주인공 FBI 요원 데이나 스컬리. 앞으로 그 멋진 사람과 같은 이름으로 살아가리라.

하지만 이런 저의 각오를 들은 친구들은 그야말로 박장대소했습니다. '네가 아이돌이냐', '다음엔 에밀리로 바꿀 거냐' 등등 놀려댔지만 상관없었습니다. 저는 이 이름이 더할 나위 없이 좋았으니까요.

사실 지금 생각해도 부모님이 지어 주신 이름은 여전히 맞지 않는 옷처럼 느껴집니다. 가끔 예전 이름을 조그맣게 발음해 보곤 하는데 그

   토닥이는 마음 다독이는 영화

럴 때마다 무언가를 지적당하는 듯한 느낌, 강제로 이름 불려지는 느낌, 세월이 지나도 여전히 등줄기에 머물러 있는 긴장이 느껴집니다. 지금이라도 자리에서 일어나 광활한 칠판 한가운데 서서 그 공포스러운 수학 문제를 풀어야만 할 것 같습니다. 이뿐만이 아닙니다. 동명의 연예인이 활동을 재개할 때마다 찾아오는 곤욕스러움이란. 짓궂었던 한 장로님은 틈만 나면 저를 사람들 앞에 세웠는데, 부끄러움 많은 제가 그때마다 허둥거리는 꼴이 퍽이나 재미있으셨나 봅니다. 전교인 수련회 때 갑자기 초대가수라며 무대 위에 절 세우셨던 그날은 제 인생 최악의 날이 되었지요. 그런 걸 보면 이름은 이름 그 자체보다, 이름이 불려지는 상황의 반복 속에서 그 색채와 대표성을 가지게 되는 것은 아닐지 생각해 보게 됩니다.

스스로를 새롭게 명명한 한 소녀

영화 <레이디 버드>(2018)는 주어진 현실을 거부하고 꿈꾸는 삶을 향해 전력 질주하는 한 청소년의 성장담입니다. 어디로 튈지 모르는 미지의 청소년기. 돌아보면 세상이 답답하게 느껴질 수밖에 없는 시기이죠. 모든 게 내 맘대로 되지 않아 그저 고리타분했던 세상, 때로는 이해되지 않는 짓도 서슴없이 했던 청소년기의 기억에 어느 누구는 그날의 에너지를 그리워할 것이고 또 어떤 이들은 부끄러움에 이불킥을 할지도 모르겠습니다. 하지만 그 시기만의 통과의례를 고스란히 겪었기에 지금의 모습이 완성될 수 있었다는 사실은 그 누구도 부인할 수 없을 것입니다. 이 영화는 불만과 불안으로 가득했던 시기를 지나 주체적인 성인으로 첫걸음을 옮기는 이들을 향해 다정한 응원을 보냅니다.

"넌 이름이 뭐야?"
"반가워, 난 레이디 버드야."
"레이디 버드? 이상한 이름이네."

　남이 이상하다고 하든 말든 상관없습니다. 언제부터인지 모르지만 스스로를 '레이디 버드'로 명명한 17살 청소년 크리스틴(시얼샤 로넌). 미 서부 새크라멘토에 사는 크리스틴은 그녀를 둘러싼 모든 존재에 불만입니다. 어디 출신이냐는 말에 두 번씩 대답해야 알아듣는 새크라멘토 촌구석에 사는 것도 구질구질한데, 남자아이들과 제대로 춤도 못 추게 하는 가톨릭 학교에서 젊은 시간을 보내야 한다는 사실은 더더욱 몸서리치게 싫습니다. 미안하지만, 가족을 사랑하는 것과 별개로 이 집 역시 크리스틴에겐 아쉬움 투성이입니다. 직업을 잃어도 마냥 세상 편해 보이는 아빠, 일류대를 나왔지만 마트 캐셔로 하루하루 보내는 오빠도 그렇지만 무엇보다 크리스틴을 힘들게 하는 존재는 단연코 그녀의 엄마입니다. 레이디 버드로 불러 주기는커녕 크리스틴의 미래 계획을 모두 허영으로 치부하는 엄마는 크리스틴이 세상에서 제일 이해할 수 없는 존재이죠. 허구한 날 돈돈돈, 현실현실을 외치는 엄마는 크리스틴의 허세를 꺾고 무조건 싸고 가까운 인근 대학으로 보낼 생각뿐입니다. 이토록 부정하고 싶은 가족의 모습, 답답한 환경을 벗어날 수 있는 유일한 방법은 이 모든 배경의 주인공인 촌스러운 고등학생 크리스틴 그 자체로부터 벗어나는 것입니다. 과감히 크리스틴을 버린 '레이디 버드'는 새크라멘토를 떠나 동부에 있는 대학으로의 진학을 노리게 되죠.

　　　　　토닥이는 마음 다독이는 영화

<레이디 버드>는 크리스틴을 조금은 엉뚱한 아이로 묘사하지만, 실은 이런 다양한 인간관계 경험과 집단생활을 통해 한 인간이 사회화되는 과정을 담고자 한 감독의 섬세한 시도로 가득한 영화라고 할 수 있습니다. 물론 모든 청소년들이 크리스틴 같진 않지만, 극적 소재로 바라보는 크리스틴은 인생의 반항기와 성장을 흥미롭게 완성하는 인물이면서도 상당한 영화적 매력을 가진 캐릭터임은 분명합니다. 흥미로운 점은 예술적 경험을 통해 그녀만의 상상의 세계를 더욱 선명하게 만들어 나간다는 것이지요. 친구들과 함께 연극을 하고, 스타인벡의 소설 한 구절에 눈물을 흘리는 등 예술적 영감은 소녀의 자양분이 됩니다. 때론 그 상상을 현실로 끌어내고 싶은 마음에 대저택에서 사는 것처럼 친구들에게 거짓말을 했다가 이내 들통 나 버리고, 결국 현실을 맞닥뜨리게 되면 또다시 화가 나고 서러워지는 크리스틴은 엉뚱한 아이가 아닌 상상과 현실의 경계에서 본인의 주체성을 찾아가는 지극히 평범한 청소년입니다. 그러기에 엄마는 그런 크리스틴이 더더욱 걱정이 되었던 걸까요. 상상이 현실이 될 수 없는 냉혹한 세계 속 엄마는 오늘도 답이 나오지 않는 생활비와 앞으로의 살길을 걱정하며 밤마다 계산기를 두드립니다. 어쩌면 엄마는 그 어린 날의 본인의 모습을 크리스틴을 통해 바라보고 있을지도 모르겠습니다. 꿈꾸는 삶과 지독한 현실, 두 세계의 간극은 청소년기뿐만 아니라 다 큰 성인이 된 지금도 여전히 견디기 힘든 부분이니까요.

돌아볼 때 비로소 깨닫는 나의 이름

"넌 이름이 뭐야."

"음…. 난 크리스틴이야. 새크라멘토에서 왔어."

우여곡절 끝에 동부의 대학에 합격한 크리스틴은 더 이상 자신을 레이디 버드로 소개하지 않습니다. 고향을 떠나 외딴 곳에서 그녀가 선택한 이름은 놀랍게도 그녀가 그렇게나 벗어나고 싶어 했던 새크라멘토 출신의 크리스틴입니다. 어떻게 된 일일까요?

엄마에게 전화를 걸어 '새크라멘토의 풍경이 멋지다고 생각한 적 있냐'고 묻는 크리스틴의 마음엔 모락모락 피어오른 그리움의 온기가 한가득 입니다. 떠나온 이후에야 비로소 돌아본 새크라멘토는, 불안한 성장기의 크리스틴을 힘껏 안아 주었던 그리움의 이름이 되어 있었지요. 첫사랑의 배신, 가족의 불안, 어그러진 친구 관계, 전통을 강요하는 학교까지 이 불안하고 사소한 과정은 조금씩 쌓이고 쌓여 크리스틴이 새크라멘토를 떠날 때는 무언가 다른 모습이 되어 있었네요. 나를 건강하게 성장시켜 준 나의 뿌리, 나의 이름 그 자체로 말이지요.

뒤돌아볼 때 비로소 깨닫게 되는 이름이 있습니다. 나의 지나온 흔적과 그 안에 만난 수많은 관계들이 나도 모르는 사이 나를 살뜰하게 챙기고 성장시킵니다. 고운 삼베에 천천히 색이 물들어 가듯, 나의 이름은 시작이 아닌 흘러간 시간의 끝자락에 비로소 완성되는 것이 아닐까요. 영화는 그런 크리스틴의 마음을 보듬는 듯, 바람이 일렁이는 새크라멘토의 정경을 찬찬히 훑어갑니다. 저녁 노을, 불이 깜빡이는 네온사인, 햄버거 가게, 바람이 산뜻하게 스쳐가는 거리까지. 항상 곁에 있지만 인지하지 못했던 소중한 기억과 이름들을 하나하나 눈에 담아 두려는 걸까요. 새크라멘토는 어느덧 정겹고 다정한 풍경이 되어 있습니다.

개명 후 석 달이 지나서야 저는 엄마에게 개명 사실을 전했습니다. 이름을 바꿔야 했던 나름의 이유를 일목요연하게 정리해 갔지만, 의외로 엄마는 듣는 둥 마는 둥 대수롭지 않다는 듯 말합니다.

"그래, 이제부터 새 이름으로 더 열심히 살아봐. 그런데 문득 예전 이름 생각날 때 그 이름으로 불러도 돼? 가끔 그리워질 것 같아."

나중에 들은 얘기지만 엄마는 그날 제 표정이 엄마에게 혼나기 직전 할 수 있는 모든 변명을 늘어놓는 초등학생 같았다고 하더군요.

그리워질 거라는 엄마처럼, 저도 과거의 이름을 그리워할 날이 올까요? 글쎄, 아직은 잘 모르겠네요. 더 커야 하나 봅니다.

지금을 살아내야만 하는 어떤 자매들의 이야기
〈세 자매〉(2021)

자매들에 대한 '부러움'의 단상

저에게는 5살 터울의 남동생이 있습니다. 지금은 세월을 함께 먹으며 나이 들고 있는지라 친구 같은 관계에 이르렀지만, 놀랍게도 어릴 적 저는 동생을 저녁마다 업어서 재우는 똑순이 캐릭터 같은 초등학생이 었습니다. 항상 콧물을 닦아 주고 화장실 뒷일도 도와줬지만 그다지 불만은 없었습니다. 가난한 가정환경 탓이었는지 비교적 조숙한 유년기를 보냈던 저에게 동생은 오로지 '지켜줘야 하는' 존재였기 때문일 겁니다. 다만 우리 남매의 모습과 다른 집 형제자매의 모습이 뭔가 다르다, 라고 느낄 때면 말로 형용할 수 없는 아쉬움의 감정이 올라오곤 했습니다. 대부분 나이 차이가 나지 않았던 형제자매들은 함께 야구단에서 활동하거나, 편을 먹고 고무줄놀이를 합니다. 같은 디자인의 옷을 입고 돌림노래를 함께 불렀으며, 때론 서로 치고박고 싸우기도 했지만 결정적인 순간에는 언제 싸웠냐는 듯 같은 편에 서서 저를 거칠게 몰아붙이기도 했습니다. 어린 동생에게 딸랑이를 흔들어 줘야 했던 저는 그조차 부럽게 느껴졌지요. 특히 자매 관계가 그렇게나 부러울 수 없었습니다.

 토닥이는 마음 다독이는 영화

겨울방학을 맞이하던 12월의 어느 날, 길거리에서 미진이를 만났습니다. 미진이는 초등학교 6학년 내내 짝꿍이었던 친구입니다. 때마침 미진이는 언니와 팥 호빵, 야채 호빵을 반씩 나눠 먹으며 걸어오고 있었습니다.

"목욕탕 다녀오는 길이야. 인사해, 우리 작은 언니야."

저는 이미 그 언니가 누군지 알고 있었습니다. 큰 키에 중성적인 얼굴을 가진 미진이네 둘째 언니는 동네가 다 알고 있는, 당시 적당히 주목받는 체육 특기생이었기 때문입니다. 한 팔에 목욕 바구니를 걸친 채 언니를 소개해 주는 미진이의 모습은 몹시 즐거워 보였고, 그와 동시에 서글퍼지는 제 자신을 느꼈습니다. 제가 수시로 질투를 느낄 만큼 미진이는 언니를 무척이나 좋아했지요. 언니의 아람단 옷을 물려받아 입고 한껏 기뻐하던 모습은 마흔이 넘은 지금도 아직 눈에 선합니다. 외부 활동을 할때도 항상 언니가 싸 준 초콜릿, 언니가 달아 준 뱃지, 언니가 코팅해 준 연예인 사진을 가져와 자랑하던 미진이. 그 무렵부터 제 머릿속 자매라는 존재들은 항상 서로를 이해하고 비밀이 없으며, 세상 누구보다 가장 가까운 친구 관계로 인식되었던 것 같습니다. 물론 살다 보니 그게 다가 아닌 것을 알게 됐지만 말이지요.

조금은 '무언가' 이상한 세 자매

그런데 여기에 조금 어색한 자매들이 있습니다. 얇디얇은 줄로 이어져 있지만 또 쉽게 끊기지 않는 줄 때문에 여전히 '자매'라는 이름으로 묶여 있는 이들입니다. 꽃가게를 운영하며 딸과 살아가는 소심한 첫째 희숙(김선영), 완벽한 중산층 가정을 이루었지만 위태로움을 감추고 있는 독실한 기독교 신자 미연(문소리), 남편의 아들과의 관계로 골머리 앓는 셋째 미옥(장윤주)이지요. 안타깝게도 첫째 희숙은 몸과 마음이 완전히 망가져 있습니다. 잘못이 없어도 항상 '죄송해요', '미안해요'를 입에 달고 사는 희숙은 항상 죄책감을 가지고 살아갑니다. 그녀의 피폐한 내면 상태를 쉽게 눈치챌 수 있는 부분이지요. 그런 그녀에게는 주기적으로 돈을 뜯어가는 전 남편과 항상 욕을 입에 달고 다니며 엄마를 길거리 똥개 정도로 취급하는 딸이 있습니다. 자신을 향한 가족의 멸시가 당연하다는 듯, 어두운 꽃집 구석에 유령처럼 박혀 있는 희숙은 자신의 몸에 생채기를 내며 처절하게 삶을 버텨내는 캐릭터입니다. 세 자매 중 가장 안정적인 삶을 사는 미연은 신실한 기독교 신자입니다. 교수 남편과 두 아이들을 살뜰하게 챙기고 주일에는 성가대 지휘를 하는, 누가 봐도 완벽한 아내이자 엄마지만 어딘가 하는 행동들이 불안해 보여요. 사실 미연은 바람피우는 남편과 그 상대를 능청스럽게 무너뜨리면서 완벽한 가정을 유지하기 위해 안간힘을 쓰는 중입니다. 그러기에 아무도 없는 곳에서 혼자 폭발하거나, 기도를 안 한다는 이유로 딸에게 모질게 구는 폭력성을 보이기도 하죠. 셋째 미옥은 알코올 의존증입니다. 창작을 하고 싶지만 되는 일이 없는 인물이기도 합니다. 아들이 있는 남자와 재혼한 그녀는 아들과의 관계를 회복하기 위해 할 수 있는 노력을 다 해 보지만 지금은 오히려 술을 마시고 학교에서 난동을 피우는 대책 없는 사람이 되어 있습니다. 영화는 러닝타임의 절반 이상을 이렇게 답답하고 이해 불가능한 세 자매의 일상으로 촘촘히 채웁니다. 그런

　　　토닥이는 마음 다독이는 영화

데 어쩌다 이 자매의 삶은 이렇게나 고통스럽고 혼란스러워진 것일까요.

폭력의 희생자, 상처를 안고 살아가는 사람들

세 자매의 일그러진 삶의 이유는 영화의 후반부에 거대한 폭탄이 되어 떨어집니다. 사실 이 세 자매는 어릴 적 아버지에게 폭행당한 경험이 있는, 가정폭력의 피해자였습니다. 특히 희숙과 막내아들 진섭은 혼외 자녀라는 이유만으로 주기적인 폭력의 실질적 희생자였고, 이를 말리기 위해 어른들에게 도움을 구하러 맨발로 뛰쳐나온 미연과 미옥 또한 폭력을 외면하는 현실 세계의 가부장적 규율에 깊은 상처를 입게 됩니다. 오히려 아버지를 신고해 달라는 미연에게 한 남자는 크게 꾸지람을 하죠.

"어떻게 아빠를 신고할 생각을 하니. 어서 가서 아빠에게 잘못했다고 싹싹 빌어!"

어느덧 영화에서 폭력이라는 이름은 한 가정뿐만 아니라 이들을 둘러싼 외부, 더 나아가 가부장적 질서가 외골수로 뿌리박혀 있었던 과거 대한민국의 씁쓸한 뒷모습이 되어 있습니다. 영화는 세 자매의 일상을 고스란히 전시함으로써, 이런 폭력의 희생자들이 시간이 지나 성인이 되어도 여전히 그 상처와 고통 가운데서 자유로울 수 없음을 드러내지요. 마지막 아버지의 생신 축하 자리. 과거의 이 모든 상처를 끄집어낸 자매들은 아버지에게 정식으로 사과를 요구합니다. 과거 폭력의 상흔을 완벽히 대속할 방법은 없을지 몰라도 지금 자매는 진심 어린 사과 한마디만이라도 붙잡고 싶은 걸까요. 깊은 상처를 조금이라도 메울 수 있게, 또 그래야 다음 생을 살아갈 수 있으니까요. 그러나 끝내 잘못을 인정하지 않은 채 자신의 권위가 무너짐을 바라보는 아버지는 유리창에 머리를 박으며 자학합니다. 신기할 정도로 현재 세 자매의 삶이 고스란히 담겨 있는 모습입니다. 장미 가시로 자학하는 첫째, 신실한 척하며 아이들에게 폭력을 가하는 둘째, 소통할 수 없어 폭주하는 셋째. 어쩌면 클라이맥스에서 아버지가 보여준 폭력성과 끔찍한 자기파괴는 이 아버지가 세 자매들에게 강제로 넘겨준 일종의 대물림일지도 모릅니다. 자매들은 가장 피하고 싶던 아버지의 모습을 지닌 채 어른이 되어 버렸고, 아직도 현재 진행 중인 끔찍한 폭력에 놓여 있습니다. 이 가족에게 이보다 더 큰 비극은 없을 것입니다.

서로를 위로하고, 함께 견디며

몇 달 전 미진이와 어렵게 통화가 되었습니다. 사는 게 참 바쁘다 등등 의미 없는 수다를 떨던 미진이는 묻지도 않은 작은 언니 이야기를 꺼냅니다. 언니가 가족과 연락을 끊어 버렸다는 겁니다. 짧은 순간이었지만 평생 이 자매를 부러워했던 저는 머릿속에 오만 가지 감정이 교차하는 걸 느꼈습니다.

"지긋지긋하다고 친정 살림 다 부수고 나가버렸어."
"아니, 그게 무슨 일이래."
"그럴 만도 해. 언니가 코치로 활동하는 내내 친정 식구 벌어 먹이고 살았거든. 그래도 나는 몰래 언니랑 연락하고 지내. 애기들 때문에 자주 놀러도 가고.”

저는 그런 상황 속에서도 둘이 여전히 관계를 이어 가려 한다는 것을 놓치지 않았습니다. 이 역시도 부러움에서 시작되었겠지요.

모든 것이 엉망이 된 세 자매 역시 함께 시간을 보내기로 하고 예전에 함께 갔던 물회집을 찾아갑니다. 여전히 엉망인 세 자매의 삶이지만, 유년의 끔찍한 기억 위에 함께 했던 행복한 기억들을 쌓고 쌓아 다시 시작하려 합니다. 이들은 다시 쓰여질 세 자매의 모습을 기대하며 사진을 찍습니다. 뾰족한 것들도 품고 다듬어 둥글게 만들어 주는 바다의 놀라움이 자신들을 크게 품어 주기를 바라며.

그렇게 멈춤은 인생이 된다
〈월터의 상상은 현실이 된다〉(2013)

로또 사장 김여사 이야기

저희 엄마는 30년 넘게 복권 가게를 운영 중이십니다. 제가 중학생 때부터 시작했으니 아마 그쯤 되었겠지요. 2000년 아빠가 돌아가신 후 엄마는 자식들은 어떻게든 책임지겠다며 수십 년째 아침 8시부터 저녁 9시까지 홀로 그 좁은 공간을 지켜 오고 있습니다. 지금은 그녀의 지원 없이도 앞가림은 하는 자식들이 되었지만, 생존 때문에 붙들고 있던 가게는 이제 보이지 않는 정령이 되어 칠순이 넘는 엄마를 하루 12시간씩 붙들고 놔주질 않네요.

살면서 어디 건강한 날만 있을까요. 건강 체질 그녀도 몇 번의 입원과 수술을 경험했습니다. 그럴 때마다 저와 동생은 바쁜 일정을 쪼개가며 함께 가게를 열고 닫았습니다. 일정을 취소하고 가게로 향하는 날이면 가는 길 내내 단전에서 부아가 치밀어 올라왔습니다. 아니, 이렇게 아플 정도면 잠시 가게를 닫을 수도 있는데, 아니 하루만이라도 닫고 좀 쉬지. 고집스러운 건지 미련한 건지 왜 그렇게 고생에 스스로를 가두는지, 답답하기 그지없습니다. 그만큼 홀로 우리를 키운 엄마를 향한 안쓰러운 마음, 그리고 이제는 자식 걱정은 덜 하고 제발 여유 좀 가지고 지냈으면 하는 마음 때문이겠지요.

엄마는 나이가 들자 이틀 걸러 저에게 짜증을 퍼붓기 시작했습니다. 무쇠 같던 엄마도 흐르는 세월을 이젠 버티기 힘든 거겠지요. 자식들은 이제 더더욱 커져 버려서 엄마의 콜에도 응답하기 힘들어졌습니다. 예전처럼 뺀질대는 게 아니라, 정말로 일정을 뺄 수 없는 어른 세계에 속해 버렸으니 말입니다.

그래, 이제는 엄마를 쉬게 할 타이밍입니다. 그날로 동생과 저는 엄마를 설득하기 시작했습니다.

"엄마, 나이도 있으니 이제는 시간을 줄이던가, 가게 문 여는 날을 줄이던가 해요."
"안 돼. 이건 엄마가 손님들과 한 약속이야."

평생을 전력 질주해 온 엄마를 단번에 막을 수는 없는 노릇입니다. 동생과 저는 고심 끝에 작전을 바꾸기로 했습니다. 작은 것부터 하나씩 하나씩 멈추게 하는 걸로 말이죠.

"엄마, 평소에 해 보고 싶었던 거, 딱 하나만 해 보자. 상상해 봤던 거. 뭐 없어?"

가자미눈으로 우리를 흘기던 엄마는 잠시 고민하더니 이렇게 말합니다.

“가끔 점심때 친구들이랑 만나서 식사하고 차 마시고, 운동도 하고. 그 정도?”

그래, 그거예요. 엄마. 그것부터 시작합시다, 우리.

그날로 동생은 아르바이트생을 수소문하기 시작했습니다. 집 근처 마트에서 캐셔 경험이 있는 분을 모셔와 거의 가게에 밀어 넣다시피 했고, 알바비 줘야 하냐며 방방 뛰는 엄마를 뒤로한 채 동생은 결국 계약서에 도장까지 쾅 찍었습니다. 현금이 오가는 곳이기에 자그마한 CCTV도 달아주면서 동생은 엄마의 불안을 최소화하기 위해 뭐든 했지요.

일주일정도 시간이 흐른 뒤, 엄마에게 전화가 왔습니다. 어랏, 목소리가 꽤나 경쾌하네요.

“딸, 엄마 동네 친구들이랑 한정식 먹으러 왔어. 다 먹고 교대할 거야.”
“딸, 나 운동 등록했어. 운동하고 집에서 좀 쉬다가 교대하려고.”
“진작 이렇게 할걸. 쉬면 큰일 나는 줄 알았는데 이런 방법도 있었네. 고마워.”

엄마의 상상은 현실이 되었습니다. 그래요, 엄마. 우리 이제 재미지게, 즐겁게 살아요.

상상이 당신을 구원하리

<월터의 상상은 현실이 된다>(2013)는 상상과 현실, 일상과 모험, 그리고 질주와 멈춤을 이야기하는 영화입니다. 영화는 '재미'라는 외피를 쓰고 있지만, 생각보다 획일적인 삶에 지친 현대인들에게 삶의 의미를 되돌아보게 하고, 멈춤을 통해 비로소 정진하는 아이러니한 삶의 단면을 소개합니다. <박물관이 살아 있다!>(2006), <트로픽 썬더>(2008)의 코미디 배우로 익히 알려진 벤 스틸러가 감독, 제작 및 주연을 맡은 이 영화는 특별할 것 없는 평범한 일상의 한가운데 있는 월터 미티의 삶으로 관객을 초대합니다. 월터 미티는 '라이프'지의 필름 원화 담당자로, 필름을 현상하고 표지에 실릴 사진을 관리하는 사람입니다. 어느 날, 월터 앞으로 전설의 사진작가 숀 오코넬이 보낸 필름통과 편지 한 통이 도착하게 되는데요, 편지 내용은 '자신의 사진 인생 정수를 담고 있는 25번을 반드시 표지에 실어 달라'는 부탁입니다. 하지만 문제는 아무리 찾아도 25번 사진이 보이지 않는다는 것입니다. 당장 25번 사진을 찾아내지 않으면 해고될 위기에 처한 월터는, 떠돌아다니는 사진작가 숀 오코넬을 찾아 머나먼 여정을 시작하게 됩니다.

겉으로 보기엔 평범하게 회사를 다니며 큰 문제 없이 살아가는 듯한 월터(벤 스틸러). 하지만 그의 앞에는 다양한 현실적 문제들이 산재해 있습니다. 엄마의 이사 비용과 피아노 운송비, 동생의 학원 등록금,

집세와 생활비까지. 게다가 회사는 디지털 시대에 맞춰 종이 잡지를 접고 온라인 매체로의 전환을 앞두고 있습니다. 짝사랑하는 회사 동료 쉐릴에게 다가갈 수 있는 방법도 온라인 데이트 서비스뿐. 이렇듯 팍팍한 현실 속에서 월터가 유일하게 숨을 틔울 수 있는 통로는 바로 그의 '상상'입니다. 상상 속에서 월터는 자신을 무시하는 직장 상사를 통쾌하게 때려눕히고, 사랑하는 그녀와 그녀의 강아지를 위기에서 구해 내는 멋진 영웅이 되기도 하죠. 이러한 무궁무진한 상상은 현실에 찌든 월터를 잠시나마 탈출시키는, 어쩌면 작게나마 숨 쉴 수 있게 도와주는 시간일 것입니다. 사실 월터는 지금은 상상할 수 없을 정도로 한때 세상에 대한 호기심이 넘치는 꿈 많은 청소년기를 보냈습니다. 모히칸 스타일로 멋들어진 개성을 드러내고, 스케이트보드 대회에서 상을 받는 등 상상이 아닌 현실 속 모험을 즐기던 소년이었죠. 그러나 아버지의 죽음 이후 가족의 생계를 책임지기 위해 삶의 방향을 틀었고, 머리를 단정히 자른 채 스케이트보드장이 아닌 파파존스와 KFC로 출근을 시작하게 됩니다. 이런 굴곡을 경험한 그에게 상상은 찰나에 만나는 새로운 세계이고, 위로이자 곧 쉼인 것이죠. 영화는 월터의 상상이 단순한 현실 도피가 아닌, 내면의 갈망과 현실 사이의 간극을 메우는 중요한 통로로 작용하고 있음을 섬세하게 보여줍니다.

앞만 보고 달리는 그대, 멈추어 돌아보라

영화는 이런 월터가 상상을 현실로 바꾸게 되는 몇 가지 계기를 제시해 주는데, 첫째는 스스로 '선택'한다는 점입니다. 숀 오코넬을 찾기 위해 서류가방 하나만 달랑 들고 그린란드에 도착한 월터는 공항에서 차를

 토닥이는 마음 다독이는 영화

렌트하게 됩니다. 그때 눈앞에 놓인 두 대의 자동차가 있지요. "빨간색과 파란색 중 어떤 것을 타시겠어요?"라고 묻는 직원의 말에 월터는 빨간색을 선택합니다. 사실 이 콘셉트는 영화를 사랑하는 이들에게는 꽤 익숙합니다. 워쇼스키의 1999년작 <매트릭스>에서 모피어스가 네오에게 두 알약 중 하나를 선택하라고 하죠. 파란 약은 지금처럼 사회적 질서 안에서 획일적으로 살아감에 대한 선택이 될 것이고, 빨간 약은 혼돈이 존재하지만 진실을 알게 되는 선택이 될 거라면서. 마치 모피어스가 제시한 선택지 중 하나를 고르듯, 월터는 빨간색 자동차를 선택합니다. 이는 더 이상 상상이 아닌 미지의 현실로 뛰어들겠다는 월터의 다짐과도 같습니다. 또 하나의 계기가 되는 건 바로 쉐릴입니다. 그녀는 상상의 세계로 위로받던 그를 현실 세계로 끄집어내는 역할을 합니다. 때때로 상상의 세계로 빠지는 월터를 보며 주변인들은 그를 '멍때리는 월터' 혹은 '우주비행사 톰'이라고 놀리지만, 쉐릴은 다르게 말합니다.

"뭘 모르시네. 그 노래가 용기를 찬양하고 미지를 개척하는, 얼마나 멋진 곡인데요!"

월터는 그 길로 그린란드에서 시작해 아이슬란드로, 그리고 아프가니스탄으로의 여정을 시작하게 됩니다.

무작정 걷던 길 위에 잠시 멈추었을 때, 월터의 상상들은 어느 순간 '리얼'이 되어 있습니다. 영화의 후반부, 월터는 고대하던 숀을 히말라야에서 만나게 되는데요, 어찌 된 일인지 숀은 찍고자 했던 눈표범을 발견하고도 결코 사진을 찍지 않은 채, 가만히 바라만 보고 있습니다. '언제 찍을 거냐'고 묻는 월터에게 그는 대답합니다.

"그냥 이 순간에 머물고 싶어."

영화의 주요 소재로 사진이라는, 순간을 포착하는 예술을 활용한 것도 이러한 '멈춤'의 순간을 이야기하고 싶었기 때문은 아닐까요. 우리의 시간은 하염없이 앞을 향해 달려가는 것 같지만 찬찬히 돌아보면 그 모든 움직임은 하나하나 정지되었던 시간과 그 시간을 충실히 살아온 순간의 진심으로 채워져 있음을 발견할 수 있습니다. 마치 수백 수천 장의 사진이 모여 영화에 동력을 부여하듯 말이죠. 멈춤의 순간들을 바라보는 것, 그 자체로 이미 우리는 움직이고 있으며 각자만의 서사를 써 내려가고 있을 겁니다. 이는 영화의 명장면으로 꼽히는, 월터가 수많은 라이프 표지 사진 옆을 뛰어가는 장면에서도 드러납니다. 멈춘 듯 보이는 수많은 이야기들을 통과하며 비로소 완성되는 그의 시간.

라이프,
그렇게 멈춤은 '인생'을 완성합니다.

〈노매드랜드〉(2019)

행복을 고하는 집, 행고재

지인들과 '행고재'라는 공동주택을 짓고 산 지도 벌써 10년이나 되었습니다. 그 시작에는 당시 제가 몸담았던 교회가 있었고 지금은 공중분해되었습니다. 모두 어중간하게 흩어진 채로 말이지요.

공동주택 프로젝트는 오랜 시간 동안 멤버들이 고민하던, 일종의 공동체성에 대한 실현이었습니다. 청년 시기부터 다양한 기독교 문화 사역에 함께 힘써 온 멤버들이 결혼이나 학업, 육아로 인해 열정을 내기 힘든 난곡의 시기를 통과할 무렵, 한 멤버가 집을 지어 보자는 제안을 하게 된 거죠. 고된 일상의 한켠을 공유하며 서로를 위로하고 공동 육아 및 지역 문화 확장에도 이바지하는 삶이라는 빅플랜을 제안했을 때, 이 교회에 합류한 지 얼마 되지 않은 저에게는 같은 무게를 가진 두 가지 감정이 떠올랐습니다. 하나는 '의미 있는 삶의 실현'이 가져다줄 설렘이었고, 또 하나는 '더 이상 전세살이로 떠돌며 전전긍긍할 필요가 없겠구나'라는 커다란 안도감이었습니다. 태어나서 지금까지 한 번도

내 집을 가져 본 적 없는 노매드 40년 인생에, 주거 안정뿐만 아니라 커뮤니티와의 이상적 소통의 삶이 가능하다니. 그날 멤버의 제안은 눈물 날 정도로 제 마음을 흔들었고 평생 가져 보지 못한 안정과 정착이라는 이름이 눈앞에 형체를 드러낸 것만 같았습니다. 물론 집을 짓는 과정은 결코 쉽지 않았지요. 말하자면 끝이 없겠으나 어쨌든 온갖 사건사고를 거친 후 집은 우리 앞에 모습을 드러냈고, 아이러니하게도 얼마 안 가 교회는 분열의 징조를 보이기 시작했습니다. 그토록 외치던 공동체의 삶이 완벽하게 이루어진 시점과 정확히 마주하는 균열이었습니다. 사실 이 균열은 집의 문제와는 별개로 오랜 시간 동안 멤버들 사이에 존재하던 서운함과 안타까움, 실망 같은 감정들이 적당한 시기에 폭발한 것뿐이었지만, 중요한 것은 꿈꿔 왔던 모든 이상들도 떠나가는 멤버들과 함께 하나둘 사라져 버렸다는 사실이었습니다. 그 후로 몇 년 동안 집에 남아 있는 멤버들은 어떠한 꿈도 예전처럼 다시 이야기할 수 없었지요. 꿈을 꾸는 순간 무너져 내릴 것을 두려워했고, 자칫 마지막 남은 이 집마저도 사라져 다시 전세살이, 아니 월세살이로 떠돌게 되면 어쩌나 하는 생각에 저는 며칠 간격으로 밤잠을 설치기도 했습니다.

정착의 의미, 그리고 유랑하는 삶

클로이 자오 감독의 영화 <노매드랜드>(2019)는 삶의 터전을 잃은 주인공 펀과 길 위의 삶을 선택한 유랑인들의 이야기입니다. 감독은 펀을 연기한 배우 프랜시스 맥도먼드와 데이브 역의 데이비드 스트러세언을 제외하고 실제 노매드의 삶을 사는 이들을 등장시키며 영화의 정체성을 픽션과 다큐멘터리의 경계에 올려놓습니다. 이는 현실 속 노매드 라이프의 리얼함을 최대한 정교하게 묘사하기 위한 감독의 의지에서 출발한 것처럼 보이는데, 극 중 카메라의 시선을 통해서도 이런 집요함을 발견할 수 있지요. 때가 되면 계절성 일거리를 찾아 아마존 물류창고, 테마파크, 캠핑존을 돌며 끊임없이 떠도는 미국 중서부 노매드들의 일상을 포착하는 카메라는 계획 없이 무작정 떠도는 삶이 아닌, 그들 나름의 규칙과 목적 그리고 정해진 방식이 존재한다는 것을 드러냅니다. 더불어 노매드들의 발길이 닿는 대자연의 숭고함을 조망하는 시점을 제외하면 일하거나, 수다를 떨거나, 차를 고치는 등 특별한 사건사고랄 것도 없는 그들의 일상과 다양한 생각들을 무덤덤하게 바라보기도 하지요. 그러나 가끔은 소박하게 재현되는 이들의 생활상과는 달리 <노매드랜드>가 노매드, 즉 유랑의 삶 그 자체를 바라보는 시선은 결코 단순하지 않습니다.

극 중 <노매드랜드>가 품고 있는 세계는 크게 두 줄기로 나뉩니다. 하나는 2011년 US석고 네바다 엠파이어 공장이 88년 만에 폐쇄된 후 그 지역 우편번호 89405개가 폐지된 실제 사건으로부터 시작하는 세계입니다. 미국 내 경제 위기로 한순간에 실직자가 되어버리는 사건은 어제오늘만의 일이 아니지요. 이미 2008년 리먼브라더스 금융사태, 극 중 언급되는 부동산 투기와 관련된 대화만 떠올리더라도 약자들을 위한 어떠한 보호 시스템도 작동하지 않는 사회 구조 저변에 강제적 노매드로 떠밀려진 사람들이 실존함을 우리는 알고 있습니다. 비슷한 사례로 마이클 무어의 다큐멘터리 <로저와 나>(1989)는 이런 미국의 실상에 정면으로 카메라를 들이댑니다. 3대째 제너럴모터스 플린트 지부에서 일하는 감독의 가족은 어느 날 공장 폐쇄 통보를 받게 되는데요, 지역민들을 앞세워 엄청난 수익을 창출했음에도 불구하고 저렴한 멕시코에 공장을 세우겠다는 것이 회사 측이 내민 이유입니다. 영화는 전 지역민이 해고되고 쑥대밭이 된 상황에 카메라 한 대를 들고 제너럴모터스의 회장 로저 스미스를 찾아 나서는 감독의 자전적 이야기를 담습니다. 결국 이 모든 배경을 흡수하고 시작하는 〈노매드랜드〉는 '과연 이 시대의 정착은 무엇을 의미하는가'에 대한 질문을 끊임없이 관객의 자리로 돌려놓습니다. 인류의 시작부터 정착은 결코 쉬운 일이 아니었습니다. 수많은 전쟁과 살육의 자리 그 끝에는 땅을 차지하는 자와 쫓겨나는 자가 있지요. 극 중 펀의 언니는 말합니다.

"미국의 전통을 잇는다는 점에서 아메리카 원주민과 유랑민들은 같다고 믿어요."

이 말이 미국의 건국 신화 이면에 존재한 참혹함에 대한 은유로 들리는 건 왜일까요. 수많은 아메리카 원주민의 죽음 위에 세워진 미국의 정체성 안에는 내쫓긴 이들의 유령이 여전히 떠도는 것일까요. 이는 21세기 강제적 노매드의 삶을 살게 된 우리의 모습과도 자연스럽게 오버랩됩니다. 터전, 보금자리, 안식처나 고향이라는 의미 대신 부동산, 땅값, 건물주, 투기 등으로 2025년을 통과하는 대한민국, 그리고 그 너머 존재하는 무수한 위협과 죽음, 슬픔으로 말이지요.

     토닥이는 마음 다독이는 영화

집에 살다, 사람을 살다

그러나 영화는 이런 노매드 라이프를 향해 연민의 시선을 던지거나 혹은 그들의 자유를 찬사하는 여유는 보여주지 않습니다. 이것이 <노매드랜드>가 품은 두 번째 세계입니다. 오히려 이 세계는 진정한 집, 그리고 결코 끝나지 않는 우리의 만남과 관계에 대한 깊은 사유를 품습니다. 길 위의 삶을 선택한 펀은 '왜 집이 없냐'는 물음에 다음과 같이 대답합니다.

"나는 밴에 살고 있어요. 집이 없는 게 아니에요. 집이 없는 건 맞지만, 그렇다고 집 자체가 아예 없는 건 아니에요."

공간이자 자본주의의 이기심으로 변질된 집(house)이 아닌 내면의 안식처로서의 집(Home)이 된 그녀의 밴은 완벽하게 합일된 집의 의미, 그 자체가 됩니다. 물론 어느 누구도 '집'으로 인정하지는 않지만요. 끊임없이 유랑하는 밴은 수많은 만남과 헤어짐을 자연스럽게 경험하며 점차 진정한 집으로 변화하고, 이별한 남편에 대한 상실감을 붙들고 있던 펀은 만나고 헤어지고 또다시 만나게 되는 길 위의 삶을 통해 영원한 이별은 없다는 것을 깨닫습니다. 그래서일까요. 펀은 오랫동안 붙잡고 있었던 마지막 남은 그녀의 살림살이들을 홀가분하게 처분합니다. 그저 잠시 떨어져 있을 뿐인 겁니다. 눈에 보이지 않기에 그것이 존재하지 않는 것은 아니기 때문일 터. 이는 집도 마찬가지일 것입니다. 그리고 사람도 그렇습니다.

하여간 저는 그렇게 집에 대한 희미한 불안의 감정에 휘둘려 3년을 지냈습니다. 마음 둘 곳 없이 이리저리 유랑하던 어느 날, 시간이 어렴풋이 다른 세상을 보여주기 시작했다고 느낀 건 힘든 일과를 마치고 현관문을 여는 순간 만난 어떤 생경한 풍경 때문이었습니다. 서로 섞여 나뒹굴고 있는 신발, 그리고 빗물을 말리기 위해 펼쳐 둔 형형색색의 우산들이 내 눈앞에 펼쳐지더군요. 바쁜 일상으로 인사조차 하기 버겁지만, 여전히 이곳에 남아 힘든 몸을 함께 누이는 멤버들의 흔적. 그리고 떠오르는 얼굴들.

아, 저는 이 '집'에 사는 것이 아닌, 지금껏 '이들'에 살고 있었던 거군요!

로마, 그 위대한 생성과 소멸의 도시
〈그레이트 뷰티〉(2014)

수고한 그대여, 떠나라

몇 년 전 동반자는 다니던 회사를 그만뒀습니다. 시원하게 때려치웠다고는 말 못 하겠네요. 입버릇처럼 '자본주의의 노예로 살 수 없다, 회사에 크게 한 방 먹이겠다'고 큰소리치던 그는 결전의 날, 그 한 방 되레 본인이 실컷 드시고 돌아오셨습니다. 풀 죽어 있는 모습이 안쓰러워 냉큼 맞이해 겉옷도 받아 주고, 좋아하는 채소 튀김도 만들어 줬지요. 그 날만큼은 최대한 기분을 풀어주려 했습니다. 그가 날린 회심의 한 방을 맞기 전까지 말입니다. 아마도 날린 그 한 방은 오늘 하루 허공을 맴돌고 대기권에 머물다가 결국 하루가 끝나기 전 어떤 형태로든 역할을 해야만 했던 한 방이었을 것입니다.

"나 이제 그 먼 곳으로 출퇴근할 이유가 없어져서… 차 팔았어."

당혹스러움을 감출 길이 없었습니다. 우리 부부 재산 목록 최고가인 자동차를 한마디 상의도 없이 홀라당 팔아버리다니. 하지만 그와 동시에 반평생을 샐러리맨으로 살아오며 작은 일탈 한 번 하지 않았던 그의 수많은 시간이 주마등처럼 스쳐 지나갔습니다. 마음 한구석 무언가가 무너지는 느낌이었습니다.

"그래. 잘했어. 잘 팔았네. 그런데 차 판 돈은?"

어디로 튈지 모르는 사뭇 진지한 그의 표정을 보니 알싸한 긴장감이 몰려왔습니다. 마음의 준비를 단단히 하라는 신호였을까요.

우리는 한 달 후 영국에서 프랑스로, 프랑스에서 스위스로 그리고 이탈리아로 이동하는 열차에 올랐습니다. 예! 밀라노! 그리고 우리가 꿈에 그리던 도시, 로마!

로마, 로마, 로마

이탈리아의 젊은 거장 파올로 소렌티노의 <그레이트 뷰티>(2014)는 화려했던 제국의 외피만 남은 도시 '로마'를 배경으로 진정한 아름다움을 찾고자 하는 한 남자의 여정을 주목하는 영화입니다. 이 여정은 예술과 종교를 끌어들여 과거와 현재 그리고 현실과 환상을 넘나드는 주인공의 내면을 서정적으로 풀어냄과 동시에 삶과 죽음에 대한 짙은 냉소 또한 탁월하게 감지합니다.

한때 최고의 베스트셀러 작가였던 젭(토니 세르빌로)은 지금 상위 1%의 삶을 살고 있습니다. 하지만 화려한 파티, 아름다운 예술도 그에

　　　　토닥이는 마음 다독이는 영화

게 공허함만 남길 뿐, 현재 그의 삶은 무미건조함 그 자체입니다. 어느 날 첫사랑의 부고를 들은 젭은 문득 자신의 삶에서 가장 아름다웠던 시절을 떠올리게 되는데, 이는 허무함만이 가득하던 그의 마음에 작은 궤적 하나를 만들어 냅니다.

소렌티노는 한 매체와의 인터뷰에서 '로마에서 만난 수많은 사람들, 그리고 자신이 겪었던 로마를 바탕으로 아름다움과 모순에 대한 성찰의 시간을 담고 싶었다'고 밝힌 바 있습니다. 말 그대로 로마라는 도시는 수천 년의 역사가 살아 숨 쉬는 아름다운 도시이기도 하지만 현재는 타락과 몰락의 함의를 동시에 가진 곳이라는 것이지요. 이런 감독의 의도가 적극 반영된 듯, 영화는 신성의 의미와 세속의 이미지로 대비되는 두 가지 모습의 로마를 인상적으로 담아냅니다.

초반부, 대포 소리로 시작하는 신성한 로마는 아름다운 아리아를 들려주는 여성 성가대의 모습을 등장시킵니다. 종교와 예술, 신화의 근원인 로마제국의 화려함을 입은 이들의 목소리는 고대 로마가 품던 고결함과 위대한 자신감을 입은 듯합니다. 그러나 갑자기 찢어지는 듯한 비명 소리가 이곳의 고결함을 파괴하는데 바로 현대 로마의 등장입니다. 아리아와 대비되는 시끄러운 하우스뮤직과 나체의 여성들이 춤을 추는 이곳, 감각적 절정만을 찾는 이곳 역시 로마의 모습인 것이죠. 건축물을 비롯해 외향은 크게 다르지 않지만 서서히 그 모습을 탈바꿈한 지금의 로마는 마치 과거의 위대한 예술의 시기를 잊은 듯합니다.

재미있게도 이 대비되는 두 세계의 로마, 그 사이에 바로 주인공 젭이 존재합니다. 젭의 첫 등장은 화려한 생일 파티가 한창 중인 펜트하우스에서 이루어집니다. 남녀가 서로를 갈망하는 격정적인 춤이 난무하는 가운데 그 사이를 뚫고 서서히 정체를 드러내는 젭. 한 여성이 그를 향해 소리칩니다.

"생일 축하해요, 젭! 생일 축하해요, 로마!"

이는 젭이 영화 속 인물이지만 로마 그 자체임을 직접적으로 은유하는 지점입니다. 즉 젭은 로마의 현재를 객관적인 시선으로 바라보는 서술자의 위치이면서도 현재의 로마 그 자체가 되어 도시 구석구석을 떠돌고 있습니다. 인상적인 것은 과거의 유적을 탐닉하기도 하고 다양한 예술가들과 정치인, 종교인들을 만나며 로마의 현주소를 되새기는 젭의 태도가 시종일관 냉소로 일관되어 있다는 점입니다. 성과만 드러내기 급급한 예술가들, 권력과 이익에만 매달리는 정치인, 종교에 큰 무게를 두지 않는 성직자, 정직을 내세우지만 실제 사기꾼인 사람들까지. 젭은 그들의 외피를 마치 비웃기라도 하듯 냉소적 태도로 이 모든 상황을 관조하는 시선으로 바라봅니다. 한때 세계의 중심으로 통하던 로마는 이렇게 몰락의 길로 향하고 있는 것일까요. 지금은 허울뿐인 로마의 모습에 대한 젭의 안타까움의 정서가 영화 곳곳에 서서히 스며듭니다.

 토닥이는 마음 다독이는 영화

당신의 화양연화는 언제입니까

이쯤 되면 이런 허무한 세상에서 젭이 경험하게 되는 그레이트 뷰티, 위대한 아름다움은 과연 무엇일까 궁금해집니다. 극 중 젭은 첫사랑의 죽음을 통해 그 먼 옛날 과거의 어느 시기를 다시 한번 기억하게 되는데, 잊고 있었던 사랑의 기억 하나를 현실로 끌어올리게 됩니다. 지금은 사라지고 없다고 생각한 과거의 시기이지만, 그 당시 느꼈던 그녀에 대한 진심 어린 마음과 진정한 사랑, 18살 그를 품었던 나폴리는 수십 년이 지난 지금도 여전히 그의 안에 살아 숨 쉬고 있음을 느끼게 됩니다. 즉 모든 것이 허무하게 느껴지는 세속의 세상 속에서도 단 하나, 기억 속 그녀와의 사랑은 현재의 자신을 살아가게 하는 위대한 아름다움임을 말이죠. 이는 바로 로마라는 도시 그 자체가 가지고 있는 위대한 아름다움을 깨닫는 과정과도 같습니다. 소렌티노 감독은 '로마는 경이로움과 위대함의 도시이다. 항상 몰락의 길을 걸었음에도 불구하고 스스로 자생한 도시이며, 500년이라는 도시가 가지고 있는 아우라 그 자체는 현재 우리 모두가 느낄 수 있는 위대한 아름다움, 그레이트 뷰티이다'라고도 이야기합니다.

루이페르디낭 셀린의 『밤 끝으로의 여행』(최측의농간, 2020) 을 시작으로 영화는 허무한 인생 여정의 서막을 이야기하지만, 젭은 마치 프루스트의 『잃어버린 시간을 찾아서』(민음사, 2012)처럼 그 여정에서 만나는 수많은 기억과 흔적을 통해 죽음으로 달려가는 우리의 삶 곳곳에 아름다움의 흔적을 남깁니다. 그 기억이야말로 다시금 삶을 움직이게 하는 동력이지 않을까요. 수많은 인생의 변곡점에 서 있을 때, 혹은 허무한 삶의 기로 위에 서서 정처 없이 부유하는 누군가를 향해, 영화 <그레이트 뷰티>는 당신을 지금까지 있게 한 근원에 대한 물음을 던집니다.

"당신의 가장 행복했던 시기는 언제입니까?"

대책 없이 유럽여행을 떠난 우리 부부의 로마 여행은 생각보다 고되고 피곤했습니다. 무리해서 여행을 온 탓에 저녁마다 이메일을 확인하기 바빴고 숙소에 들어와 일을 처리해야 하는 긴박한 상황도 있었지요. 폭염이 극심했던 마지막 날, 콜로세오 입구의 길고 긴 줄을 보니 숨이 턱 막히더군요. 하지만 그에게 조금이라도 즐겁고 만족스러운 기억을 만들어 주어야겠다는 생각으로 마음을 다독이던 그때, 보슬한 비가 내리기 시작하더니 갑자기 시원한 소나기로 바뀌었습니다. 잠시 비를 피하기로 하고 노상에서 커피를 마시다가 문득 그가 오후 내내 아무 말이 없었다는 사실을 깨달았습니다. 생각해 보니 몇 시간 전부터 조용하게 내 뒤를 따라왔던 것 같기도 했고요. 괜스레 미안하기도 해서 혹시 힘든 건 아닌지 조심스레 물었습니다. 예상외의 그의 대답에 흠칫 놀랐지만요.

"아니, 이 도시가 나를 겸손하게 만드는 것 같아."

사뭇 진지한 모습에 저 또한 아무 말 없이 커피를 홀짝이며 내리는 비를 구경했습니다. 화려한 유적지는 내리는 빗속에 조용히 침잠한 느

토닥이는 마음 다독이는 영화

낌이었습니다. 한때 화려했던 이 도시의 기운과 위용은 어딘가에 혹은 누군가에게 지금도 남아 있겠지요.

문득 바라본 그의 얼굴은 눈부시게 빛나고 있었습니다. 이날 그는 이 도시에서 무엇을 느낀 것일까요. 여전히 궁금하네요.

〈요시노 이발관〉 (2009)

요즘 애들 버릇없어

"MZ들이 다 이영지는 아니에요."

　얼마 전 친한 제 친구가 신입 직원에게 들은 말이라고 합니다. 당시 제 친구는 20대 신입 직원들과 함께 이런저런 이야기를 나누고 있었다고 해요. 친구의 말에 의하면 나름 격려의 시간이었다고 합니다. 어디로 튈지 모르는 자유로운 발상과 남다른 열정, 심지어 뻔뻔할 정도의 '쿨'한 태도까지 언급하며 '이는 젊은이들이기에 가능한 것이다, 움츠리지 말고 저질러라'의 맥락으로 격려를 아끼지 않았다고 합니다. (가만 생각해 보니 '격려'라기보다 일장 연설이었을 것 같긴 하네요.) 나름 뿌듯해하고 있는데, 이를 조용히 듣고 있던 한 청년이 "우리 또래들이 모두 이영지인 건 아니에요. 그렇게 강요하지 않으셨으면 좋겠어요."라며 볼멘소리를 낸 것이지요. 그 말에 순간적으로 제 친구는 '이 친구 버릇없네' 싶다가, 그렇게 느끼는 스스로에게 소스라치게 놀랐다고 하더군요. 무언가가 파사삭 깨지는 느낌을 받았다고 했습니다. 심지어 한 방

먹은 기분이었다고도 했지요. 이렇게 꼰대가 되어 가는 거냐고 묻는 친구의 말에 저 역시 덩달아 위기감을 느꼈습니다.

"그래 맞네. 그 청년은 이영지가 아닌 거지. 마찬가지로 우리도 같은 나이라고 이효리 취급 받진 않잖아. 물론 그렇게 쿨내 풀풀 내며 살 수도 없고……. 그런데 그 친구 예의는 좀 없는 것 같네."

말을 뱉고 나니 친구가 동그래진 눈으로 저를 바라봅니다.

"뭐야, 너까지 꼰대처럼 말하면 어떡해."

집으로 돌아오는 길에 10대 시절의 몇 가지 기억이 떠올랐습니다. 그 시기 제 또래들은 소위 알 수 없는, 미지의 세대라며 '엑스세대'로 불리고 있었습니다. 이전 세대보다 개성이 존중되는 분위기 속에 신문물을 빠르게 습득했던 제 또래들은 뭔가 미스터리한 세대처럼 불렸지만, 오히려 내면의 목소리에 솔직한 세대였지요. 이 모습은 아마도 윗세대에게 큰 파장이었을 겁니다. 저 또한 마찬가지였습니다. 뭐든 무턱대고 하지 말라는 어른들의 태도를 위선으로 보기 시작한 청소년기 즈음, 단지 내 생각을 잘 전하고 싶었을 뿐이었는데 부모님, 목사님 할 것 없이 제가 입을 열기만 하면 한숨은 기본이요, '요즘 애들 참 버릇없다'며 그렇게나 혀를 끌끌 차셨지요. 어른들의 당황함이 묘하게 즐거웠던 저는 엑스세대답게 역시나 솔직하게 입을 열었습니다.

"엄마, 방금 그 말은 우리 인류가 수천 년 동안 반복하며 다음 세대에게 건네주고 또 건네준다는 그 말 맞지?"

그런데 그 말을 결국 제 친구가, 또 지금의 제가 하고 말았네요.

전통을 지키는 이들, 의문을 제기하는 이들

버릇없는 요즘 애들, 특히 전학 온 노란 머리의 아이를 껄끄러운 눈으로 바라보고 있는 이가 있으니, 바로 이발사 요시노(모타이 마사코)씨입니다. 영화 <요시노 이발관>(2009)은 오래된 마을 전통을 서로 다른 방식으로 바라보는 두 세대의 이야기를 담고 있지요. 일본의 작은 마을. 여느 곳과 다름없는 한적한 시골 마을이지만 조금은 독특한 풍경을 지니고 있습니다. 바로 마을 전체에 퍼져 있는 '요시노가리' 풍경이 그렇습니다. 소위 바가지 머리 혹은 버섯 머리라고 하는 이 스타일은 이 마을에 사는 모든 남자아이들이 의무적으로 따라야 하는 전통입니다. 요시노 이발관은 몇 대째 이 마을의 요시노가리를 책임지고 있는 전통 있는 이발관이며, 요시노 씨 또한 이 마을의 유일한 이발사입니다. 사실 이 마을이 요시노가리를 고집하는 이유는 오래된 전설 때문입니다. 질투가 많은 여성 수호신 때문에 무조건 남자아이들이 행사에 참여해야 한다는 것, 그리고 그 수호신에게 감사의 마음을 담아 합창을 하는 전통을 지키기 위해 모두 같은 스타일을 한다는 것이지요. 믿거나 말거나, 어른들은 이구동성으로 마을의 전통을 지켜야 한다며 호시탐탐 남자아이들의 머리스타일을 주시합니다. 그렇게 어느 누구도 요시노가리에 토를 달지 않던 평화롭던 어느 날, 도쿄에서 염색 머리를 한 사카가

    토닥이는 마음 다독이는 영화

미(이시다 호시)가 전학을 오게 되면서 학교뿐만 아니라 마을도 서서히 긴장감이 맴돌기 시작합니다. 사카가미의 세련된 스타일에 빠진 여자 아이들은 누가 먼저랄 것도 없이 그와 친해지려 하는 반면, 마을 어른 들은 못마땅한 표정으로 눈치 주기 바쁩니다. 특히 요시노 씨에게는 더 더욱 해결해야 할 막중한 미션이 되었습니다. 등교시간마다 사카가미 에게 다가가 머리를 자르러 오라며 회유하지만, 그럴수록 반항하는 아 이를 보며 요시노 씨는 결국 큰 결단을 하기에 이르죠.

<요시노 이발관>이 그리는 가장 흥미로운 부분은 바로 요시노가리 를 하고 있는 남자아이들의 변화입니다. 요시노 씨의 아들 케이타(오네 다 료)는 친구들과 성인 잡지를 몰래 뒤적거리거나 속옷 차림의 누나를 보고 당황해하는 등 이제 슬슬 사춘기에 접어들고 있는 시기이죠. 어느 날부터 케이타는 같은 반 인기녀 우에스키에게 멋지게 보이고 싶다는 생각을 하게 됩니다. 이전까지 한 번도 요시노가리에 대해 불만을 가져 본 적 없던 케이타는 전학생의 등장으로 인해 처음으로 획일화된 머리 스타일에 의문을 갖기 시작합니다. 이는 기존 세대들의 문화를 고스란 히 수용하기에 무언가 불편함을 느끼는 새로운 세대의 모습으로 투영 됩니다. 전통의 답습을 강조할 뿐 답습의 이유를 정확히 짚어 주는 어 른들은 없기에 느끼는 답답함 같은 것들이랄까요.

하지만 생각해 보면 이곳의 어른들도 그 답을 모르는 것 같습니다. 아니, 모른다기보다는 그 이유를 알아내는 것보다 그것을 행위로 반복 하는 것에 익숙한 듯 보입니다. 그러다 보니 우스꽝스러운 꽁트를 연상

하게 하는 장면도 등장합니다. 극 중 한 어르신은 거의 탈모에 가까운 상태인데도 불구하고 버릇처럼 요시노가리를 하기 위해 이발관을 찾습니다. 허공에 대고 한참 동안 진지하게 가위질을 하는 요시노 씨의 모습을 보고 있자면 머리카락이 나에게만 안 보이는 걸까 싶을 정도입니다. 이들에게 "머리카락도 없는데 왜 자르냐"고 묻는 케이타의 질문은, 마치 동화 『벌거벗은 임금님』에서 임금님이 벌거벗었다는 사실을 유일하게 입 밖으로 낼 수 있었던 어린아이처럼 오래된 무언의 약속을, 혹은 규칙과 금기를 깨고자 하는 새로운 세대를 떠올리게 하죠. 하지만 생각보다 규칙을 깨는 것은 단순한 문제가 아닙니다. 이전 세대의 시선으로 보면 전통을 지키는 것은 규칙을 깨는 것 이상의 중요한 가치를 지니지요. 요시노가리를 반복하여 지키는 것은 오랜 세월동안 그들에게 당연한 일상이 되었고 그런 삶을 성실하게 살아온 결과가 지금의 모습을 완성했으니 말입니다. 이는 케이타의 아빠 역시 중년의 나이가 되어도 우스꽝스럽지만 여전히 요시노가리를 하고 있는 이유와도 같습니다. 그러나 각 세대의 시선을 고려하지 않은 채 '반드시 잘라야만 해. 다른 스타일은 안 돼!'라고 외치는 요시노 씨의 대사는 각 세대 간의 거리를 더욱 멀게만 만들 뿐입니다.

전통이 전설이 되는 순간

영화의 오프닝은 이 마을의 전통인 요시노가리 합창단의 모습으로 시작됩니다. 같은 머리스타일을 한 남자아이들은 같은 옷을 입고 헨델의 할렐루야를 완벽하게 부르지요. 이 모습은 영화의 클라이맥스에 이르러 형형색색의 염색을 한 채 자유와 개성의 존중을 외치는 아이들의 모습과도 대조됩니다. 왜 할렐루야를 부르냐고 묻는 아이들. 전통을 고수한다면서 왜 서구의 노래를 부르냐며 반항하는 아이들. 문득 그 모습을 보니 이런 생각이 들었습니다. 아마 케이타의 할아버지, 그리고 그 윗세대들은 할렐루야가 아닌 다른 곡을 부르며 전통을 지켜간 것 아닐까. 혹은 한참의 시간이 흐른 후 과연 케이타와 친구들은 이 산에서 어떤 노래를 부르게 될까. 중요한 것은 이전 세대의 이야기는 사라지는 것이 아닌, 다음 세대의 변화와 어우러져 계속해서 이어져 나가고 있다는 것입니다. 머리카락이 자라는 한 이발관은 절대 사라지지 않을 거라고 이야기하는 케이타 아빠의 말처럼, 꾸준히 흘러가는 삶 속에 만나게 되는 변화의 순간 일부분이라도 곁에 놓아둔다면, 그렇게 세대와 세대가 함께 마음 한켠을 내어주다 보면 어느 순간 전통은 전설이 되어 있지 않을까요.

생각해 보면 저는 청소년기에 스스로를 엑스세대라고 부른 적이 없습니다. 단지 '너희들은 엑스세대니까 이렇고 저래'라는 말을 누군가에게 들었을 뿐이었어요. 이는 지금 세대들이 스스로를 MZ라고 부르지 않는 맥락과도 같다고 생각합니다. 한 세대는 스스로를 결정짓지 않죠. 여전히 그 세대의 문화는 만들어지고 사라지고 변화하고 부산히 움직이는 중이기 때문입니다. 결국 세대를 바라보는 태도의 근간에는 나의 세대가 흐려지는 빈 공간에 침범하는 새로운 세대의 감각을 수용하기 위한, 나름의 진지한 고찰이 있어야 하지 않을까요.

다만 세대론을 정치 혹은 자본의 용도에 맞게 이슈화시켜 분쟁과

배타적 태도를 종용하는 작금의 시기가 그저 안타까움으로 다가올 뿐
입니다.

 토닥이는 마음 다독이는 영화

충만한 일상의 시간, 영원을 살다.
〈퍼펙트 데이즈〉(2024)

스승님, 그 얘기 이제 마저 해요

아마도 서른 살 무렵, 봄으로 기억합니다. 목적 없는 공허한 수다를 좋아했던 저는 그날도 오랜만에 만난 스승님과 답도 없는 '딥'한 인생사를 이야기하고 있었지요. 그때를 봄으로 기억하는 이유는, 새로운 시작을 알리는 새 학기가 그날 수다의 주제였기 때문입니다.

"저는 봄이 싫어요. 새 학기가 시작하잖아요. 새롭게 에너지를 채워서 올 한 해 달려야 한다는 부담 때문인지, 봄만 되면 긴장감에 사로잡히는 것 같아요."
"그럴 필요 없어. 그냥 너 평소 하던 대로 해."
"네?"

수십 년이 지난 지금도 휴대폰에 '스승님'으로 저장된 그는, 제가 아는 기독교인 중 꽤나 자유분방한 축에 속합니다. 항상 새로운 수다거리를 가져오는 그는 매번 만날 때마다 직업, 사는 곳, 심지어 행색까지 달라지는 사람이거든요. 젊은 날의 저에게 그의 존재는 호기심 그 자체였고, 모험과도 같은 그의 경험을 듣는 것은 큰 배움과도 같았습니다. 그래서였을까요. 항상 도전적이고 새로웠던 그의 조언은 그날따라 무척 식상하게 들렸습니다.

"그리고 이건 조금 거만한 말이긴 한데, 사는 게 무엇인지 아주 조금은 알게 된 것 같아. 정해진 걸 꾸준히 반복하는 거야. 무엇이든. 예상외로 놀라운 위력이 있더라."

이 말을 듣고 저는 남은 차를 쭉 들이켰습니다. 반복하는 것. 루틴을 말씀하시는 건가? 이상하게 귀담아듣기 싫다는 생각뿐이었습니다. 즉각적으로 떠오르는 것은 아침마다 영어 단어를 외웠던 학창 시절과, 졸음을 이겨 가며 참여했던 새벽기도회의 고단함이었습니다. 곤란해하는 제 표정이 우습다는 듯 그는 히죽거리며 말을 이었습니다.

"그래, 이건 너 중년이 되면 그때 다시 얘기하자. 재밌겠네."

스승님, 저 이제 중년인디요. 다시 얘기합시다요.

반복과 반복의 레이어

2024년 초 침체된 영화시장 틈 사이로 대중의 주목을 받은 예술영화들이 신선한 바람을 불러일으켰지요. 그중 크게 주목받은 작품을 꼽자면 아우슈비츠 너머에 사는 독일 장교 가족의 이야기인 <존 오브 인터레

 토닥이는 마음 다독이는 영화

스트>(2024)와 평범한 중년 남성 히라야마(야쿠쇼 코지)의 일상을 담은 <퍼펙트 데이즈>(2024)일 것입니다. 사실 두 작품의 흥행은 예상을 훨씬 웃도는 것이었지요. 독립/예술영화에 대한 관심이 날로 커지고 있다지만, 관객 스코어 만 명도 채 되지 않는 작품들이 수두룩한 걸 보면 두 영화의 흥행은 괄목할 만한 성과입니다. 예상컨대 <존 오브 인터레스트>의 경우, 아우슈비츠 참상 자체에 주목해 왔던 기존 영화 공식을 뒤튼 신선한 접근법을 보여주었고, <퍼펙트 데이즈>는 지루할 만큼 반복되는 시간 속에서도 삶의 균형 안에 있는 주인공의 여유가 인상적이라, 아마 이런 점이 관객들의 마음을 크게 흔들었으리라 짐작해 봅니다. 스승님의 예언대로 중년이 된 지금의 저에게 <퍼펙트 데이즈>는 퍽이나 인상적인 영화였습니다. 팍팍한 삶의 한가운데 머물러 있는 제 마음에 작은 쉼표 하나를 콕, 찍고 가는 느낌이랄까요. 주인공 히라야마의 입가에 옅게 머문 여유로운 미소. 이 미소는 영화를 본 후 1년이 지난 지금도 떠올릴 때마다 마음 한구석 따스한 온기가 모락모락 피어납니다.

줄거리는 단순합니다. 주인공 히라야마는 도쿄 토일렛 청소원입니다. 시부야의 공중화장실을 청소하는 것이 그의 주된 일이지요. 그의 일상은 단순함의 반복입니다. 마당을 쓰는 옆집 이웃의 비질 소리에 일어나면 화초에 물을 줍니다. 현관문을 열고 하늘을 잠깐 쳐다보는 것 또한 중요한 그의 루틴이지요. 집 앞 자판기에서 매일 같은 종류의 캔 커피를 사 들고는, 오래된 카세트테이프의 음악을 들으며 청소 구역으로 향합니다. 어느 날은 벨벳 언더그라운드의 '페일 블루 아이즈'가, 루리드의 '퍼펙트 데이'가 흘러나오는 날도 있습니다. 점심은 근처 공원에서 샌드위치로 해결하고 일을 마치면 공중목욕탕에서 목욕을, 매일 같은 식당에 들러 하이볼을 곁들여 저녁을 해결합니다. 집에 들어와 윌리엄 포크너의 야생 종려나무를 읽다가 잠이 들고, 어김없이 새벽녘 비질 소리에 아침을 맞는 그의 삶.

놀랍게도 <퍼펙트 데이즈>의 메인 서사는 이것이 전부입니다. 물론 중간중간 예상치 못한 일이 일어나긴 합니다. 동료가 청소하러 오지 않거나, 젊은 여성에게 기습적으로 볼 키스를 받거나, 주유할 돈이 없어 차를 놓고 걷기도 해야 했지만, 결국 자잘한 사건·사고들은 히라야마의 반복된 시간의 영역으로 조용히 들어와 일상과 함께 굴러가며 서서히 소멸합니다. 히라야마는 이 루틴에서 벗어날 의지를 보이지 않아요. 그러다 보니, 인터넷상에서는 한동안 이 영화를 둘러싼 여러 가지 재미있는 감상평이 눈길을 끕니다. 그중 '한참을 졸다 깼는데, 똑같은 장면이 나와 또다시 잠들었다'는 웃지 못할 감상도 있습니다. 그럼에도 이 영화의 반복되는 시간성이 계속 관객들의 마음을 두드리는 이유는 무엇일까요.

시간을 사유하다

히라야마의 일상을 가만히 바라보고 있자면, 시간성에 대해 그가 지닌 몇 가지 태도가 보입니다. 제 눈에 그는 시간에 포섭되어 생을 유지한다기보다, 삶을 시간 위에 오롯이 올려놓는 방식을 취하는 듯합니다. 시간에 끌려가든, 시간에 올라타든 어차피 삶은 시간과 함께 흘러

　　　토닥이는 마음 다독이는 영화

가게 마련이지만, 그 과정에서 지금 거쳐 가는 생의 풍경을 과연 바라볼 수 있느냐의 문제에 있어 분명 두 태도는 서로 다른 이야기를 해 줄 것입니다. 여기서 히라야마의 경우, 매일매일 사진을 찍는 행위로 현재의 시간을 바라봅니다. 반복되는 일상이지만 무언가 미묘하게 변화하는 작은 생의 풍경을 그는 사랑하고 있는 것 같습니다. 그래서 사진을 찍어 현상하고, 또 오랜 시간 보관해 오면서 거침없이 흘러가는 시간 속 소중한 순간들을 천천히 길어 올리지요. 사진을 찍는 행위는 현재인 '지금'을 포착하고자 하는 인간적인 사유의 방식입니다. 움직이는 시간성 안에서 사진이라는 정지된 순간을 바라보는 시선, 그리고 그 순간에 느끼는 소중한 감정들. 이것이 히라야마가 일상성 안에서 발견한 행복이겠죠. 이런 히라야마를 보면, 반복적인 일상은 단순하고 사소한 것처럼 보이기도 하지만, 불가해한 인생사에서도 인간이 스스로의 의지로 삶을 향유할 수 있는 존재임을 증명하는 방식이 아닐까 생각해 보게 됩니다.

사실 영화에서 명확하게 설명하고 있지 않지만, 히라야마가 이런 단순한 삶의 패턴을 가진 것이 아주 오래된 것 같지는 않습니다. 분명 어떤 사연이 있어 보여요. 영화의 중반부쯤 히라야마의 집에 청소년이 된 조카가 들이닥칩니다. 히라야마는 너무 커 버린 조카의 모습에 당황하고 조카는 다소 서민적인 히라야마의 집을 보고 당황해하지요. 가출한 딸이 여기 있다는 연락을 받은 히라야마의 여동생은 기사를 대동, 고급 세단을 타고 히라야마의 집을 찾습니다. 예상컨대 이런 배경을 보면 히라야마 역시 지금과는 다른 모습의 세계에 속해 있었던 인물로 추측 가능합니다. 어떤 이유로 그가 지금의 단출한 삶을 선택했는지는 모르지만, 분명 이 영화를 보며 작은 쉼을 느끼는 바쁜 현대인들의 모습과 크게 다르지 않았을 것입니다. 세상은 정말 빠른 속도로 흘러가죠. 이젠 거의 누가 이기나 달음박질하는 수준입니다. 며칠 전 누군가의 발표에서 '4차 산업혁명'이라는 말을 들었을 때, 마치 수백 년 전 존재했던 단어처럼 느껴졌습니다. 처음 언급된 지 불과 10년도 안 됐는데 말이지요. 생성형 AI 외에는 다 올드하게 느껴지는 이 세계 속도를, 과연 인간은 충분히 즐기고 있는 걸까요? 떠올려 보면 히라야마의 주변에는 올드한 것 투성입니다. 그는 중고 서적에서 산 100엔짜리 문고들로 취침 전 시간을 가득 채우고, 카세트테이프로 음악을 듣고 필름카메라로 사진을 찍는 사람입니다. (이조차도 우리는 즐기기 힘듭니다. 카세트 플레이어가 있어야 하고, 지금은 거의 사라지고 없는 필름 현상소가 있어야 하기 때문이겠죠. 이스트만 코닥의 시대는 디지털의 등장과 함께 막을 내린 지 오래됐지요.) 새로운 것을 찍어내기 급급한 현대의 시간 속에 이 물건들은 히라야마에게 가치를 매길 수 없는, 충만한 시간을 선사합니다.

코모레비(木漏れ日): '나뭇잎 사이로 비추는 햇살'

히라야마는 점심시간마다 근처 공원에서 샌드위치를 먹으며 코모레비를 즐깁니다. 매일 똑같은 풍광처럼 보여도 어느 하나 똑같은 빛줄기는 없습니다. 감독 빔 벤더스의 한 인터뷰처럼, 이 빛줄기는 태양으로부터 수억 킬로를 달려와 오늘의 나를 만나는 것이겠죠. 이 얼마나 감격스러운지요. 이토록 사소해 보이는 것들조차 의미 없는 것이 없으니. 어쩌면 단조로워 보이는 우리의 일상도 매 순간순간 수많은 기적을 만나고 있는 것일지도 모릅니다.

세상에는 수많은 세계가 존재하지만 모든 세계를 경험할 수 있는 건 아닙니다. 하지만 선택한 세계 안에서 삶을 충실히 가꾸는 히라야마의 일상은 유한한 삶이 꿈꿀 수 있는 영원의 축복입니다. 그의 반복된 시간은 미래로만 달려가는, 즉 죽음으로 달려가는 시간의 목적지에서 벗어나, 과거·현재 그리고 미래의 경계를 흐릿하게 지웁니다.

오늘은 어제이자 내일이며, 충실하게 살아낸 지금의 시간은 풍요로움으로 가득한 영원의 시간이 될 것이니까요.

〈어나더 라운드〉 (2021)

술 권했던 사회

음주에 대한 저의 첫 기억은 대학 새내기 시절로 거슬러 올라갑니다. 저는 유년기 때부터 아직 마셔 보지도 않은 술에 대한 공포와 거부감을 느끼며 성장했지요. 생각해 보면 주일학교 시절부터 '술 취하지 말라, 이는 방탕한 것이니'를 귀에 딱지가 앉도록 들었기 때문이기도 하지만, 한 잔만 마셔도 시뻘개진 얼굴로 온몸을 박박 긁어 대던 아빠의 모습을 목도한 그날부터 아마 공포의 서막은 시작된 게 아닐까 싶습니다. '나에게도 술을 거부하는 유전자가 있겠지?'라는 생각은 점점 두려움이 되었고 이는 머지않아 사실로 증명되었습니다.

예상은 정확했습니다. 개강 총회가 시작될 무렵 조용히 빠져나가다가 말고 덜컥 뒷덜미 잡힌 저는 몇 시간이 지났을까, 그날 동기들 중에 가장 술을 많이 마신 사람이 되어 있었습니다. 선배들이 무서워서 정신 없이 꿀꺽꿀꺽 삼키다가 인사불성이 된 새벽녘 귀갓길, 슬슬 지옥도가 펼쳐지고 있음을 직감했습니다. 까무룩하게 정신을 잃었다 깨어나니 엄마는 평생 내뱉을 욕의 정량을 다 소비할 기세로 저를 내려다보고 있었지요. 엄마는 한 손으로 제 이불을 둘둘 말아 들고 있으면서도 기어코 다른 손으로는 가차 없이 등짝 스매싱을 날립니다. 암요. 그렇습니다. 현관부터 방까지 토사물로 지도를 그린 딸은 입이 열 개라도 할 말이 없지요. 하지만 엄마의 손바닥 매보다 더 괴로웠던 건, 가실 기미가 전혀 보이지 않는 두통과 가려움의 습격이었습니다. 머리가 미친 듯이 왕왕 울렸습니다. 전신으로 번지는 두드러기 때문에 꽃샘추위의 시기가 무색하게 수십 번 찬물을 끼얹었었지요. 하지만 결국 동틀 무렵 저는 이토록 한심한 모습으로 응급실에 실려 가는 처지가 되었습니다. 그날 앰뷸런스는 저의 참회의 공간이 되었습니다. 문틈으로 들어오는 아침 햇빛을 실눈으로 바라보며 20년간의 행실을 되돌아보는 시간이었다고나 할까요.

어쨌든 끔찍한 숙취의 악몽은 그 후 몇십 년간 제 뇌에 상흔을 입힌 듯했습니다. 한동안 술자리에 대한 이야기만 들어도 기분이 급격하게 다운되고 미미한 편두통이 생기곤 했으니 말이죠. 하지만 놀라운 사실은 2025년을 살아가는 지금의 저는 누구보다 술을 친근하게 생각하는 사람이 되었다는 것입니다.

술 취한 채 수업을?

영화 <어나더 라운드>(2021)는 체내 알코올 농도 0.05%를 유지하며 변화된 삶을 경험하고자 하는 선생님들의 이야기입니다. 역사와 체육, 음악, 심리학을 가르치는 이 네 명의 고교 남교사들은 매사 의욕이 없는 캐릭터들입니다. 특히 역사 담당 마르틴(매즈 미켈슨)은 신임 교사 시절 누구에게도 뒤처지지 않는 열정적인 교사였으나 지금은 무기력의 정점에 놓여 있습니다. 사태의 심각성을 파악한 학생들과 학부형들이 마르틴의 태도에 대해 강력한 이의를 제기하지만 이마저도 그때뿐이지요. 무기력에 빠져 눈물까지 흘리던 어느 날 생일파티차 만난 네 명의 남자들은 술에 대한 흥미로운 이야기를 나누게 되는데, 바로 술을 마시고 수업을 진행하는 것! 혈중 알코올 농도 0.05%를 유지하면 긴장도 풀리고 적당히 활발해진다는 이 흥미로운 가설을 시험해 보고 싶은 이들은 본격적으로 술을 마시고 수업을 진행하게 되죠. 결과는 예상을 뛰어넘는 대성공을 가져옵니다. 이제 학생들에게 최고의 인기 교사가 된 마르틴은 이번엔 항상 냉랭한 기운만 감싸고 있던 가족들과의 관계 또한 이 실험을 통해 회복하고자 하죠. 그러나 생각보다 큰 난관에 부딪히게 되며 네 명의 친구들은 크게 요동치기 시작합니다.

전작 <더 헌트>(2013)로 잘 알려진 토마스 빈터베르그 감독의 신작 <어나더 라운드>는 술에 대한 애정과 즐거움으로 가득한 영화로 보입니다. 특히 계속해서 체내 알코올 농도를 유지하며 무기력을 극복하고, 누구보다 에너지 넘치는 일상을 보내는 인물들의 얼굴을 보고 있자면 이전에 없던 온기와 잃어버렸던 그들의 삶의 의미마저도 느껴집니다. 그런 이유에서일까요? 기획 단계에서의 제목 '드렁크'라는 제목을 '어나더 라운드'(한 잔 더 부탁해요!)로 바꾼 것은 신의 한수인 것 같습니다. 술을 소재로 삼은 영화들은 많지만 술에 대한 애정 혹은 안타까움을 이렇게 탁월하게 잡아낸 영화는 드물지 않을까요. 2021년 영국 아카데미와 미국 아카데미에서 각각 외국어 영화상과 국제 장편 영화상을 수상한 <어나더 라운드>는 인류의 역사 그 곁에 항상 존재했던 술에 대한 흥미로운 고찰을 담는 작품이라고 할 수 있습니다.

내가 술을 마시는가, 술이 나를 집어삼키는가

<어나더 라운드>는 술 취하는 과정을 은유하는 3개의 작은 장으로 나눕니다. 첫 번째 장은 혈중 알코올 농도 0.05%를 유지하며 일상을 경험하는 실험입니다. 타 교사들 몰래 홀짝거리며 술을 마시는 이들의 표정에는 익살이 너울거리고 이는 곧 인기 있는 교사, 다시 회복된 가족, 동료들과의 유쾌한 관계라는 좋은 결과를 가져옵니다. 인물들은 이 챕터에서 가장 큰 성공과 만족을 느끼게 되고, 결국 이를 계기로 인물들은 두 번째 장을 시작합니다. 술 취하는 정도는 각 개인마다 차이가 있으므로 좀 더 마셔 보는 것을 목표로 하는데, 이는 얼마 안 가 '갈 때까지 마셔 보자'로 바뀌는 세 번째 장을 향해 달려가게 됩니다. 이 영화의 현명한 지점은 세 번째 장에 이르기까지 각 장의 전개가 상당히 유려하게 이어지고 있다는 것입니다. 이를 다르게 말하면, 이들이 술로 인해 느꼈던 최고의 순간부터 바닥으로 곤두박질치는 지점에 이르는 그 변화의 폭을 감지하기 힘들도록 구성했다는 것을 의미합니다. 생각해 보면 술의 속성이 그러하지요. 약속과 규율이 사라지는 순간 그저 이 선생님들은 호감에서 민폐로 변하는 술 취한 통제 불능자일 뿐입니다. '일과 후 저녁에는 절대 술을 마시지 않겠다'던 약속이 무너지는 순간, 이들의 삶은 은근슬쩍 무기력의 자리로 회귀합니다. 어느덧 그들은 잃어버린 관계를 술로 회복할 수 있다고 믿게 되었는지도 모릅니다.

"아빠, 그동안 술 마시고 우리와 함께했던 거지?"

영화 속 가장 극적인 순간은 술의 힘을 통해서라도 가족의 품으로 돌아가고자 했던 마르틴의 비밀이 아들에게 들킨 순간일 겁니다. 가족에 대한 마르틴의 진심은 술로 인해 오인되고, 그 오인은 마르틴을 회복하지 못하게끔 이끌죠. 이는 마르틴뿐만이 아닙니다. 체육 교사 톰뮈는 취한 몸을 가누지 못한 채 교무실을 휘젓고 다니다가 징계를 당하고 결국 죽음에 이르게 되죠. 기억해야 할 것은 시간이 지나면 그렇듯 술은 깨게 마련이고, 모든 것은 다시 원래의 자리로 되돌아간다는 사실일 겁니다. 하지만 여전히 우리는 술을 마십니다. 술이 우리 삶의 어떤 것도 해결해 줄 수 없고, 그럴 능력도 없다는 것을 알지만 그럼에도 지금 이 순간의 시름과 고통을 잠시나마 술에 의지해 잊고 싶은 마음, 그것만으로도 우리는 술을 찾고 지금도 술을 마시며 잠시나마 찾아올 달콤한 꿈을 기다립니다.

일장춘몽, 그 꿈에서 깨고 나면

다시 제 이야기로 돌아오자면, 요즘 소소한 반주가 즐거움이 된 저에게 더 이상 술자리는 두려움의 대상이 아닙니다. 무엇보다 요즘은 술을 강제로 권하는 사회 분위기도 아닐뿐더러 취하기 위함보다 적당한 음주를 즐기는 것을 장려하는 분위기가 큰 몫을 한 것 같고요. 요즘 저는 동반자와 함께 매일 저녁 적당한 음주를 즐기고 있습니다. 참 신기하죠. 공포의 대상이었던 술을 제가 먼저 찾는 시기가 오다니. 사실 저녁이 되면 우리는 다양한 미디어를 통해 세상에 내려앉은 슬픔과 어두운 소식들을 듣습니다. 꽃다운 젊음의 죽음, 탐욕이 불러온 전쟁과 수많은 희생, 각박해진 세상 속 꿈꿀 수 없는 희망은 깊은 우울감이 되어 우리를 찾아옵니다. 세상 시름을 잊고 싶기도 하고, 일상이 적적하게 느껴져서 언젠가부터 작은 술잔을 기울이던 것이 이제는 소소한 위로의 이름이 되었네요.

'맨정신으로 살아도 힘겨운 세상에서 음주가 웬 말이냐'를 외치던 20살의 저는, 이제는 '맨정신으로 과연 살 수 있는 세상이긴 한 걸까'를 의심하는 소규모 음주가가 되어 갑니다. 이젠 더 이상 술을 권하지 않는 이 사회에서 자진해서 술을 찾아 마시는 저는, 정말 맨정신으로 잘 살고는 있는 걸까요.

포노사피엔스 시대, 내가 누군지 말할 수 있는 자 누구인가.
〈완벽한 타인〉 (2018)

이런 신박한 물건이라니

때는 2006년 혹은 2007년. 한창 더울 7월 즈음이었던 것 같습니다. 폴라포를 와그작거리며 연구실에 들어서는데 사람들이 중앙 테이블에 옹기종기 모여 있는 것이었어요. 순간 평소와는 다른 기운이 이 공간을 맴돌고 있음을 감지했습니다. 아니나 다를까. 웅성거리는 소리부터 탄식을 빙자한 감탄까지 난리도 아닌 이 상황이라니! 당시 미디어 아티스트로 활동하던 선배가 홍콩에서 큰 전시 하나를 마치고 돌아왔는데 소문만 무성하던 '스마트폰'이란 것을, 그것도 '아이폰'이라는 것을 떡하니 들고 왔기 때문이었습니다. 그 시기 대한민국은 스마트폰이 상용화되던 때가 아니었기 때문에 이 컴팩트하고 세련미 넘치는 디지털 디바이스는 그야말로 신문물, 특급 문명이었습니다. 상용화가 안 되었으니 전화도 문자도 불가합니다. 애플리케이션에 대한 개념은 더더욱 없겠지요. 하지만 스마트폰은 존재만으로도 그저 신기한 물건이었습니다. 웅성대는 우리를 가만히 지켜보던 선배는 콧구멍을 벌름거리더니 뭔가 각오한 듯, 갑자기 두 손가락을 치켜들더군요. 그러더니 천천히 스마트폰 액정 위에 검지와 중지를 올리고는 마치 다리를 찢듯 양쪽으로 손가락을 벌리는 순간(희미한 기억이지만 그는 육성으로 "짜잔!"이라고 외쳤던 것 같습니다.) 화면에 깨알만 했던 폰트는 순식간에 몇 배로 커집니다. 스마트폰이 지닌 확대 기능을 처음 본 순간이었습니다. 그날 우리는 연구실이 떠나가라 소리를 질렀습니다. 이런 신박한 물건이라니!

내가 스마트폰인가, 스마트폰이 나인가

스마트폰이 우리 일상의 영역에서 일으킨 대표적인 변화 중 하나는 소비 방식일 겁니다. 온라인 상점, 특정 회사의 애플리케이션을 통해 상당 부분 소비 생활이 이루어지게 되면서 기업의 형태 역시 근 10년간 다이내믹한 변화의 시점을 맞이했죠. 주목할 점은 이런 소비 방식이 일방향적 광고로 구매를 촉진시켰던 기존의 전략을 뒤틀었다는 것입니다. 일명 똑똑한 소비자로 불리는 스마트 컨슈머, 프로슈머의 등장은 소비 경제의 큰 틀을 어느 정도 전복시키는 결과를 초래했지요. 이들은 꼼꼼한 성분 분석, 적극적인 사용 후기를 온라인상에 업로드하고 실시간으로 다른 소비자들과 정보를 공유하며 주체적인 역할로 참여합니다. 요즘은 점수 제도를 적극 도입하거나 활용 면에서 뛰어난 아이디어를 모아 기업에 제시하는 등 오히려 역으로 기업에 영향력을 미치기도 하는데, 결국 이런 변화된 소비 방식의 중심에는 뛰어난 기동성과 편리를 자랑하는 스마트폰이 존재합니다.

그러나 가장 큰 변화를 꼽으라면 단연코 소통 방식일 것입니다. 개인의 의사나 감정을 표현하는 데 있어 필수불가결의 요소였던 '말'이라는 소통 채널은 육체를 할애하고 시간을 소비해야만 가능했던, 그야말로 구술 시대를 대표하는 구식 커뮤니케이션 방식이 되어버렸지요. 텍스트와 이모티콘, 복잡한 감정과 상황을 압축한 단일 이미지 '짤방' 등으로 소통하는 디지털 시대 스마트폰의 언어는 시간과 공간의 제약을 초월하여 우리를 소통하게 합니다. 빛의 속도로 변화하는 지금, 디지털 리터러시를 재빠르게 습득하지 않는다면 우리는 하루 차이로 디지털 문맹, 디지털 문외한으로 살게 될지도 모릅니다. 스마트폰의 등장 이후 그 변화의 행태에 맞춰 살기를 선택한 인류는 지금도 포노사피엔스로서의 역할에 충실한 나날을 보내고 있지요. 그 중심에서 작은 물음 하나를 던져봅니다. 과연 내가 스마트폰인가, 스마트폰이 나인가.

이재규 감독의 2018년 영화 <완벽한 타인>은 이런 스마트폰의 특징을 소재로 한 소극입니다. 막역하게 지내는 4명의 친구와 아내들이 함께 저녁 식사 모임을 갖게 되고, 누군가의 제안으로 저녁 식사 동안 각자의 휴대폰에 있는 모든 것을 공유하는 게임을 시작하게 됩니다. 이후 감춰둔 개인의 비밀이 속속들이 드러나면서 이들은 파국을 맞이하게 되지요. 집이라는 한정된 공간에서 오로지 인물들의 대화만으로 진행되지만 일반 장르 영화와는 다른 독특한 긴장감이 있습니다.

나는 고로, 스마트폰이다

"스마트폰에 모든 게 있어. 일정, 구매 내역, 문자까지. 이건 인생의 블랙박스야."

　이는 영화의 초반부, 게임을 제안하는 예진(김지수)이 던진 선언과
도 같은 말입니다. 누군가는 이 영화를 통해 비밀이 가진 유한성에 대
해, 혹은 스마트폰으로 인해 더 은밀해진 개인의 영역에 대해 이야기하
겠지만 영화를 보는 내내 제 앞에 놓인 물음은 '나를 규정하는 것은 나
에 대한 선언인가, 아니면 나를 설명하는 증거인가'였습니다. 영화 속
인물들은 개인적 비밀이 하나둘 드러날 때마다 숨기거나 강하게 부정
합니다. 하지만 대부분 그들의 진심 어린 말과 최선을 다해 내뱉은 선
언은 영향력 없이 공중으로 휘발되어 버리지요. 오로지 신뢰받는 것은
문자, 구매 내역, 약속 일정, 검색창, 건강 수치와 알람 및 예약 등 스마
트폰에 남아 있는 정보들을 종합해 만든 그 정황이며, 이 시점부터 말
과 선언의 주체였던 나는 사라집니다. 더 이상 나는 내가 아니고 스마
트폰이 내가 되어버리는 지독한 패러독스를 대면하게 되는 것이지요.
그러기에 극중 인물들은 외도를 하지 않았다고 말해도 외도한 자가 되
며, 오해된 성정체성을 부정해도 오해 속에 갇히는 아이러니를 드러냅
니다. 독일의 철학자 한나 아렌트는 자신의 저서 『인간의 조건』(한길
사,2019)에서 인간은 '누구'를 말해야 하는 순간 '무엇'을 말해야 한다고
언급한 바 있지요. 재미있는 것은 위의 말에 '누구' 대신 '나', '무엇' 대
신 '스마트폰'이란 단어를 넣는 순간, 2025년을 살아가는 포노사피엔스
그 자체를 정의하는 말이 된다는 점입니다. 그렇다면 이런 명제도 가능
하겠네요.

"인간은 '나'를 말해야 하는 순간 '스마트폰'을 말해야 한다."

스마트폰이 상용화되고 제가 제일 먼저 깔았던 애플리케이션은 '트위

터', 지금의 '엑스'였습니다. 이와 관련된 작은 에피소드가 있는데, 당시 어떤 영화제 시상식에 참석했던 저는 친한 감독님이 수상자로 호명되자마자 그 소식을 실시간으로 트위터에 올렸던 적이 있습니다. 단순히 트위터 친구들에게 알리고 싶었을 뿐이었는데, 의도했던 바와는 다르게 몇 분 후 사진을 요청하는 기자들의 문의가 쇄도하기 시작했습니다. 묘하게 기분이 좋았습니다. 현실에서는 한없이 나무늘보 같은 제가 SNS 세계에서는 발 빠른 정보 제공자로 인정받은 느낌이랄까요. 어쩌면 물질적 신체로 존재하는 나와는 별개로 디지털 세계 속 새롭게 태어난 내가 규정되는 순간의 쾌감이었는지도 모르겠습니다.

조금 다른 맥락이지만 하나로 단정할 수 없는 존재에 대한 현상은 지금의 미디어 환경에서도 심심치 않게 나타나는데, 바로 '부캐'가 그러하지요. 유희적 요소로 연예인의 또 다른 정체성을 만드는 행위인데, 본래 캐릭터보다 부캐가 훨씬 더 존재감을 드러내고 있는 현상은 꽤나 오래전부터 유행하기 시작했습니다. 유튜버 랄랄은 '이명화'라는 부캐로 큰 주목을 받았지요. 방송인 유재석은 트로트 가수 유산슬로 활약하기도 하고요. 아직도 서로를 모른다고 말하는 래퍼 매드클라운과 마미손은 완전 분열된 자아로써 여전히 우리 앞에 존재합니다.

내가 누구인지 말할 수 있는 자 누구인가

셰익스피어의 비극 <리어왕>의 1막 4장을 보면 딸들에게 멸시받은 리어가 혼란함을 감추지 못하고 이렇게 말하는 대목이 있습니다.

     토닥이는 마음 다독이는 영화

“내가 누구인지 말할 수 있는 자 누구인가.”

　한때 세상을 통치하던 모습으로 스스로를 규정하던 리어는 무력한 현재의 리어와의 사이에 간극을 느낍니다. 이 절규가 포노사피엔스들의 외침과도 다르지 않다는 느낌을 받는 것은 왜일까요. 단순히 목소리로 안부를 묻던 전화기의 차원을 넘은 스마트폰은 우리의 생활 방식뿐 아니라 오래도록 인류가 당연시 여겨 온 존재론적 차원의 관념마저 능글맞게 뒤흔들어댑니다. 도구를 넘어 존재 자체가 된, 그래서 하루라도 없으면 견디기 힘든 2025년 끝자락, 우리는 스마트폰 그 자체가 되어버렸네요.

토닥이는 마음 다독이는 영화

시네마 분더카머

이정식

<비비안 마이어를 찾아서>(2015)

<더 웨일>(2023)

<아임 낫 데어>(2007)

<브루탈리스트>(2024)

<너와 나>(2022)

<괴인>(2022)

<디 아워스>(2003)

<아무르>(2012)

<존 오브 인터레스트>(2023)

<에브리씽 에브리웨어 올 앳 원스>(2022)

이정식 _ 모두를위한기독교영화제 영화평론상 수상자

목사. 말보다 글이, 글보다 침묵이 더 많은 말을 한다고 느낄 때가 있다. 지은
책으로 『하나님의 밤편지』(생명의말씀사, 2024)가 있다. 제3회 모두를위
한기독교영화제의 영화평론 우수상을 받았다.

 토닥이는 마음 다독이는 영화

소설가 한강의 단편소설 「회복하는 인간」[1] 에서 화자
는 언니에게 이렇게 말해요. "난 정말 모르겠어. 사람들이 어떻게 통념
속에서만 살아갈 수 있는지. 그런 삶을 어떻게 견딜 수 있는지." 그런
화자에게 언니는 답합니다. "그렇게 생각하니. 하지만 그럴 수 있어서
다행이라고 생각하는 사람들도 있지 않을까. 통념 뒤에 숨을 수 있어
서." 언니의 대답에 화자는 그순간 언니를 이해한다고 느낍니다. "(언
니는) 다만 가장 안전한 곳, 거북과 달팽이들의 고요한 껍데기 집. 사과
속의 깊고 단단한 씨방 같은 장소를 원하는 것뿐이었다."

생각해보면 제가 문학과 영화에 매료된 것은, '삶의 진실, 삶의 의
미'에 언제나 진실한 사람들 덕분이었습니다. 이따금 기독교 교리가 옳

---

1. 한강, 「회복하는 인간」, 『노랑무늬영원』, 문학동네, 2012, 20-21쪽.

음이라는 당위로 한 사람을 덮을 때, 그들은 그러한 규범으로부터 비껴나와 압도적인 단독성을 가진 인물로 형형했습니다. 교리가 그들을 염려하거나 경계할 때, 문학과 영화는 대신 그들의 지친 어깨를 가만히 어루만져 주는 것 같았어요. 그것이야말로 하나님의 넓은 품과 닮은 것 같다고 저는 느꼈습니다.

누군가에 따라 다소 과감하다고 느낄 법한 입장을 적을 수 있는 건, 이런 명제를 손에 쥐고 있기 때문입니다. "그리스도께서 인간 존재의 전 영역 가운데, '내 것'이라고 외치지 않는 단 하나의 땅도 없다."(아브라함 카이퍼) 모든 것이 하나님의 것이므로 모든 것이 좋다, 는 범박한 일반론을 말하려는 것은 아닙니다. 그보다 저는 카이퍼의 말을 바울의 이 문장과 연결해서 이해합니다. "하나님을 아는 지식에 대항하는 온갖 교만한 생각들을 물리쳐, 모든 생각들을 사로잡아 그리스도께 복종시킵니다."(고린도후서 10:5)

'기독교세계관'이라는 다소 모호한 개념은 어쩌면 개별적인 단독성을 가진 그들을 있는 그대로 이해하는 것과 그들을 이해하는 모든 사유와 감정을 그리스도께 드리는 것 사이에서 진동하는 것이 아닐까, 생각해요. 그 사이에서 균형을 찾으려 노력한 흔적이 이곳에 있을 겁니다. 다만, "사과 속의 깊고 단단한 씨방 같은 장소"를 찾는 사람들. 통념 뒤에 숨을 수 있어서 다행이라고 생각하는 사람들을 발견하고, 그들의 편에 서는 일은 끝까지 주저하지 않으려 합니다.

 토닥이는 마음 다독이는 영화

무겁게 시작하지 않으려 했는데, 심각해지고 말았습니다.

분더카머(Wunderkammer)란 진귀한 사물들의 방이라는 뜻이에요. 저는 이 단어를 문학평론가 윤경희의 책 『분더카머』(문학과지성사, 2021)에서 배웠어요. 분더카머가 일종의 박물관, 미술관의 전신이었다는 사실도요. 근대 초기 유럽의 지배층, 학자들은 자신의 저택에 진귀한 사물들을 수집해서 실내공간에 진열했는데요. 학계에서 보편적으로 인정하는 분류기준, 기획테마에 따라 전시되는 오늘날 박물관, 미술관과 달리, 분더카머의 사물들은 그 사람의 개별적이고 독특한 취향을 고스란히 반영했다고 합니다. 그러느라 분더카머의 관람객들은 나름의 질서와 분류법을 통해 구획된 사물들을 보면서 그 주인의 성향과 가치관을 역으로 유추해내는 재미도 누렸을 거예요. 이 방에 모인 글을 거닐다 보면, 저의 취향과 세계관을 짐작할 수 있다는 뜻입니다.

실은 속마음을 드러내길 저어하는 제 고질적인 성향 탓에, 이 글은 그다지 쉽게 씌어지지 않았습니다. 시네마 분더카머를 공개하는 일은 생각보다 용기가 필요한 일이었어요. 저 역시 통념 뒤에 숨고 싶은 사람 중 하나이기 때문입니다. 무엇보다 이 글을 통해 유추해 낼 수 있는 것에는 가치관만이 아니라 글의 저자가 가진 사유의 한계와 감각의 무딤도 포함되죠. 숨기고 싶지만 드러나고야 마는 것들. 어떤 글에는 영화를 보고난 뒤 열렬한 열기를 식힐 수 없어 아직까지 온통 습한 문장으로 가득한 것이 있겠고, 나름대로 침착함을 유지하려 애쓴 흔적을 들켜버리는 장도 있을 겁니다. 저에게 귀한 것이었지만, 읽는 당신에겐 전혀 그렇게 느껴지지 않는 것들도, 있을 겁니다.

그러나, 그럼에도, 이토록 사소하고 별 볼일 없는 방으로 당신을 들여도 될지.

손때 묻은 인형을 다른 아이에게 조심스럽게 꺼내보이면서 제가 먼저 볼이 발그레 붉어지는 어린 아이의 얼굴처럼, 은근한 기대감을 갖고, 물어봅니다.

이곳에 오신 것을 환영합니다.

토닥이는 마음 다독이는 영화

사라지는 것, 살아남은 것
〈비비안 마이어를 찾아서〉(2015)

비비안 마이어를 찾습니다

비비안 마이어(Vivian Maier)를 아시는지요. 이 다큐멘터리를 만든 존 말루프(John Maloof)는 2007년 경매에서 그녀가 남긴 필름을 낙찰받습니다. 주최측으로부터 '비비안 마이어'라는 사진가의 매물이라는 설명을 들었지만, 그녀가 누구며, 어떤 사람인지 인터넷으로 검색해도 찾을 수 없었습니다. 평범한 무명 사진가의 필름이라 여기며 창고에 두었다가 다시 꺼내 스캔하니, 사진이 평범하지 않음을 알게 되어요. 그 중 일부를 SNS에 업로드 하자, 뜻밖에 폭발적인 반응을 얻습니다. 그러다 2009년, 그는 비비안 마이어의 부고 소식을 인터넷에서 발견합니다. 그리고 시작됩니다. 비비안 마이어가 누구인지, 왜 지금까지 드러나지 않았는지. 존 말루프는 이런 질문을 품고 비비안 마이어를 찾습니다. 이미 세상을 떠난 그녀가 남긴 흔적만을 손에 쥔 채로요.

그렇게 존 말루프는 선뜻 양립할 수 없어 보이는 특성들로 비비안 마이어의 윤곽을 그립니다. 사진가이면서 보모였던 사람. 다감하지만 낯선 이에겐 쉽게 경계를 풀지 않던 사람. 허락없이 자기 방에 들어오는 사람을 혐오했지만, 거리로 나가 자신을 매혹시키는 대상을 향해 카메라를 들기도 하는. 렌즈를 통한 그녀의 시선에는 따듯함이 서려있지만, 세상의 비극도 외면하지 않았던 사람. 그러나 사진의 유머를 놓치지 않는 사람. 살아생전 사진을 공개하지 않았고, 그럴 의향도 없어 보이던 그녀가 나중에 밝혀진 바에 의하면 프랑스의 어느 사진관을 통해 자신의 작품을 공개할 수 있을지를 타진하기도 했다는데요. 이런 점들은 보는 이로 하여금 비비안 마이어를 하나의 종합된 존재로 구성하지 못하게 만들죠. 그녀는 누구인가요. 어떤 사람인가요. 사람의 형상은 쉽게 맺히지 못하고 형상이 될 뻔한 잔상만이 어렴풋하게 부유합니다.

그러나 어렴풋함 속에서도 명료하게 보이는 것이 있습니다. 비비안 마이어가 호더(저장강박)였다는 건데요. 생전 그녀와 친분이 있던 사람들은 하나같이 그녀의 방이 온갖 물건들로 가득차 있었다고 합니다. 메모, 녹음 테이프, 신문 스크랩, 버스 티켓, 영수증 등. 인상적인 일화가 있어요. 그녀의 방이 2층이었는데 모아둔 물건 탓에 층계가 가라앉아 버릴 정도였다고 합니다. 그녀가 남긴 사진의 양도 마찬가지입니다. 남긴 필름은 15만여장, 그중에서도 미현상된 컬러필름은 700롤, 흑백필름은 2,000여개의 롤이라고 하네요. "사진은 대상을 독점하는 것이자 관계 맺는 방식"이라는 수전 손택(『사진에 관하여』, 이후, 2005)과 "사진은 외양들을 인용한다"라는 존 버거(『사진의 이해』, 열화당, 2015)의 사유에 기대어 생각해본다면, 비비안 마이어가 남긴 압도적인 수집량에 대한 하나의 입장을 정리할 수 있을 것 같아요. 그녀는 삶과 끊임없이 연루되기를 원했고, 그러한 삶의 순간을 보존하고 싶었던 것은 아니었을까요. 저 무시무시한 아카이브의 양이 잃고 싶지 않은 애틋한 것들을 향한 마음의 크기라고 생각하면 뭉클해지기도 합니다.

그런 마음은, 그녀의 작품을 최초로 발견하고 세상에 알려지게 되는 과정을 이와 같은 영화로 만든 존 말루프에게도 있는 것이어서, 제게 <비비안 마이어를 찾아서>는 수집하는 두 사람의 이야기로 읽히기도 하네요.(마침 그녀의 사진이 수집과 정리가 취미인 존 말루프에게 들어간 것도 반가운 우연입니다.) 두 사람의 수집은 낡고 사라져버리는 것에 관한 연민과 사랑하는 것을 포기하지 않겠다는 간절함으로 보여서, 이 마음 자체가 영화와 그녀의 작품을 둘러싼 논쟁('과연 그녀가 사진이 공개되기를 원했을까?')에 대한 명징한 대답처럼 저는 느껴지기도 합니다. 잊혀져서는 안되는 것이 있다는 것이죠.

낱말의 부스러기를 배치하(지 않)기

윤경희의 산문집 『그림자와 새벽』(시간의흐름, 2022)에 의하면, 고대 희랍 시인 사포의 유명세와 달리 그녀에 관해 우리가 확정적으로 알수 있는 정보란 아무 것도 없다고 합니다.[2] 생몰년도, 친족 계보, 사인과 성적 지향까지 말이죠. 사포의 이름은 고대 그리스 문헌에서부터 등장했지만 그녀의 시가 기록된 파피루스, 양피지, 토기는 20세기 초반에서야 발견되었다고 하네요. 그마저도 사포의 사후 몇 세기가 지나서야 기록된 것이므로, 구전을 거듭한 기록물에서 온전한 원본을 기대하기

2. 윤경희, 『그림자와 새벽』, 시간의흐름, 2022, 115쪽.

는 어려울 겁니다. 더 안타까운 사실은 그녀가 남긴 무수한 시 중 완벽하게 보존된 것은 단 한 편, 나머지는 파편들이라고 해요. 양피지는 해지고, 파피루스는 찢겨지고, 도자기는 깨어졌습니다. 어떤 조각에는 단어 하나만 간신히 적힌 것도 있다고 하네요. 그리하여 사포의 시는 잔해의 형태로 잔존합니다. 낱말의 부스러기를 배치하(지 않)는 일을 저희에게 남겨둔 채로요. 그렇게 남은 시의 파편들은 그 자체로 독립적인 하나의 시가 됩니다.

사라지는 것이 있습니다. 그러나 끝내 살아남은 것이 있습니다. 세월의 침습이 만들어놓은 누락과 공백으로부터 어떤 것은 결국 잔존하여 수천년의 시간을 건너 우리에게까지 와닿는 것이 있습니다. 그런 점에서 보존한다는 것은 망각의 파도에 결코 흘려보낼 수 없는 것을 건져내 내가 알지 못하는 누군가에게 보내는 행위이기도 합니다. 나에게 몹시 소중한 것들이야. 너도 아껴줄 수 있겠니.

사포가 만든 단어가 있는데요. '그리타'. 장신구를 담는 주머니라는 의미입니다. 문득 비비안 마이어가 보존의 방법으로 가장 애호한 도구가 카메라라는 것이 떠오르네요. '카메라 옵스큐라(Camera obscura)', 어두운 방. '포토그래프(Photo-graph)', 빛으로 그린 그림. 어두운 방 안, 빛이 감광판에 흔적을 새기면서 사진은 태어납니다. 빛이 보낸 선물을 어두운 방이 고이 품고 있네요. 카메라만이겠어요. 기필코 간직해야 하는 풍경, 이미지, 기억, 감각이 저희의 깊은 방 안에도 있을테니까요. 그런 간절함으로 한 사람의 세계가 전달, 연결됩니다. 편린만이 주

     토닥이는 마음 다독이는 영화

어진다 해도 좋습니다.

다른 사람을 구원할 수 없는 내가 할 수 있는 일
〈더 웨일〉(2023)

찰리의 심연으로

찰리(브렌던 프레이저)는 오클리 대학교에서 에세이 작문 강의를 맡았습니다. 강의는 원격으로 진행되는데, 의아하게도 그는 노트북 카메라를 켜지 않고 있어요. 그러느라 자신의 사각형 프레임은 검정입니다. 보다 못한 수강생 중 한 명이 이렇게 채팅해요. "왜 아직도 카메라를 고치지 않으신 거지?" 카메라가 고장났다며 그는 그동안 변명했습니다. 그러나 영화를 다 보고 나면 알게 됩니다. 고장난 것은 카메라가 아니라 찰리 자신이라는 것을. 바둑판식으로 배열된 수강생들의 얼굴 한가운데 생경하게 자리잡은 그의 검은 화면은 곧, 찰리 내면 깊은 곳이 꿰뚫린 동공이라는 것을. 그때 영화가 찰리의 검은 화면을 향해 서서히 줌인하는 것은 상징적입니다. 지금부터 찰리의 심연으로 들어갈 것이라는 듯이.

그러니 292kg의 거구라는 찰리의 외형은 그의 내면 속 동공과 연결해서 생각해야만 할 거예요. 요컨대 그는 자신의 텅 빈 내면을 채우기

　토닥이는 마음 다독이는 영화

위해 먹습니다. 하지만 그의 허기는 그것으로 채워질 수 없는 종류인 것이어서, 무엇을 삼켜도 허기는 여일하죠. 그의 허기는 생의 불가해함에서 오기 때문입니다. 연인 앨런의 자살. 자신의 연인이 죽음의 길로 걸어갈 때, 그 걸음을 막지 못했다는 자책. 그와 나눈 사랑은 충만했는데, 왜 기어이 죽음을 선택해야만 했나라는 아득한 질문. 그러니 찰리의 체중은 사실 그의 삶을 짓누르는 저 무거운 질문의 무게와 같습니다. 생의 압도적인 질문이 자신을 옥죄어올 때, 그는 보조기구에 몸을 지탱하거나 누군가의 지극한 돌봄으로 저 자신의 무게를 겨우 나누면서 견디는 중입니다.

이 동공은 찰리의 것만은 아니어서, 찰리의 딸 엘리(세이디 싱크)도, 그를 돌보는 리즈(차이 홍)도, 찰리가 새로운 연인 앨런을 선택하면서 떠난 전처 메리(사만다 모튼)도 저마다 깊은 구멍을 간직하고 있습니다. 그들은 세상을 향해 자신의 분노를 던지거나(엘리), 알코올에 중독되거나(메리), 아예 누군가를 돌보는 일이 자신의 직업이 됩니다(리즈). 리즈의 직업이 간호사라는 것은 단순한 우연이 아닌 것처럼 보여요. 어쩌면 자신의 오빠 앨런의 자살을 막지 못했다는 자책이 그의 직업으로까지 이어진 것일지도 모릅니다.

그리고, 찰리는 죽어가는 중입니다. 울혈성심부전이 심해지면서 그에게 허락된 시간은 5일 정도밖에 남지 않은 것. 생의 마침표 앞에서 찰리는 수강생들을 향해 '에세이는 진솔한 글이어야 한다'라는 점을 강조하는 대목은 생각해볼 만한데요. 타인의 문장을 가져와서 내 글을 꾸미거나 상투성 뒤로 숨지 말고, 자신을 있는 그대로 세상 앞에 드러내야 한다는 것이 그의 요지입니다. 그런데 이런 식의 작문은 철지난 '진정성의 윤리'를 가져오는 것은 아닌지. 자기 내면을 파헤치는 방식이 아니라 자유자재로 발화자의 포즈를 바꾸면서 '나'를 탐색하는 글도 얼마든지 훌륭할 수 있다는 점을 그는 모르거나 인정하지 않는 걸까요.

하지만 진정성을 향한 그의 집착을 찰리의 내면에 거대하게 자리잡은 동공과 연결해서 생각해보면 어딘가 짠한 데가 있습니다. 자신을 둘러싼 세계가 불분명하므로 그는 자명한 것을 찾으려는 것은 아닐까요. 세계가 불투명한 안개로 뒤덮여있을 때, 자신의 내부만큼은 투명하게 보고 싶은 것은 아닐까요. 그러니 그가 글에 대해 보이는 태도는 자기 삶 앞에서 보이는 태도와 같습니다. 불확실한 장막을 걷어버리고, 자기 내면에 투명하게 반응하기. 있는 그대로 응시하기. 그것만이 자기 삶에서 확실하게 잡을 수 있는 가치라는 듯이.

타인의 기척에 반응하는 것

<더 웨일>은 한 사람이 자신의 아픔을 있는 그대로 응시하고 꺼내보인다면 어떤 막이 가로막더라도 끝내 타인과 연결될 수 있음을 긍정하는 영화라고 저는 생각했는데, 가령 이런 장면들에서 이 생각은 더 강해졌습니다. 찰리의 딸 엘리가 앨런이 왜 죽었냐며, 그의 마음을 함부로 파헤치는 질문을 불쑥 던지자 찰리는 대화를 중단하고 화장실로 갑니다. 흐르는 물 소리에 자신의 통곡을 숨기기 위해서요. 하지만 엘리는 그 울음을 알아차립니다. 한편, 찰리의 집에 피자를 가져다주는 배달원

　　　　　　　토닥이는 마음 다독이는 영화

은 찰리가 문을 열어주지 않은 탓에 그 얼굴을 보지 못하지만, 집 밖에서 그와 대화를 이어갑니다. "괜찮으세요?"라는 질문으로 시작되는 둘의 대화는 애틋하게 느껴져요. 또한 새생명 선교회의 선교사로 살게 된 토마스(타이 심킨스)가 자신의 아픔을 솔직하게 엘리에게 말할 때에도, 엘리와 토마스 사이에는 문이 있었습니다. 저마다의 아픔은 문과 벽을 통과하여 끝내 타인에게로 전달됩니다.

종교적인 초월을 믿지 않는 <더 웨일>이 붙잡는 구원은 수직이 아니라 수평입니다. 타인의 기척에 반응하는 것. 찰리의 말을 빌리자면, "타인에게 무관심한 사람은 없으므로" 우리가 할 수 있는 최선은 나의 어두움을 있는 그대로 꺼내보이는 것. 그럴 때 사람은 다른 사람을 구원해낼 수는 없지만, 그의 아픔을 함께 앓거나 적어도 반응은 할 수 있다는 것. 궁극적 구원과 절대적 초월을 믿는 저로선, 영화적 결론에 전적으로 동의하기는 어렵습니다. 하지만 저 태도가 이 불가해한 삶에서 유한한 인간이 기댈 수 있는 몇 안되는 위안이라고 한다면 눈물 겨운 데가 있습니다.

그러면서 생각해요. 자신에게 솔직한 것은 사실 신에게 솔직한 것이기도 하다는 것을. 완강하게 병원 치료를 거부하는 찰리의 입장은 사실 궁극적 구원이 있음을 인정하지 않고, 원하지도 않는 '공허'라는 영화적 태도와 맞닿아있기도 하겠지만, 그래서 우리 삶의 허기는 여전하고 우리 심연의 구멍은 메워지지 않는 것 아니냐고요. 그걸 채우거나 메우려는 시도를 처음부터 포기하는 입장을 현실적이라고 해야할지,

자조적이라고 해야할지 저는 오래 고민했습니다. 아직도 그중 하나를 선택하지 못했어요. 이런저런 생각들에 울적해 하면서, 문득 승천하려는 듯 발이 들린 찰리를, 영화 속 모든 어두움을 삼키는 환한 빛으로 덮인 엔딩 크레딧이 어쩐지 신적인 순간과 다르지 않는 것 같다고 느끼면서 저는 멍해지고 말았습니다.

  토닥이는 마음 다독이는 영화

〈아임 낫 데어〉(2007)

실은 '밥 딜런'이라는 이름을 제외하면 그에 대해 아는 바가 거의 없습니다. 그렇다고 〈아임 낫 데어〉에 숨은 연출법의 의미를 낱낱이 해독할 자신도 없고요. 그래서 한동안 고민했습니다. 그런데 자신없는 태도라면 이 영화의 감독인 토드 헤인즈(Todd Haynes)도 저와 비슷한 것으로 보여요. '밥 딜런 영화'를 제작하리라고 마음 먹고서 동의를 구하는 기획안을 밥 딜런에게 보냈을 때, 거기 적힌 프로젝트의 첫 제목은 이랬다고 합니다. "아임 낫 데어: 딜런에 관한 영화에 있어서의 추정들". 애초부터 영화의 목표가 정확한 재현이 아니라 불확실한 추정이라면 밥 딜런에 대해서도, 이 영화에 대해서도, 잘 알지 못하는 저도 어떤 짐작 정도는 보탤 수 있지 않을까요. 이런 마음으로 조금은 담대해지기로 했습니다.

짐작 1: '밥 딜런 = 밥 딜런 + 밥 딜런적인 것'

첫 번째 짐작. 토드 헤인즈는 자신의 추정을 아예 극한까지 밀어붙이려 한 것처럼 보입니다. 밥 딜런을 연기하는 영화 속 일곱 명의 초점인물은 모두 밥 딜런이자 밥 딜런이 아닙니다. 각각의 인물들은 밥 딜런의 어떤 특성을 보유하긴 했으나 그만이 밥 딜런의 전부라고 말할 수는 없습니다. '밥 딜런'이라는 이름 뒤에 숨죽인 여러 갈래의 개별적인 특성들, 혹은 삶의 어떤 국면들을 포착하고 분할하여 고유하고 독립적인 인물을 만들었습니다. 시인인 아르튀르 랭보(벤 휘쇼), 전자음악에 투신했다는 이유로 배신자 '유다'라 비난받던 가수 주드 퀸(케이트 블란쳇), '시대의 양심'이라는 별명을 얻으며 그 시대의 심정을 노래했던 포크 가수 잭(크리스천 베일)까지. 이 인물들은 실제 밥 딜런의 어느 특성을 고스란히 재현하죠. 잘 알려지다시피 노벨문학상을 받은 그는 시인이라 불리기도 했으며, 포크 가수 잭은 딜런의 데뷔시절 쏟아진 대중의 관심을 떠올리게 만듭니다. 또한 전자음악으로 전향했다는 이유로 배신자라 비난받는 주드는 밥 딜런의 생애 중 어느 변곡점을 생각하게 하죠.

하지만 기타를 매고 유랑하는 꼬마 아이 우디 거스리(마커스 칼 프랭클린)와 연기자 로비(히스 레저), 그리고 총잡이 빌리(리처드 기어)는 철저히 허구적인 인물입니다. 우디 거스리는 젊은 시절 밥 딜런이 우상으로 여기던 컨트리 뮤지션이었고, 로비는 '영화 속 영화'에서 밥 딜런을 연기한 배우였으며, 빌리는 밥 딜런이 실제 출연했던 영화 <관계의 종말>(1973)의 주인공 '빌리 더 키드'(밥 딜런은 주인공을 맡진 않았습니다)를 반영한 인물입니다. 앞쪽 그룹에 속한 인물들이 영화에 등장하는 것은 어렵지 않게 납득 가능한데, 왜 두 번째 그룹에 속한 인물들이 영화에 필요했던 걸까요. 여기에 어떤 의도가 있는 걸까요. 그런데 '의도'에 대해서라면, 그것도 영화의 의도에 대해서라면, 그 일은 밥 딜런

 토닥이는 마음 다독이는 영화

을 정확히 재현하려는 목적만큼이나 이 영화와 어울리지 않는 일일 겁니다. 그보다는 실재하는 현상 자체를 고스란히 받아들였을 때 빚어지는 파장, 효과에 더 집중하는 것이 더 영화와 어울릴 거예요. 그렇다면 질문을 이렇게 바꿔도 좋을 겁니다. 밥 딜런을 묘사하는 인물로 실제적인 인물만이 아니라 허구적 인물까지 포함했을 때 발생하는 효과는 무엇인가? 라고요.

토드 헤인즈는 이렇게 믿는 것 같습니다. 밥 딜런이라는 사람의 구성은 '밥 딜런'과 '밥 딜런적인 것'의 총합으로 이루어진다고요. 밥 딜런이 '밥 딜런만'으로 구성된다고 생각했다면, 이 영화도 예의 무수하고 빤한 전기영화 중 하나가 되었을 겁니다. 그의 삶을 연대기 순으로 재현하는 식으로요. 하지만 '밥 딜런적인 인물'도 그를 구성하는 필수요소라면 영화의 허구적 인물들의 존재가 소중해집니다. 우리는 영화 속 영화에서 밥 딜런을 연기한 배우 로비, 그의 우상이었던 우디 거스리, 그가 출연한 영화 속 캐릭터인 빌리를 통해 그들과 밥 딜런이 겹쳐지고 갈라지는 지점이 무엇인지 보는 내내 유추합니다. 그러다보면 어느새 이런 생각까지 들어요. 그가 어떤 사람인지를 설명하는 두 가지 층위가 있다고요. 심연의 층위에서 깊은 내면을 파헤치는 방식으로 사람을 설명하는 길이 있지만, 또 다른 층위, 즉 표면의 층위에서 내가 너와 주고받은 영향관계에서도 한 사람의 존재는 설명될 수 있다고요. '밥 딜런'이 전자라면, '밥 딜런적인 것'은 후자일 겁니다. 밥 딜런과 밥 딜런적인 것들이 종합되면서 밥 딜런이라는 사람은 입체성을 갖추게 됩니다.

짐작 2: '밥 딜런 = 밥 딜런이 아닌 것'

그 입체성이 아직은 부족하다고 느꼈는지, 영화는 한 층위를 더 얹습니다. 그 어떤 규정을 거부하는 'not'이라는 부정의 층위입니다. 아닌 게 아니라, 영화는 밥 딜런을 묘사하는 일곱 인물의 사진을 차례로 보여주면서 각 쇼트마다 '탕'이라는 총소리를 냅니다. 그때 격발된 탄환이 'not'일 거예요. 시인도 선지자도, 무법자도 포크가수도, 변절한 가수도, 목회자도 아닌 사람. 자신을 규정하는 모든 것을 거부하면서 동시에 다른 모든 것이 될 수 있는 사람. 여기서부터 '밥 딜런=밥 딜런'이라는 지독한 동어반복의 순환은 깨어지고, '밥 딜런=(   )'이라는 무한한 가능성이 생성됩니다. 그렇게 밥 딜런이라는 하나의 원은 밥 딜런과 밥 딜런적인 것, 밥 딜런이라 할 수 없는 것을 향해 방사형으로 뻗어나갑니다.

밥 딜런도 그렇게 설명할 수 있는 거라면, 우리라고 그러지 말아야 할 이유가 있을까요? 무례함을 무릅쓰고 감히 여쭙습니다. 당신은 누구입니까. 당신적인 것은 무엇입니까. 당신이라고 할 수 없는 것은 어떤 것입니까. 이 질문에 차례로 답을 생각하다보면, '나'라는 사람의 윤곽이 어렴풋하게나마 그려질 수 있지 않을까요. 겸연쩍지만 개인적으로 이런 소망이 있습니다. 해가 거듭할수록 '나=나'라는 동어반복의 순환에 조금은 균열이 가기를. 나의 동일성을 확인하는 것에서 안정감을 찾기보다, 변화하고 생성하는 나의 모습을 설렘과 두려움이 공존하는 마음으로 기꺼이 받아들일 수 있기를. 그렇게 내가 나를 환대할 수 있기를요. 기회가 되면 여러분의 소망도 듣고 싶습니다.

        토닥이는 마음 다독이는 영화

한 줌의 온기
〈브루탈리스트〉(2024)

세계를 파멸로 몰아갔던 전쟁이 끝나자, 나치 수용소에서 살아남은 유대인 건축가 라즐로 토스(애드리언 브로디)는 미국으로 건너가요. 그 과정에서 가족과 결별합니다. 아내와 조카의 생사를 알지 못하지만, 자신의 생존만으로 감사할 수밖에 없던 참혹한 시기. 먼저 미국에 정착한 사촌 아틸라의 집에 그는 당분간 머물게 됩니다. 그때 부유한 사업가인 해리 리 밴 뷰런(조 앨윈)은 솔깃한 제안을 해요. 아버지의 서재를 리모델링하고 싶다고요. 그러나 자신의 서재의 운명을 뒤늦게 알아차린 아버지 해리슨 리 밴 뷰런(가이 피어스)이 크게 역정을 내는 바람에, 일은 취소됩니다.(아들 해리의 말에 의하면, 서재 리모델링을 서프라이즈 선물로 하고 싶었다고 해요.) 그렇게 라즐로와 해리슨이 엮이게 되는 지점부터 영화는 본격적인 이야기를 시작합니다.

그러니까, 라즐로와 해리슨의 만남과 엇갈림, 오해와 호혜, 충돌과 껴안음의 대립을 〈브루탈리스트〉는 동력으로 삼아 내달립니다. 흥미로운 건, 라즐로를 예술로, 해리슨을 자본으로 환원해서 이해해도 둘 사이에서 일어나는 관계의 역학구도가 어느 정도 들어맞는 것 같다는 점입니다. 미국 자본주의로 대표되는 해리슨과 모더니즘 건축 사조인 '브루탈리스트' 그 자체인 라즐로가 삶의 어느 지점에서 겹쳐지게 되었을 때, 둘 사이에서 일어나는 충돌반응을 영화는 추적합니다. 당연하게도(당연하지 않게도) 서로는 서로를 제거할 수 없습니다. 양자택일이라는 나이브한 결론을 영화는 제시하지 않습니다. 오히려 영화는 그런 분열적 충돌 그 자체를 보여주려는 것은 아닐까 생각했습니다.

분열되는 라즐로

아닌 게 아니라, 분열적 충돌은 라즐로 내면에서 이미 심하게 앓던 증상이기도 했습니다. 마약에 탐닉된 채 어둠에 머물러 있으면서도 그의 영혼은 빛을 향한 향일성이 있었죠. 그것이 하나의 물성으로 드러난 것이 끝내 미완인 채로 존재하는 반 뷰런 커뮤니티 센터 프로젝트 건물입니다. 실내공간을 극단적으로 좁게 만들어놓은 이유가, '그래야 사람들이 위를 바라볼 수 있기 때문'이라는 그의 대답에서, 우리는 그의 정신이 무엇을 추구하는지 짐작할 수 있죠. 라즐로가 말한 '위'에서 생긴 틈 사이로 빛이 들어와 제단 바닥에 십자가의 윤곽이 반사됩니다. 훗날 제1회 베네치아 건축 비엔날레에서 그의 조카 조피아(래피 캐시디)는 그 좁은 방이 라즐로가 오래 전 갇혔던 수용소의 크기를 재현한 것이라고 설명하는데요. 여기에 이르면, 라즐로가 건축에 무엇을 담길 원했는지가 더욱 분명해집니다. 저희 식대로 표현하자면, 신적인 무언가를 갈망한 흔적이 아니었을지요.

 토닥이는 마음 다독이는 영화

장장 215분이나 되는 영화의 러닝타임을 견디다 보면 에필로그에서 우리는 뜻하지 않은 도착지에 당도합니다. 1980년 제1회 베네치아 건축 비엔날레에 라즐로의 전시회가 열립니다. 시간이 오래 흐른 탓인지, 라즐로는 말을 잃고 휠체어에 앉아있습니다. 그대신 조카, 조피아가 강연을 해요. 그녀는 라즐로 건축의 특징, 가치관 등을 주석하는데, 이상한 것은 그 설명이 어딘가 동의되지 않는다는 점입니다. '반 뷰런 커뮤니티 센터의 실내공간이 수용소의 크기를 재현한 것'이라는 사실적인 측면에는 이견을 달기 어렵습니다. 건물의 어떤 공백이 라즐로의 아내인 에르자벳(펄리시티 존스)의 부재를 표현한 것이라는 해석에 고개를 끄덕이기 어렵다는 말입니다. 영화가 지금껏 보여준 라즐로의 생애를 보면, 그가 정말 에르자벳의 부재를 표현하려고 했는지 의구심이 들기 때문이죠. 조피아의 의견에 반박하고 싶은 것은 아닙니다. 제가 주목하는 건, 원작자는 음소거된 채 청중이 되고, 원작자가 아닌 화자가 그와 비슷한 종류의 권위를 얻어 발화하는 장면입니다. 게다가 그 말은 객관적 사실이 아니라 주관적 해석이 가미된 내용이죠. 저는 이 장면에서 라즐로는 타인에 의해서도 분열되는구나, 싶어서 잠깐 아득해지기도 했습니다.

실존의 조건으로서의 오해

그러나 그러한 분열이 나쁘기만 한 걸까요. 그로써 라즐로는 영원히 오해되는 것일까요. 하지만 그것이 애초에 그렇게 던져진 인간의 조건이라면. 시대와 세계와, 자기 자신의 내면과 불화하느라 분열된 사람이 생의 마지막 순간에 자신의 삶에 대해 그 어떤 해명이나 해석도 할 수 없는 것이 실은 너무나 당연한 것이라면. 끝내 사람은 자신에 대해서도 단 하나의 정돈된 진실로 표현할 수 없는 것이라면. 쓸쓸하긴 하나, 그것이 인간 일반의 상황이라고 담담하게 받아들이는 것이 외려 자연스러운 일은 아닌지요. 다만, 빛을 추구하는 일을 포기하지 않는 것. 뒤집힌 십자가의 그림자만이라도 간직하기를 바라는 그의 안간힘만큼은 라즐로에 관한 정확한 진실이라고 말할 수는 있을 겁니다.

누구도 어느 사람을 완벽하게 아는 일은 불가능할지 모릅니다. 해석되지 않은 공백의 영역이 있고, 그곳을 채워야 하는 것은 그를 바라보는 주체인 '나'에 달려있죠. 그것이 타인이건, 자기 자신이건 마찬가지입니다. 그래도 공백을 재구성하는 일을 이왕이면 너무 냉정하게 하진 말자, 라는 다짐을 저는 지속적으로 자신에게 말하고 있습니다. 따뜻함과 한 줌의 온기가 그 여백을 덮혀주는 것이 더 낫지 않느냐는 생각입니다. 순진해보여도 어쩔 수 없습니다.

 토닥이는 마음 다독이는 영화

그림자에서 새벽으로[3]
〈너와 나〉(2022)

2014년 이후, 매해 4월 16일일 때마다 저는 누군가를 떠올립니다. 그러다 문득 생각했습니다. 그런 저와 달리 그날 이후부터 매일 두 시간대를 살고 있을 사람들의 마음을요. 어떤 사람들은 두 시간대를 동시에 살아갑니다. 다른 시간대가 눈 앞에 펼쳐지고, 끊김없이 흘러가는 현재와 더이상 흐르지 않는 그날 사이의 아득한 시차를 감각하는 사람들. 두 시차 사이에서 길을 잃지 않으려면 마음이 아주 단단해야 했을 거예요. 파도처럼 과거가 불쑥 현재로 밀려와 마음의 수면을 일렁이게 만들어도, 현재의 일상성을 유지할 수 있는 나름의 비법을 터득해야 했을 겁니다. 남은 사람들은 그렇게, 11년을 보내고 있었을 겁니다.

첫 번째 포옹: 말의 더미 속 나의 목소리

첫 단락을 길게 적어놓고는, 주제넘게 공감을 시도한 것은 아닌지 문득 부끄러워집니다. 그런데 〈너와 나〉가 시도한 것도 실은, 이런 종류의

---

3. 이 글의 제목은 윤경희의 『그림자와 새벽』의 제목에서 빌려왔음을 밝힙니다.

겹쳐짐, 혹은 꺼안음이 아니었을까, 싶어요. 세부를 뭉뚱그려 표현하자면 <너와 나>는 세미(박혜수)와 하은(김시은)의 사랑 이야기입니다. 지극히 사적인 사랑 이야기가 이토록 깊은 울림을 주는 건, 세미와 하은만 사랑을 나눈 게 아니라, 영화가 관객에게도 아이들에게 사랑을 표현할 수 있는 기회를 주었기 때문이라고 생각해요. 영화의 마지막에는 누워있는(죽어있는) 세미를 향해 '사랑해'라는 목소리가 울려 퍼지죠. 이 목소리의 발화자는 숨겨져 있으므로 누구의 목소리라고 특정하는 것은 불가능할 뿐더러 그것은 중요하지 않아 보여요. 누운 세미 위로, 음조와 파동이 조금씩 다른 목소리들이 '사랑해' 라는 말을 쌓는 동안, 우리도 어느새 말의 더미 위에 자신의 목소리를 얹고 싶어집니다. 설령 그 말이 이전에 쌓인 것과 동일한 낱말이라 해도, 오직 나만의 것인 고유한 목소리와 정서로 접속하고 싶은 마음일 거예요. 그 마음이 <너와 나>가 세월호 아이들과 관객을 이어주는 연약하지만 아름다운 끈이라고 생각합니다. 그렇게 외부인과 아이들의 첫 번째 포옹이 시작되네요.

두 번째 포옹: 상실을 겪은 이들의 겹쳐짐

두 번째 포옹은 서사 속 장면에서 이루어졌습니다. 서로를 향한 애절한 마음을 차마 고백하지 못한 대신, 무수한 오해만을 차곡차곡 쌓아두던 세미와 하은은 우연한 계기로 학교에서 재회합니다. 거기에서 둘은 실종된 강아지 진식이(똘똘이)를 발견해요. 그렇게 진식이는 보호자(길혜연)의 품으로 무사히 돌아옵니다. 보호자는 답례하고자 둘을 자신의 집으로 초대하면서, 세 사람이 짧은 대화를 나눕니다. 뭐랄까요. 거기 앉은 세 명은 분명 개별체이지만, 그들의 얼굴 위로 무수한 사람들의 표

 토닥이는 마음 다독이는 영화

정이 어른거리는 것처럼 느껴졌습니다.

　이를테면 이런 말에서요. 보호자는 똘똘이를 상실했던 경험을 말합니다. "(집에) 돌아왔는데 문을 열어뒀는지, 똘똘이가 거짓말처럼 사라졌어요. 원래 없었던 것처럼. 그날부터 제 자신이 너무 싫고 매일 자책하며 정말 죽고 싶었어요. 시간을 되돌리고 싶은데 그럴 수 없으니까." 이 말 위로, 곁을 떠난 사람에게 따뜻함을 건네지 못했던 일들, 작고 사소한 것들마저도 치열하게 기억해내고는 기어이 자기 책임으로 떠안으며 상실을 앓던 현실의 유족들 표정이 어른거렸습니다. 침착함을 유지하다가 갑자기 눈물을 터뜨린 하은은 이렇게 덧붙이기도 하죠. "행복하셨으면 좋겠어요. (저도) 제리가 많이 보고 싶거든요." 오랫동안 함께 지낸 반려견 제리와 얼마 전 사별한 하은은, 자신이 겪은 상실감을 잇대어 말하는데, 저는 그게 꼭 4월 16일 이후의 시간을 겪을 하은 자신에게 하는 말처럼 느껴지기도 했습니다. (하은은 다리를 다쳐 수학여행에 가지 않았고, 남겨진 사람이 되었습니다.) 그렇게 영화적 허구와 현실의 실제가, 그들의 미래와 우리의 과거가, 또는 (상실을 미리 겪어본) 그들의 과거와 이제 곧 겪을 미래가, 그러니까 시간과 시간이 겹쳐지고 포개어 집니다.

세 번째 포옹: 그림자에서 새벽으로

그리고 세 번째 포옹. 어쩌면 영화에서 가장 급진적인 변화를 이끌어낸 포옹이라고 할 수도 있을 거예요. 세미는 자신이 꾸었던 신비로운 꿈을 하은에게 말합니다. 꿈속에서 세미는 하은이 되어 살아보는데, 그 시간은 수학여행 이후였습니다. 빈 교실에서 한참을 멍하게 있다 오기도 하고, 태풍 너구리 때문에 실종자 수색작업이 잠시 중단될 거라는 뉴스에 하염없이 눈물흘리기도 하면서요. 그 꿈 이후, 세미는 눈물 흘리며 하은에게 사과합니다. "하은아 진짜 미안해. 네가 얼마나 힘들었을지. 얼마나 쓸쓸하고 외로웠을지. 내가 몰라줘서 미안해." 이 장면은, 이후에 일어날 일과 앞으로 겪을 통각이 현재로 흘러들어오게 만들어 세미와 하은의 눈물을 각각 이중적으로 만듭니다. 세미는 자신이 겪을 일을 미리 알지만 하은은 어리둥절한 것처럼. 혹은 미처 인사하지 못하고 떠나게 된 세미에게 영화가 작은 기회를 주는 것처럼.

세 번째 포옹 이후 둘은, 그리고 영화는 이제 '미안해' 대신 '사랑해'를 말하는 데 모든 시간을 바칩니다. 저는 이 '사랑해'의 시간이 마치 하은을 향한 세미의 긴 고백처럼, 남겨진 이들을 끈질기게 괴롭히는 죄책감, 쓰린 아픔을 앓는 이들을 향해 떠난 사람이 건네는 따뜻한 말처럼 느껴지기도 했습니다. 미안함보다는 사랑으로 남겨두자는, 사랑을 간직해달라는, 말처럼요. 미안해의 그림자에서 사랑해의 새벽으로. 영화는 우리를 옮겨다 둡니다. 사랑을 잃지만 않는다면, 너와 나는 오랫동안 함께 있을 수 있다고요.

사랑이 뭘까요. 시가 뭘까요. 죽음은 뭘까요. 이런 질문들은 '여름이 왜 오는지' 묻거나 '겨울 전나무가 왜 아름다운지' 묻는 것과 비슷합니다. 여기에는 답이 없고 반복만 있어요. 그러나 이 반복은 집요해서 아름다워요. 묻고 또 묻고 되묻고 묻고 다시 또 묻고 그

          토닥이는 마음 다독이는 영화

렇게 묻다보니 거대한 능과 총이 서겠죠. 저는 지금 다시 되묻습니다. 사랑이 뭘까요. 시가 뭘까요. 당신은 뭐예요. 내 안에 왜 이리 밝은 것들이 가득한가요.

죽음을 뚫고 세계를 싸안아 가슴에 넣는 것.
용감하게 둔덕을 굴리며 살아가는 것.

나를 키운 사람들이 있으니까요. 가슴에 머리에 손톱에 혈관에 눈빛에 사방에 지금 이 순간에 불어오는 바람 속에 토실토실한 빵 속에 당신이 있어요. 그렇게 우리는 눈부신 연관 속에 있어요. 눈 감으면 언제든 안을 수 있어요. 그러니 보고플 땐 눈 감아요. 눈을 감은 채 절실하게 봄여름가을겨울을 불러요. 저는 그렇게 지금까지 시를 썼어요. 눈비 맞으며, 사랑의 함박눈을 맞으며, 뭐가 올지 전혀 예상하지 못한 채 여기까지가 제가 걸어온 시절입니다. 단 한 번도 홀로 걷지 않았습니다.[4]

<hr>

4. 고명재, 『너무 보고플 땐 눈이 온다』, 난다, 2023, 55-56쪽.

현재, 변화하고 생성하는 시간

여러 가지 면에서 〈괴인〉은 〈너와 나〉와 비교할 만한 영화입니다. 〈괴인〉에는 기홍(박기홍)이라는 중심축의 역할을 하는 인물이 있긴 하지만, 기홍이 타인과 맺는 관계를 특정한 단어로, 이를테면 '사랑'이나 '우정'으로, 규정하지 않습니다. 기홍과 친구 경준의 관계는 우정이라 하기에는 어딘가 까끌거리고, 기홍이 사는 월셋집의 주인인 정환과의 관계 역시 너무 딱딱하지도 그렇다고 친밀하지도 않아요. 정환의 아내 현정과의 관계도 마찬가지입니다. 요컨대 뭐라 설명할 수 없는 모호함 자체가 기홍이 타인과 맺는 관계입니다. 영화의 시간성도 짚어볼까요. 〈너와 나〉에는 미래의 비극적 암시가 현재까지 그늘을 드리우면서 시간과 시간을 포갠다면, 〈괴인〉에서 겹쳐지는 시간은 없습니다. 형형한 현재만이 영화를 타고 흐르는데, 그러다보니 관객은 기홍의 행동과 대사, 또 타인들과의 관계를 어떤 방향으로도 예측하기 어렵습니다. 현재가 시시각각 변화, 생성하기 때문이에요.

변화, 생성하는 현재 속에서 기홍이라는 존재의 심연을 파헤치는 일은 이 영화의 목적이 아닐 수 있습니다. 그러한 내면의 깊이에 무심한 <괴인>은 대신 한 사람이 타인과 관계를 맺을 때 감지되는 어떤 무드, 공기, 결과 같은 표면의 층위에서 작동하는 미세한 파동에 훨씬 민감합니다. 예컨대, 기홍이 현정과 함께 차에 탄 장면에서는 둘을 아직 어떤 관계라고 규정하기는 어려워도 미세한 감정이 둘 사이에서 교류되고 있다는 것은 보여주어요. 이러한 정동의 흐름을 남편 정환이 알아차리는 것도 마찬가지인데요. 애정도, 우정도 아닌, 어떤 친밀한 정서가 허공에서 부유하는 것을 감각할 때, <괴인>의 인물들은 그 정서를 파헤치려 하거나, 명확하게 하려거나, 규정하려 하지 않습니다. 단지 표면의 층위에서 감각할 뿐이에요.

그 표면의 층위에서 감지되는 감각을 영화적 형식으로 구현한 것이 곧 카메라의 위치라고 할 수 있습니다. <너와 나>의 카메라가 누군가의 시점쇼트를 자주 사용한 것과 달리, 이 영화에서 시점쇼트는 거의 등장하지 않는 점도 짚을 수 있을 것 같아요. 카메라는 쉽게 인물의 시선과 일치되기를 원하지 않고, 그보다, 그 인물과 같은 공간에 함께 있는 것과 같은 느낌을 주는 것에 더 관심을 둡니다. 모처럼 가족을 만났다가 홧김에 기홍이 아파트 현관으로 나왔을 때, 먼저 차에 탄 카메라는 차를 향해 걸어오는 기홍을 담는데요. 롱테이크라 기홍이 운전석에 앉기까지의 긴 시간을 고스란히 담아내면서, 그순간 그가 느끼는 감정과 미세한 떨림을 그대로 포착합니다. 어떤 마음은 표면의 층위에서도 고스란히 전달가능하다는 것을 증명하듯이요.

민감함이라는 책임감

이런 것을 알아차리려면 감각이 무척이나 예민해야 할 겁니다. 그리고 그러한 민감한 감각으로 타인으로부터 오는 모든 영향에 내가 반응한 다면, 그 사람은 결코 고정된 형태로 가만히 있을 순 없을 거예요. 그러니 <괴인>의 기홍을, 정환과 현정을, 하나(이기쁨)를 어느 특정한 캐릭터라고 규정하기 난감한 것은 당연합니다. 이들은 모두 타인이 일으킨 어떤 파문에 민감하게 반응합니다. 이 민감함은 <너와 나>가 보여준 '당신과의 겹쳐짐'을 이루려는 적극적인 사랑과 달리 수동적 태도라고 할 수 있습니다. 그렇다고, 이 태도를 가볍게 넘길 수 없는 이유는 <괴인>의 인물들이 저마다 타인의 신호에 어떤 식으로 건 응답하기 때문입니다. 기홍은 집을 나와 배회하는 하나가 갈 곳 없는 처지라는 것을 외면하지 못했고, 하나 역시 우연히 기홍과 마주쳤을 때 그의 차를 망가뜨린 자신의 잘못을 이내 인정하고 책임을 다하려고 했습니다.

이러한 면은 단지 그들의 심성이 착해서만은 아닌 것 같아요. 차 지붕만 구부러졌으니, 망가진 부분만 다른 부품으로 교체하면 되지 않느냐,는 하나의 물음에 수리센터 직원은 황당해하며 말합니다. "지붕만 어떻게 바꿔요? 기둥이 다 연결되어 있는데." 이 대사는 <괴인>이 저희에게 하고 싶은 말을 압축적으로 담고 있는 것 같아요. 우리는 모두 연결되어 있습니다. 당신이 보내는 신호에 우리는 응답할 수밖에 없습니다. 외면하는 일은 어쩌면 애초부터 불가능한 일일지도 모르겠습니다. 이 응답은, <너와 나>의 경우처럼 너를 향한 절실한 사랑은 아닐지 모릅니다. 애정이나 신뢰, 기대와 같은 것과는 거리가 먼 이 감정은 처음부터 감정화되지 않은 상태, 즉 '민감한 감각' 그 자체에 머무릅니다. 심층을 향하지 않고 표층에서 머무르려는 이 태도는, 모르겠습니다만, 그리 나쁘게는 볼 수 없을 것도 같아요. 주디스 버틀러(Judith Butler)의 말을 빌려 말하자면, 그 민감함은 (타인을 향한) '책임감'이기도 하기 때문입니다. "책임감은 타자에 반응하게 되기 위한 자원으로 무의지적 민감성을 사용하는 문제다."[5]

책임감으로 내가 너와 연루될 때, 그때 언어는 뒤늦게 우리의 관계를 해명하는 낱말을 찾느라 허둥댈 거예요. 이토록 민감한 감각은, 아직은 너를 향한 사랑도 애정도 신뢰도 아니지만, 언제라도 신뢰와, 애정과, 사랑이 될 수 있는 가능성을 내장하고 있습니다. 너를 알고 이해하기 위해, 꼭 너의 서사를 다 알 필요가 없습니다. 단지 그 순간 당신 주변에서 배회하는 공기의 미세한 떨림, 당신이 입 밖으로 내쉬는 숨, 고요하게 흔들리는 눈빛에 당신의 편린이 담겨있으니까요. 당신을 알기 위해 내게 이것만이 허락되었다 해도 좋습니다. 이토록 민감한 마음이 당신을 해석합니다. 저는 부지런히 당신의 표면을 응시할 테니, 당신의 심연은 그리스도께서 헤아려주시기를.

<hr>

5. 주디스 버틀러, 『윤리적 폭력 비판: 자기 자신을 설명하기』, 양효실 옮김, 인간사랑, 2013, 160쪽.

〈디 아워스〉(2003)

자신과 정직하게 마주하기

부끄러운 고백을 해볼까 해요. 오래전, 삶에 대해 위태로운 생각을 가진 적 있다는 것을요. 심각할 정도로 고통스러운 일을 겪어서 그런 건 아니었는데, 이상하게 평범한 일상을 유지할 용기가 생기지 않았어요. 평범함이라는 것이 어떤 이에게는 딱히 노력을 기울이지 않아도 자연스럽게 유지되는 상태라면, 누군가에게는 필사적인 의지가 동반되어야 간신히 성취할 수 있다는 점도 그때쯤 알게 되었습니다. 그리고 생각했습니다. 저처럼 간신히 평범함에 도달하기 위해 안간힘을 쓰는 사람들에 대해서요.

이를테면 이런 문장들입니다. 소설가 배수아는 소설집 『올빼미의 없음』(창비, 2010)에서 이런 문장을 남기기도 했어요. "젊은 시절 항상 그는 자살한 사람들을 어느 정도 질투하고 선망해왔다. 종종 강하고 날카로운 인식 속에 있을 때면 특히, 그는 자살한 사람들의 글만을 신뢰했다. 자살하지 않은 사람은 인간의 절대적인 어떤 상태, 혹은 자유에 대해서 말할 수 없으리라. 그들은 어떤 해석으로든 타협자이며 공동의 방식의 선택자이기 때문이다."[6] 소설 속 문장이므로 섣불리 글 쓴 사람의 신념과 연결시킬 순 없지만, 이같은 급진적인 선언이 매혹적으로 느껴졌습니다. 그러니까 목숨을 끊는 선택이 자기 자신을 속이지 않는 정직함이라는 말이기도 하니까요.

삶에 관한 비슷한 태도를 〈디 아워스〉는 보여줍니다. 아시다시피 이 영화의 원작은 마이클 커닝햄(Michael Cunningham)의 『세월』(비채, 2012)인데요. 이 소설은 버지니아 울프(Virgina Woolf)의 『댈러웨이 부인』(열린책들, 2009)을 연장하는 소설이라고 할 수 있습니다. 버지니아 울프가 펜을 내려놓은 자리에서, 마이클 커닝햄은 이어 이야기를 적어내려 갑니다. 스티븐 달드리(Stephen Daldry)는 활자로 존재하던 이야기를 활동하는 이미지로 만들었죠. 영화의 이야기는 세 인물을 중심으로 진행됩니다. 『댈러웨이 부인』을 쓴 1923년의 버지니아 울프가 있습니다. 그 소설을 읽는 1951년의 로라 브라운(줄리안 무어)이 있고, '댈러웨이 부인'이라는 별명으로 소설을 떠올리게 만드는 2001년의 클라리사 본(메릴 스트립)이 있습니다. 그리고 이들은 저마다 불가해한 삶 앞에서 자신을 속이지 않는 정직함을 그 답으로 제출합니다.

버지니아 울프와 로라, 그리고 리처드의 응답

버지니아 울프의 답변은 투신이었습니다. 무거운 돌을 코트 주머니에

---

6. 배수아, 『올빼미의 없음』, 창비, 2010, 81쪽.

잔뜩 집어넣은 그녀는 1941년 호수에 몸을 던집니다. 이런 말을 남겨두고서요. "또다시 미치고 말 거라는 확신이 느껴져요. 또 한 차례의 어려운 고비를 이제는 잘 넘길 수 없을 것 같아요. 그리고 이번에는 회복될 것 같지도 않고요. 다시 그 소리가 들리기 시작하고, 정신을 집중할 수가 없어요. 그래서 저는 최선의 길을 찾고 있어요." 여기서 우리는 그녀의 병이 오래 되었고, 시간이 지나면서 점점 견디기 어려워진다는 점을 유추할 수 있지만, 그러나 그것이 그녀의 죽음에 관한 이유의 전부라고 여길 수는 없을 것 같아요. 그녀의 유서 마지막 구절이 이렇게 끝나기 때문입니다. "언제나 삶을 정면으로 마주 보고, 그리고 삶을 있는 그대로 알게 되며, 마침내 그것을 깨달으며, 삶을 있는 그대로 사랑하고, 그런 후에야 접는 거예요." 진심으로 삶을 사랑해 본 사람만이 그 삶을 중단할 자격을 갖는다는 말. 그러니 그들의 선택에 대해 남은 자들은 간편한 해석도, 주석도 덧붙일 수 없다는 듯이요. 요컨대 버지니아 울프는 죽음을 택하기 전, 누구보다 열렬히 생을 사랑했습니다.

로라는 죽음을 택하진 않았지만 가족을 떠났습니다. 그렇다고 그녀가 처한 삶의 조건이 불행하거나 힘들었던 건 아니었어요. 중산층 가정에, 여전히 뜨겁게 사랑을 표현하는 남편과 귀여운 아들을 두었지만, 그녀는 이유 모를 삶의 권태에 휩싸입니다. 남편의 생일날, 아들과 함께 생일 케이크를 만들지만, 돌연 찾아온 우울에 잠식되어 정성껏 만든 케이크를 쓰레기통에 넣습니다. 그길로 호텔에 가서 목숨을 끊으려고도 했지만, 끝내 실행하지 못하고, 다시 집으로 돌아와 생일 파티를 열죠. 그러나 그날 밤, 그녀는 화장실에서 소리를 삼키며 웁니다. 모든 것

     토닥이는 마음 다독이는 영화

이 평온했지만, 정작 자신은 그 평온에서 소외되었다고 느꼈을까요. 아니면 그러한 평화가 지루한 권태이자 무의미라고 여긴 걸까요. 누구에게도 이해받지 못하는 외로움은 괴로움이어서, 그녀는 결국 지금껏 구성하던 삶을 등지고, 새로운 삶을 향해 떠납니다.

그리고, 2001년의 클라리사 본이 있습니다. 이 시간대에서 삶을 정면으로 마주하고 답변을 제출한 사람은 리처드(에드 해리스)라고 말해야 할까요. 소설 『댈러웨이 부인』의 첫문장처럼("댈러웨이 부인은 파티의 꽃은 자기가 직접 사겠다고 말했다"), 클라리사는 리처드를 위한 파티를 준비하느라 이른 아침부터 정신 없이 바쁘게 움직입니다. 시인이었던 리처드가 문학상을 수상했기 때문이에요. 그러나 파티는 끝내 열리지 못했습니다. 오랜 세월 우울증을 앓아왔고, 시대와 삶과 불화하던 리처드가 아파트 창문을 열고 몸을 던졌기 때문입니다. 그에게 삶은 어떤 의미였던 걸까요. 문학도, 사랑도 채울 수 없던 그의 삶의 결여는 얼마나 거대했던 걸까요. 이런 생각들을 하면 가슴이 아립니다. 후에 밝혀지긴 하지만, 리처드는 1950년의 로라의 귀여운 아들이었습니다. 그가 평생 누구를 갈구했었는지 짐작되기도 합니다.

삶의 진실보다 사랑의 태도

버지니아 울프와 로라, 그리고 리처드는 각각 자기 삶을 정면으로 마주하고, 그에 따른 응답을 했습니다. 한 사람이 할 수 있는 가장 진실한 응답 말이에요. 오해가 없으시면 좋겠습니다. 제가 자살을 권하거나 추켜세우려는 것이 아닙니다. 다만, 그들 각자가 삶을 정면으로 마주하고 그에 따른 자신의 답변을 한 점에 대해 말하려는 것입니다. 앞에서 저는 2001년에는 리처드가 삶에 관해 정직한 응답을 했다고 적었습니다만, 그러나 클라리사도 나름의 응답을 한 것처럼 보여요. 그리고 이 점은, 삶에 관한 진실한 응답이 꼭 삶을 등지거나, 일상에서 도피하거나 하는 방식이 아닐 수 있음을 보여주는 또 하나의 사례라고 저는 생각합니다. 클라리사는 한순간에 그가 생에서 가장 사랑하던 사람을 잃었습니다. 그것도 눈앞에서요. 허망함이 그녀를 일순 에워쌌지만, 그러나 그녀는 리처드와 다른 선택을 내립니다. 그동안 묵묵히 자기 곁을 지켜주었던 샐리. 그녀의 마음이 자신에게 전부 있지 않음을 알면서도, 곁을 떠나지 않았던 샐리를 향해 클라리사는 가장 진실한 입맞춤을 합니다.

그 입맞춤은 곧 클라리사가 자신의 일상, 그 비루함을 껴안는 선택의 상징이라고 저는 생각해요. 버지니아 울프와 로라, 리처드에게서 볼 수 없었던 답변이기도 합니다. 삶이 느린 죽음처럼 느껴질 때, 어떤 사람들은 죽음을 당겨오기도 하지만, 보잘 것 없는 나를 이루던 것들의 귀중함과 애틋함을 새삼 실감하며 감격하는 사람도 있습니다. 중요한 것은 저마다 가장 절실하고 진실한 답변을 하는 일일 거예요.

시간이 아주 오래 지난 다음, 그사이 저는 목사가 되었고, 한 가정을 이루었습니다. 나만 생각했던 제가, 너를 생각하게 되면서 저는 오래 전 그 생각으로부터 멀어지고 있어요. 이 글을 쓰기 위해 다시 본 영화에서 제 눈길이 머물던 부분이 예전과 꽤 달라져있더군요. 이제는 그

 토닥이는 마음 다독이는 영화

렇게 목숨을 끊은 버지니아 울프보다 끝까지 그 곁을 지키며 그를 돌봐 준 레너드(스티븐 딜레인)가, 삶의 허망함을 마주하고 가족을 떠난 로라 브라운보다 제 엄마를 향해 염려하는 표정을 자주 짓던 아들 리처드가, 그 애처로운 리처드를 끝까지 최선을 다해 돌보던 클라리사가 제게는 이제 더 위대해 보여요. 몰락과 파멸로 향하는 그들의 걸음을 마지막까지 함께해 준 사람들. 돌봐야 할 너가 있으므로 마음대로 죽을 수도 없던 사람들. 죽더라도 끝내 죽지 못하던 사람들.

이제 저는 삶의 진실 따위의 말보다, 사랑의 태도를 배우고 싶습니다.

〈아무르〉(2012)

나의 죽음을 애도하며

영화를 다 보고 떠오른 책이 한 권 있습니다. 철학자 김진영의 『아침의 피아노』(한겨레출판, 2018)라는 산문집인데요. 임종 3일 전 섬망이 오기 전까지 병상에서 김진영 선생이 쓴 짧은 글귀들을 모은 책입니다. 빽빽한 검은 글자보다 침묵과 정적을 닮은 흰 여백이 명료한 시집같은 책이에요. 말수 없는 사람이 오래 고른 낱말을 표현하는 걸 듣는 것처럼 이 책을 읽기만 해도 몸속 어딘가가 정갈해지고 말갛게 되는 것 같은 느낌도 듭니다. 무엇보다 죽음을 앞 둔 선생이 남긴 글이라는 점에서 유서처럼 읽히기도 하고요. 기록된 모든 문장들을 다 읽고나니, 이토록 담백한 유서를 저도 언젠가 말간 정신으로 써보고 싶다는 소망도 생겼습니다.

그 소망은 아마도 죽음 앞에 선 김진영 선생의 태도에서 비롯된 것 같다는 생각도 했습니다. 이 책에는 시간이 얼마 남지 않았다는 담담한 인식과 얼마 남지 않은 시간동안 최선을 다해 주변과 세상을 사랑하며 감사하리라는 결단이 고요하게 배어있어요. 그러고보니, 이 책의 표지에는 이런 문구가 적혀있습니다. "철학자 김진영의 애도 일기". '자신의 죽음을 애도하는 일은 가능할까?'라는 의문이 들었는데, 애도라는 것이 프로이트의 말처럼 (대상의) 상실을 받아들이고, 상실한 대상을 향해 쏟았던 리비도를 철회하고 다시 일상으로 돌아오는 것이라면(김진영 선생의 경우, 그 '대상'이란 자신의 삶일 거예요.), 그의 문체에 배인 침착함이 조금 눈물 겨운 데가 있습니다. 그는 서서히 자기 삶을 상실하는 실감을 고스란히 느끼면서도, 그 실감이 가져다주는 두려움과 고통, 절망에 있는힘껏 저항하면서 끝내 삶에 대한 사랑과 감사함을 포기하지 않은 것 같아서요.

<아무르>도 죽음을 앞둔 사람의 이야기죠. 극중 안느(엠마누엘 리바)는 서서히 죽어가는 중입니다. 처음에는 갑자기 멍해졌다가, 몸의 오른편을 움직일 수 없게 되었다가, 급기야 언어마저도 잃습니다. 영화의 후반부가 되면서 안느의 언어는 놀랍도록 단순해지는데요. 복잡한 문장구조는 사라지고, 자신의 상태가 (무)의식적으로 가장 투명하게 투영된 것 같은 두 단어만 남습니다. '엄마', '아파'. 안느는 이 두 단어를 '말하지' 않고 외치는데, 그럴 때 이 말은 차라리 외마디 비명처럼 들리기도 합니다.

죽음의 과격함

비명이라는 말이 나왔으니, 덧붙이자면 이 영화에서 어른거리는 공포의 기운도 외면할 수 없을 것 같아요. 극의 초반, 안느는 조르주와 함께 피아노 연주회에서 돌아오는데, 집 문고리가 뜯긴 것을 발견하고 어떤 불길함을 느껴요. 그리고 안느는 그날 밤 잠들지 못하고 몸을 일으켜 세운 채 두려움에 떱니다. 안느는 자신에게 닥칠 가장 궁극적 공포(죽음)를 예감한 걸까요? 인상적인 것은, 남편 조르주 역시 공포를 느꼈다는 점입니다. 깊은 밤, 문에서 난 소리 때문에 조르주는 현관문을 열었지만 복도에는 아무도 없었습니다. 다시 자신의 방으로 향하는데 허공에서 누군가의 손이 뒤에서 그의 입을 틀어쥡니다. 그리고 그는 비명을 지르며 잠에서 깨어나죠. 저는 이 장면을, 안느의 죽음에 대한 조르주의 불안이 투영된 꿈이라고만 생각했는데, 곱씹어 떠올려보니 조르주 저 자신의 죽음에 대한 두려움일 가능성도 있을 것 같았습니다. 영화의 마지막에 이르면 조르주도 안느처럼 몸의 오른편이 불편해보이는데요. 이 장면은 하나의 상징처럼 느껴집니다. 안느에게 찾아왔던 죽음이, 조르주에게도 곧 임하리라는 전조라는 듯이요.

<아무르>에서 죽음을 앞에 둔 자의 초연한 태도는 찾기 어렵습니다. 임박한 종말 앞에서 안느와 조르주는 허둥대거나 소리치고, 자신(과 타인)을 향해 화를 내거나, 실망하고 절망하죠. 그런데 어쩌면 이런 태도는 지극히 당연한 것 아닐까요. 그러니까, 조르주와 안느는 삶에 대한 감사와 사랑을 잃어버려서가 아니고, 또 그런 반응은 그들의 결함도 아니라, 그저 죽음 자체의 파괴적 영향에서 비롯된 현상일 뿐이 아닌지요. 엄밀히 말하자면, 조르주와 안느는 죽음의 공포가 엄습할 때마다 서로를 향한 지극한 사랑으로 대응하기도 했습니다. 하지만 죽음의 압도적 힘이 인간이 대항할 수 있는 희미한 사랑마저 단숨에 삼켜버렸

     토닥이는 마음 다독이는 영화

죠. 그런데 역설적인 것은, 이토록 나약하고 언제건 쉽게 꺼질 수 있는 인간의 사랑이 그토록 고결하고 아름다워보인다는 점에 있습니다. 사랑은 사라지면서 자신의 고귀함과 아름다움을 증명합니다. 그런 점에서 영화 <아무르>의 진짜 주인공은 제목의 의미처럼 '사랑' 자체가 아닐까 생각하기도 합니다.

그러나 사랑을

언젠가 읽은 책에는 이런 구절이 있습니다. "자연은 실로 모욕적인 방식으로 우리에게 암시하고 경고한다. 소매를 살짝 잡아당기는 게 아니라, 이빨을 뽑아놓고, 머리카락을 뭉텅뭉텅 뜯어놓고, 시력을 훔치고, 얼굴을 추악한 가면으로 바꿔놓고, 요컨대 온갖 모멸을 다 가한다. 게다가 좋은 용모를 유지하고자 하는 열망을 없애주지도 않고, 우리 주변에서 계속 눈부시게 아름다운 새로운 형상들을 빚어냄으로써 우리의 고통을 한층 격화시킨다."[7] 감히 예상하건대 죽음이 가져다주는 치욕스러움에서 벗어날 수 있는 사람은 누구도 없을 거예요. 인생과 죽음을 논하기에는 민망한 저도, 죽음 앞에서 평정심을 유지하기 어려울 거라는 것쯤은 알고 있습니다. 죽음의 파괴적 영향이 그러한 평정심을 훼손해 버리는 것도 알 것 같습니다. 그래서인지 저는, 조르주와 안느가 놀라울 정도로 차분함을 유지하는 점보다, 쉽게 휘청였다는 점. 절망과 사랑을 오가면서. 고통과 인내를 거듭하면서. 불안이 가져다주는 피로감을 견디면서도 끝내 희망을 놓지 않은 점에 있습니다.

---

7. 데이비드 실즈, 『우리는 언젠가 죽는다』, 김명남 옮김, 문학동네, 2010, 210쪽.

조심스럽게 말하건대, 김진영 선생님이 남긴 침착한 문체 뒤에도, 희미하게 느껴지는 아픔이 있습니다.

오늘은 주영이 화실 가는 날. 외출을 망설이는 등을 떠민다. 내 재촉을 못 이겨 거울 앞에 앉은 모습을 바라본다. 작고 동그란 몸. 늘 웃음을 담고 있다가 아무 때나 홍소를 터뜨려서 무거운 세상을 해맑게 깨트리는 웃음 항아리 같은 몸.
나는 이 잘 웃는 여자를 떠날 수 있을까.[8]

낮 동안 너무 뜨거웠다. 저녁 무렵 어스름이 들고 바람이 분다. 갑자기 대책 없이 서글퍼진다. 이 여름이 밉다. 그래, 미워한다는 것, 그 또한 사랑이고 생이리라……[9]

나는 나를 꼭 안아준다.
괜찮아, 괜찮아……[10]

그러나 이 아픔 속에서도 김진영 선생은 스스로를 향해 이렇게 다짐합니다.

내가 끝까지 살아남아야 하는 이유는 그것만이 내가 끝까지 사랑

___

8. 김진영, 『아침의 피아노』, 한겨레출판, 2018, 25쪽.
9. 같은 책, 107쪽.
10. 같은 책, 145쪽.

 토닥이는 마음 다독이는 영화

했음에 대한 알리바이이기 때문이다.[11]

나처럼 많은 사랑을 받아온 사람이 있을까. 그러나 받기만 하고 나는 그 사랑들에 응답하지 않았다. 그리하여 인색한 부자의 곳간처럼 내 안에 쌓여서 갇혀 있는 사랑들. 이 곳간의 자물쇠를 깨고 여는 일-거기에서 내 사랑은 시작된다.[12]

삶의 마지막 국면에서 지금껏 지나온 삶을 돌아보는 순간, 자신이 놓친 것, 끝내 품지 못했던 것을 기억하고 아쉬워하기보다 허락된 시간만이라도 끝까지 사랑하기를 선택하는 태도. 이런 태도는 바울의 문장과 퍽 어울리는 것 같기도 합니다. "그러므로 우리가 낙심하지 아니하노니 우리의 겉사람은 낡아지나 우리의 속사람은 날로 새로워지도다"(고린도후서 4:16) 이 구절의 맥락은 위에서 전개된 논지의 맥락과 다를 수 있지만, 적어도 바울이 신약 곳곳에서 드러낸 '역설의 신학'은 김진영 선생의 태도와 크게 다르지 않아 보입니다. 그러고보니 죽음의 대립항으로 사랑을 둔 선생의 인식도 생각할 만하네요. 삶을 살아가는 것이 곧 사랑하는 일이라는 듯이.

날이 갈수록 지친다. 이제는 모든 힘들이 소진된 걸까. 아니 그렇지 않다. 내게는 많은 힘들이 충분히 남아 있다. 그 힘들이 다만 무기력한 잠재력으로 고여 있을 뿐이다. 그걸 길어내어 모두 써야 한

---

11. 같은 책, 161쪽.
12. 같은 책, 147쪽.

다. 아니면 나는 이 싸움에서 패배한다. 나는 살고 싶다. 나는 기어
코 돌파해야 한다. 나의 사랑을 증명해야 한다. [13]

---

13. 같은 책, 165쪽.

비극의 재현에 관하여
〈존 오브 인터레스트〉(2023)

홀로코스트와 쇼아

'홀로코스트'(Holocaust)라는 단어는 문제적입니다. 이 단어는 헬라어 '홀로카우스톤(holokauston, 전체+타다)에서 비롯되었는데, 풀이하자면 기독교의 신에게 몸 전체를 바치는 희생제물이라는 의미죠. 그렇게 아우슈비츠의 소각로는 하나님을 위한 제단이 되어버립니다. 언어가 이토록 잔인할 수 있다니요. 이런 이유로 홀로코스트라는 단어를 쓰지 않겠다고 선언한 학자도 있습니다. 조르조 아감벤이 대표적입니다. 그는 대신 히브리어 '쇼아'를 제안합니다. '재앙', '파국'이라는 의미입니다. 두 단어 모두 사태의 실상을 적확하게 지시하지 않는 완곡어법이지만, 누군가의 악의로 많은 희생자가 발생한 사건을 두고 하나님께 드려진 번제물 따위의 말보다는, 차라리 (하나님으로부터) 당한 심판, 재난이라고 받아들이는 것이 그들의 존엄을 지키는 쪽에 더 가까운 선택은 아닐지요. 괄호 속에 들어가있지만, 그렇다고 완전하게 아니라고 할 수가 없는 저 '하나님으로부터'라는 말이 몹시 사무치게 다가옵니다.

그러니 쇼아는 미스터리이자 의문입니다. 인간이 어째서 같은 인간에게 그토록 잔인한 일을 저지를 수 있는지와 그것을 (결과적으로) '내버려두신' 하나님을 향한 의문이 제게는 쇼아의 총합입니다. 이중 후자의 부분은 애석하게도 희생자도, 우리도 영영 그 답을 알아내지 못할 지도 모르겠습니다. 다만, 하나님께서 희생자들의 고통에 함께 하셨다는 것만을 믿을 따름이지요. 어쩌면 남겨진 우리의 몫은, 이러한 쇼아가 다시는 일어나지 않아야 함을 다짐하고, 그러한 재난을 통과한 공동체가 치유되고 회복되는 데 힘써야 한다는 점일 것입니다. 이 목표에 영화가 도울 일이 있을까요? 있다면 그것은 무엇일까요?

여기서 쇼아를 다룬 모든 영화를 언급할 수는 없겠지만 쇼아를 논할 때 빼놓을 수 없는 대표적인 영화 몇 편을 소개하려 합니다. 가장 먼저 알랭 레네의 다큐멘터리 <밤과 안개>(1955)를 꼽을 수 있습니다. 알랭 레네(Alain Resnais)는 쇼아 기록 영상과 생존자의 증언으로 다큐멘터리를 구성했습니다. 이것이 많은 이들에게 호평을 받은 것은, 영화가 보여준 적절한 거리감 때문이었습니다. 서사를 구성해 관객을 희생자와 동일시 되도록 하지 않고, 형식적으로도 어떤 미적 기교 없이 쇼트들을 구성한 덕분입니다. 쇼아를 재현하는 데 있어 가장 윤리적인 엄정한 형식을 보여주는 영화로는 클로드 랑즈만(Claude Lanzmann)의 <쇼아>(1985)입니다. 이 영화의 러닝타임은 장장 10시간에 육박합니다. 그 시간을 그는 생존자, 사형 집행인 등을 인터뷰한 기록만으로 채웁니다.

 토닥이는 마음 다독이는 영화

두 영화 모두 쇼아를 보여주는 방식으로 다큐멘터리를 택했다는 공통점이 있습니다. 그것은 '아우슈비츠 이후 서정시를 쓰는 것은 야만'이라는 아도르노의 유명한 명제의 영향, 함부로 희생자의 고통을 재현할 수 없다는 선의가 배어있는 선택이었을 겁니다. 그리고 그 선택은 가장 최근에 쇼아를 다룬 영화 조나단 글레이저(Jonathan Glazer)의 <존 오브 인터레스트>(2023)에서도 볼 수 있는 것 같고요. 아우슈비츠 수용소 담장 바로 옆에서 살고 있는 루돌프 회스 중령의 가정을 담은 이 영화에서 쇼아는 시각적으로는 어떤 윤곽과 흔적으로만, 나머지는 오로지 청각에 의해 드러납니다. 이를테면 회스 중령의 마당을 전경으로 찍을 때, 그 너머 수용소의 굴뚝에서 연기가 피어난다든지, 호수의 물줄기를 타고 희생자의 뼈와 재가 흘러나오거나, 평화로운 그들의 가정의 실내로 불쑥 아우슈비츠의 비명이 넘어 들어온다든지.

이러한 장면들은 분명 쇼아를 시각적 스펙타클로 재현하지 않겠다는 윤리가 작동되는 선택이었을 겁니다. 그러한 선의를 의심하고 싶지 않습니다. 저는 오히려 뜻밖의 지점에서 한가지 고민거리가 생겼는데요. 쇼아를 시각적 스펙타클로 재현하지 않겠다는 윤리적인 입장이, 결국 관객으로 하여금 사태의 외곽만을 보게 만드는 것은 아닌가, 하는 점 말입니다. 이 영화에서 관객은 아우슈비츠를 소리만으로 감각하고 인지합니다. 그 안에서 어떤 일이 자행되고 일어났는지는 보지 못하고 알 수 없지요. 그렇다고 희생자들이 당한 고통을 관객이 알고 볼 수 있도록 재현해야 한다고 말하려는 것은 아닙니다. 말하고 싶은 것은, 사태의 실상의 본질을 돌파하려는 선택보다 '재현 불가능성'이라는 거대한 명제 뒤로 서사가 아닌 다큐멘터리로, 서사로 만들어도 아우슈비츠의 외부를 비추는 식의 조금은 안전한 선택을 내리는 몇몇 영화의 선택을 곱씹어 생각해보려는 것입니다.

모든 것을 무릅쓰고 상상하기

이런 생각을 하게 된 것은, 디디-위베르만(Georges Didi-Huberman)의 『모든 것을 무릅쓴 이미지들』(레베카, 2017)이라는 책 때문입니다. 2001년 파리에서 사진사학자 클레망 셰루와 피에르 보놈의 사진전 <수용소의 기억, 나치 강제 수용소와 절멸 수용소 사진(1933~1999)>이 열렸는데요. 이 전시를 두고 영화 감독 클로드 랑즈만(<쇼아>의 그 감독)과 정신분석학자 제라르 바츠만, 문학자 엘리자베트 파뉴의 격렬한 논박문이 있었습니다. 그 전시에 포함된 단 네 장의 사진 때문입니다. 사진은 아우슈비츠의 시체처리반 '존더코만도'들이 죽음을 무릅쓰고 찍은 수용소 내부의 모습인데요. 절멸수용소에 관한 증거사진은 이 네 장이 유일합니다. 나치 및 역사수정주의론자들은 절멸수용소의 존재를 끈질기게 부정하고 있지만 이 사진의 존재가 그들의 주장을 반박합니다. 하지만 바츠만과 파뉴는 그 사진은 고통을 페티시화 하는 '외설적인 사진'이며, 아우슈비츠에서 일어난 비극은 절대적인 악이므로 상상하거나 사유할 수 없는 대상이라며 그 사진전을 비난합니다.

　랑즈만, 바츠만, 파뉴와 같은 '재현 불가능 논리'에 의하면 아우슈비츠는 결코 재현되거나 상상될 수 없는 거대함 그 자체인데, 몇 개의 이미지 만으로 재현/재구성하려는 것 자체가 아우슈비츠에 대한 숱한 오

　　토닥이는 마음 다독이는 영화

류를 낳을 것이며, 피해자의 고통을 외설적으로 보여주는 일이지만, 디디-위베르만의 『모든 것을 무릅쓴 이미지들』에 의하면 그러한 선택은 지적 태만입니다. 그는 우리에게 남아있는 이미지가 단 네 점에 불과하더라도, 그것을 끈질기게 응시함으로써 피해자의 고통을 더 적극적으로 사유하자고, 상상해보자고 힘주어 말합니다. 사유할 수 없기 때문에 사유하지 않는다면, 그것이야말로 아우슈비츠의 존재를 부정하려는 나치의 절멸 시도에 부합하는 것이 아니겠냐며요.

인간 전체의 인간성을 보존하기

아우슈비츠를 영화로 보여주는 것은 가능할까요? 희생자의 존엄을 훼손하지 않는 윤리적인 입장에서, 사태의 본질을 외면하거나 그 둘레만을 피상적으로 훑지 않으며, 그 심연까지 적확하게 가닿으며, 남은 자들에게 비극의 기억을 간직하게 하고, 그 공동체의 치유와 회복을 도와주는 영화는 가능한 일일까요? 모르긴 몰라도 그 일은 무척이나 어려운 일이라는 것쯤은 알 것 같습니다. 다만 그 목표를 포기하지 않는 영화, 그것을 추구하는 영화를 응원하고 싶은 마음은 있습니다.

<존 오브 인터레스트>의 이 장면만큼은 저는 영화의 손을 들어주고 싶습니다. 영화의 마지막 장면, 계단을 내려오던 회스 중령이 문득 구토한 이후 텅 빈 복도를 바라볼 때, 화면은 현재 아우슈비츠 박물관 내부를 비추는 장면으로 전환됩니다. 희생자들의 얼룩과 주인 없는 신발 무더기가 거기에 있습니다. 다시 회스 중령은 구토합니다. 그 순간 영화는 시간과 공간을, 허구와 사실을 건너뛰어 한데 뒤섞어 놓습니다.

물론 그의 구토는 무의식적 반응이었고, 어쩌면 회스는 구토 이후에도 자기 행위의 악랄함을 인지하지 못하겠지만, 그럼에도 '같은 인간'으로 공유하는 연하고 여린 지점이 그에게도 있다는 것을 드러냅니다. 그럼으로써 조나단 글레이저는 가해자의 얄팍한 도덕성을 옹호한 것이 아니라, 인간 전체의 인간성을 보존한 셈입니다.

군인들이 압도적으로 강하다는 걸 모르지 않았습니다. 다만 이상한 건, 그들의 힘만큼이나 강렬한 무엇인가가 나를 압도하고 있었다는 겁니다.
양심.
그래요, 양심.
세상에서 제일 무서운 게 그겁니다.
군인들이 쏘아 죽인 사람들의 시신을 리어카에 실어 앞세우고 수십만의 사람들과 함께 총구 앞에 섰던 날, 느닷없이 발견한 내 안의 깨끗한 무엇에 나는 놀랐습니다. 더이상 두렵지 않다는 느낌, 지금 죽어도 좋다는 느낌, 수십만 사람들의 피가 모여 거대한 혈관을 이룬 것 같았던 생생한 느낌을 기억합니다. 그 혈관에 흐르며 고동치는, 세상에서 가장 거대하고 숭고한 심장의 맥박을 나는 느꼈습니다. 감히 내가 그것의 일부가 되었다고 느꼈습니다.[14]

영화가 비극을 재현할 때 지켜야할 윤리의 범주와 범위를 제시하는 건 제 역량을 넘어서는 일일지도 모르겠습니다. 다만 소박하지만 진실

---

14. 한강, 『소년이 온다』, 창비, 2014, 114쪽.

　　　　토닥이는 마음 다독이는 영화

된 목표 하나만은 언급하고 싶어요. 공동체의 치유와 회복은 참혹한 어둠만 응시해서도 안되고, 어둠을 괄호에 넣은 채 빛나는 것들만 제시하는 것이 아니라, 어둠과 빛 모두를 함께 묶어야 한다는 것. 빛이 환하게 드리운 순간이 영화에 있다면, 그것은 어둠의 한복판을 통과해 나온 것이어야 한다는 것. 결코 그 어둠 자체에 빠지지 말 것. 모든 것을 무릅쓰고, 끈질기게 단 한 줌의 빛을 향해 나아올 것.

〈에브리씽 에브리웨어 올 앳 원스〉(2022)

'깊이를 아는 사람은 신에 대해 아는 사람'

저를 무장해제 시켜버리는 영화에는 공통적인 경향이 있습니다. '깊이'라 할 수 있을 것 같은데요. 저는 깊은 서사(소설이든, 영화이든)에 자주 매혹되었습니다. 그런데 이 기준은 좀 짚고 넘어가야 할 필요가 있습니다. 어느 이야기에 깊이가 있다, 는 것이 대체 무슨 의미며, 또 그것이 객관적이고 명료한 실체로 표현될 수 있는 것인가, 하는 문제가 있기 때문입니다. 단언하기가 모호하다는 건데요. 그런 점에서 '깊이가 없다'는 평론가의 지적에 목숨을 끊은 화가를 이야기한 파트리크 쥐스킨트(Patrick Suskind)의 단편 『깊이에의 강요』(열린책들, 2005)도 떠오릅니다. 소설 속 평론가는 화가의 죽음 이후 자신의 의견을 철회하고 그녀의 작품은 삶을 파헤치려는 열정이 보인다고 하죠. 애초부터 그도 깊이에 대해 잘 모른다는 듯이요. 깊이는 무엇이며, 어느 지점에서 드러나는 걸까요.

제 나름의 명제를 소개해드리려 합니다. 깊이 있는 이야기는, 그걸 보거나 듣는 사람들로 하여금 자신들의 아래를 내려다보게 만듭니다. 가로축이라 할 수 있는 인간의 수평적인 시선에서 벗어나 세로축의 시선으로 깊은 곳을 바라보게 만들어, '나'라는 표면을 지탱하는 삶의 근거와 토대가 무엇인지 생각하게 하죠. 그때 우리는 내 삶이 이토록 허약한 토대 위에 세워졌다는 것을, 표층이라는 일상에 몰두하며 사느라 중요한 무엇인가가 있다는 것조차 망각했다는 것을 겨우 깨닫습니다. 깊이를 향한 시선이 실은 하나님을 향한 신학일 수도 있다는 사실에 대해선 신학자 폴 틸리히(Paul Tillich)는 이런 문장을 남기기도 했습니다. "깊이에 관해 아는 사람은 하나님에 관해 알고 있습니다"[15]. 깊이를 향한 탐구는 본질적으로 하나님을 향한 앎과 다르지 않다는 듯이요.

<에브리씽 에브리웨어 올 앳 원스>(줄여서 <에에올>)가 그런 깊이를 갖춘 영화라는 건데요. 그렇다면 우리를 아래로 내려다보게 만들어 나의 삶을 떠받치는 토대와 근거, 그러니까 나의 심연이 무엇인지 성찰하게 만드는 지점이 이 영화에 있는 걸까요? 있습니다. 마블 시리즈의 타노스와 비견될 정도로 '온 우주의 빌런'이 바로 다름 아닌 사랑하는 딸 조이(스테파니 수)라는 점에서 이 영화의 기발함을 알 수 있지만, 그보다 저는 조이가 빌런이 된 과정이 훨씬 인상 깊었습니다. 조이는 평행우주의 모든 곳을 오갈 수도, 또 우주의 모든 것이 될 수도 있는 전능함을 갖췄는데요. 그런데 이 능력은 사실 무(를 향한)능력이자 무기력이기도 합니다. 그러한 전능으로 조이는 모든 것을 파멸시키는 베이글을 만들었기 때문이죠. 극의 후반부에 이르면 빨아들이는 모든 것을 무

---

15. 폴 틸리히, 『흔들리는 터전』, 김광남 옮김, 뉴라이프, 2008, 102쪽.

의 상태로 돌리는 베이글을 만든 진짜 목적에 대해 조이는 이렇게 말합니다. "다른 것이 아니라, 나를 파멸시키고 싶었어."

조이의 요청과 엄마의 대답

무를 향한 강박, 파멸을 향한 충동. 그것을 상징하는 이미지로 베이글을 내세운 것 역시 생각해볼 만한 지점입니다. 잘 아시다시피, 원은 순환성을 상징하면서 동시에 무상(無常)을 의미하기도 하죠. 여기에는 시작도, 마침도 없습니다. 제 꼬리를 잡아먹는 신화 속 우로보로스(Ouroboros)처럼, 원형적 이미지는 철저히 재귀적이죠. 조이는 평행우주를 다니면서 자신의 엄마 에블린을 찾는데요. 엄마에게도 '무의 베이글'을 보여주고 싶다는 이유입니다. 세계를 파멸시키려는 조이가 다름 아닌 에블린을 찾는다는 소식에 사람들은 그녀의 목숨이 위험하다고 생각했지만 저는 다르게 생각했습니다. 조이가 엄마에게 이해받고 싶었구나, 라고요. 가장 가깝지만 가장 쉽게 타인이 되고 마는 모녀는 때로 서로를 악랄한 빌런으로 여기다가도, 오직 내 마음을 알아봐주는 단 하나의 존재이기도 하죠. 조이는 엄마에게 자신의 심연을 보여주고 싶던 것은 아니었을까요.

조이와 에블린은 평행우주 곳곳을 돌아다니다가 돌멩이가 되어버렸는데요. 모녀는 이렇게 대화합니다.

"조이, 여기가 어디야?"

"생명체가 살 수 없는 우주 중 하나야. 실은 대부분이 이래."

"좋네."

"응, 여기 앉아 있으면 모든 게 아득하게 느껴져."

(…)

"모든 걸 경험하면서… 내가 보지 못한 것들을 당신이 보고 다른 길도 있었다고 납득시켜줬으면 했어."

조이의 마지막 대사가 어쩌면 그녀의 깊은 곳에서 나온 말이라고 할 수 있을 거예요. '허무와 무상, 권태로부터 벗어날 수 있는 길을 엄마, 가르쳐 주세요.'

허무에 대항하는 십자가의 방향

조이의 간곡한 요청에 에블린은 쉽게 대답하지 못합니다. 매일 같은 일상이 반복되고, 오늘의 나는 어제의 나와 결코 다르지 않은 권태에서 우리는 어떻게 의미를, 삶의 반짝임을 찾을 수 있을까요. 이런 류의 질문은 사실상 현대인들이 처한 실존과 크게 다르지 않습니다. <에에올>은 웨이먼드의 입을 빌려서 대답합니다. "제발, 우리 그만 싸우면 안될까요? (…) 뭐가 뭔지 모르겠지만, 이 모든 게 다 내 잘못 같아요. (…) 다정함을 보여주세요. 특히나 혼란스럽고 두려울 땐." 저는 웨이먼드의 대답에서 두 가지를 배웁니다. 세계에 일어나는 모든 악과 불행이 결코 나와 무관하지 않고, 어떤 방식으로건 내가 연루되어 있다는 선한 죄책감과 모든 것이 얽혀버려 어디서부터 풀어야 할 지 모를 때는 내가 주변에게 베풀 수 있는 다정함부터 시작해보자는 선하고 평화로운 세상을 향한 굳센 의지. 이런 죄책감과 의지는 일견 순진하고 어리숙해보여도, 하나님께서 우리에게 바라는 삶의 태도 중 하나라고 저는 믿습니다.

끝내 조이가 스스로를 파멸하기 위해 베이글로 뛰어 들어가자 에블린도 함께 베이글로 뛰어 듭니다. 이제껏 조이와 평행우주를 오가면서 그동안 조이가 경험한 모든 것들(허무, 무상, 무의미)을 함께 겪은 에블린의 행로로 미루어봤을 때 지극히 당연한 선택이에요. 에블린은 죽음과 무의 자리로 내려가서 조이를 이끌고 삶의 자리로 올라옵니다. 떨어지는 조이를 향해 간절히 뻗는 팔, 조이가 떨어진 곳으로 함께 추락하는 에블린의 몸. 수평과 수직의 방향으로 에블린은 조이를 향해 내려가고 나아갑니다. 이것은 베이글의 원형과 대비되는 십자가의 방향이죠. 마침내 에블린이 조이의 손을 붙잡고, 삶의 자리로 올라와 서로 포옹할 때, 저는 에블린이 조이에게 이제껏 심연에서 해결되지 않은 거대한 물음에 대한 충분한 답이 되었을 거라고 느꼈습니다. 언어의 층위에서 확실해지진 않았을 지 몰라도, 그보다 더 깊은 층위에서, 그러니까 심연에서 근본적으로 조이는 알게 되었을 겁니다. 가장 진실한 사랑을요.

성경의 장소가 재현되지 않고, 성경 속 인물이 같은 이름으로 나오지 않더라도 기독교적 진리는 이렇게 제시되고 재현될 수 있음을 <에에올>은 보여주는 것 같기도 합니다. 이따금씩 삶이 권태롭거나 무상하게 느껴질 때, 내가 사랑하는 사람이 언젠가 우리 곁을 떠날 수 있다는 사실에 대해 덧없음과 슬픔을 느낄 때, 그렇게 우리가 조이의 마음

　　　토닥이는 마음 다독이는 영화

에 가까이 다가갈 때, 먼저 우리 심연을 헤아려주신 그분을 떠올리면
어떨까요.

인류세의 스크린

강원중

<다운사이징>(2017)

<다크 워터스>(2019)

<돈 룩 업>(2021)

<마더!>(2017)

<바넬과 아다마>(2023)

<바람을 길들인 풍차소년>(2019)

<블랙팬서:와칸다 포에버>(2022)

<알카라스의 여름>(2022)

<애니멀 킹덤>(2023)

<옥자>(2017)

<위대한 작은 농장>(2018)

강원중 _ 모두를위한기독교영화제 실행이사

대학에서 영화를 공부하고, 졸업 후에는 기독교 선교단체에서 일했다. 기후위기와 문명의 붕괴를 직면하며 실존적인 질문들을 해갈하기 위해 신학을 공부하고 있다. 도요필름이라는 이름으로 생태계 보호를 위한 미디어 활동에도 열심을 내는 중. 여가시간에는 쌍안경을 들고 새를 찾아다니거나, 호미를 들고 밭으로 나간다. 은총으로 주어진 땅의 소중함을 더욱 깊이, 더욱 많이 알아가고 싶은 생태 구도자.

      토닥이는 마음 다독이는 영화

빙하기와 간빙기를 오가며 끊임없이 변화하던 지구의 기후는 약 1만 년 전부터 비로소 안정을 찾기 시작했습니다. 그 안정된 시기가 바로 홀로세(Holocene)인데, 우리가 알고 있는 거의 모든 것이 이 시기에 태어났습니다. 길고 긴 진화의 역사 속에서 오늘날 우리가 사랑하는 고양이와 강아지, 먹고 살아가는 상추와 벼, 나무와 꽃, 산호초와 열대우림, 그리고 인류 문명을 가능하게 한 모든 기반이 이 짧은 안정기의 품 안에서 자라난 것이죠. 홀로세는 마치 지구가 잠시 허락한 평화로운 정원 같았지만 우리는 이제 그 정원의 마지막 세대가 되었습니다. 우리 모두는 홀로세의 안정기를 목격하는 '마지막 인류'이자, 동시에 새로운 지질시대인 인류세(Anthropocene)를 살아가는 '첫 번째 인류'입니다. 지구의 기후와 생태계를 바꿔버린 것은 어떤 우주적 충격이 아니라 바로 우리, 호모 사피엔스였던 것입니다. 인간, 정말 대단한 인간들이에요!

세기말적 상상은 언제나 예술의 중요한 주제였지요. 특히 영화는 종종 인류의 멸망, 혹은 문명의 종말을 그려내며 관객들에게 경고 또는 매혹을 동시에 안겨주곤 했습니다. 하지만 이제 우리는 영화적 상상력을 빌려올 필요조차 없습니다. 기후변화와 대멸종의 위기 앞에서, 우리는 '세기말'도 아닌 자그마치 '지질시대의 종말'을 눈앞에서 목격하고 있기 때문이지요. 상상 속의 아포칼립스가 아니라, 과학적 수치와 몸의 감각 속에서 '인류세'의 풍경을 우리는 살아내고 있는 것입니다. 그런 시대에 우리가 영화를 본다는 것은 어떤 의미일까요? 단순히 상상력을 자극하는 오락이 아니라, 우리가 사는 현실을 비추는 거울이자, 함께 삶을 고민할 수 있는 사유의 장이 되는 것 같습니다.

한때는 지구의 가열을 어떻게든 막아내야 한다는, 그래서 '절대로' 포기할 수 없다는 단호한 신념 속에서 살았습니다. 우리의 문명과 자연을 지켜내지 못한다면 '절대로' 안 된다는 다짐은 어떤 의미에서는 우리의 활동을 지탱해주는 힘이기도 하지요. 그러나 시간이 지나며 깨닫게 된 것은, '절대로'라는 말이 우리를 때로는 더 큰 위험에 몰아넣을 수도 있다는 사실입니다. 삶은 늘 불확실하고, 모든 것은 언젠가 끝이 나지요. 각자의 삶이 그러하듯, 인류의 문명도 언젠가는 소멸을 맞이합니다. 이런 단순한 진리를 받아들이는 데서 묘한 초연함이 찾아옵니다. 물론 지구를 지키기 위한 노력과 실천은 여전히 절실합니다. 그러나 그와 동시에, 끝을 받아들이는 마음은 우리를 조금 더 자유롭게, 그리고

 토닥이는 마음 다독이는 영화

조금 더 사랑하게 합니다.

　죽음이 있기에 삶이 더욱 빛나듯, 문명의 끝이 있기에 오늘 우리가 누리는 순간이 더 소중해집니다. 무언가를 영원히 붙잡을 수 없다는 사실은, 지금 내 손안에 있는 것을 더 깊이 사랑하게 만들지요. 그렇게 우리는 절대적인 행동지침보다는, 절대적인 사랑을 배워가고 있습니다. 나무와 강물, 곁에 있는 사람들, 그리고 우리가 함께 나누는 영화까지도, 모두가 유한하기에 더욱 눈부신 것 같아요.

　이러한 마음으로 영화를 바라보며 적어 내려간 글들을 담았습니다. '생태주의로 영화읽기'라는 이름으로 연재했던 글들을 다듬어 다시 엮어냈습니다. 영화는 더 이상 단순한 허구가 아니라 우리가 사는 인류세의 풍경을 비추는 거울이며, 동시에 우리가 어떻게 살아야 할지를 묻는 질문이기도 하겠다는 마음으로요. 인류세 극장에 오신 것을 환영합니다. 문명의 끝에 왔다는 감각을 가득 안고서, 함께 영화를 감상해 보실까요?

〈다운사이징〉(2017)

알렉산더 페인 감독의 2017년 영화 〈다운사이징〉(2017)은 사람의 질량을 줄이는 기술이 개발된 세계를 그리고 있습니다. 인체의 크기를 줄인 덕분에 쓰레기와 오염물질의 배출이 줄어들 뿐 아니라 더 적은 자원으로 풍요로운 삶을 누릴수 있으리라는 아이디어를 담은 이야기이죠. 위기에 빠진 지구도 구하고 더 부유한 삶을 누릴수 있게 해주는 다운사이징 기술은 영화 속에서 많은 사람들에게 주목받기 시작합니다. 중산층 서민으로 팍팍한 일상을 보내고 있던 폴 부부도 인생의 새출발을 꿈꾸며 다운사이징을 감행하죠. 하지만 시술 도중 생각이 바뀌어버린 아내 오드리가 폴을 버리고 도망을 가게 되면서, 소인국에 외롭게 남겨진 한 남자의 분투기가 시작됩니다.

다운사이징 = 구조조정?

혹자는 '다운사이징'이라는 제목이 기업의 구조조정을 뜻하는 경제 용어 'downsizing'을 그대로 따온 것으로 추측하기도 합니다. 금융위기 등으로 수많은 사람을 벼랑 끝으로 내몬 비인격적인 구조조정의 풍경이 영화가 그려내는 자본주의의 이미지와 겹쳐 보이기 때문이지요. 하지만 저는 영화 속에서 보수적인 성향의 사람들이 다운사이징 사회에 관해 던지는 푸념이 꼭 현실 사회에서의 '탈성장(de-growth)'논의에 대한 백래시와 닮아있다고 여겨졌습니다.

> "다운사이징은 세계 경제에 엄청난 악영향을 미치고 있어요. 개인 소비는 이미 수십억 달러 줄었고 건축, 자동차, 주택, 방위 산업도 타격이 큽니다."
> "중대한 사회 변화에는 성장통이 따르잖아요. 하지만 현재 상태라면 지구상 인류는 멸종할 거예요."
> -TV에 출연한 토론자들의 대화

'다운사이징'을 탈성장, 혹은 그린뉴딜이라는 기후경제학의 용어로 바꾸어도 별로 어긋나지 않는 대화입니다. 폴의 친구들은 집이 팔리지 않는다며 투덜대고, 작아진 사람들은 경제에 기여하는 바가 없으니 투표권을 줄여야 한다고 주장하기도 하지요. 당장 나에게 닥치는 경제적인 부담이 인류가 처한 위기보다 중요하게 느껴질 수밖에 없는 우리들의 근시안을 표현하는 대목이겠습니다.

줄어들지 않는 탐욕의 크기

> "환경을 위해서? 웃기시네. 부자들만 누리던 걸 가지려고 그러는 거지. 대단한 사업 아이템이야."
> -소인국 레저랜드의 사업가 두샹의 대사

크기가 줄어든 폴이 살아가는 곳은 소인들의 유토피아로 여겨지는 레저랜드입니다. 영화는 (저를 비롯한 보통 관객들의 기대와는 달리) 소인 세계에서 일어나는 흥미로운 물리법칙 같은 것에 관심을 두지 않습니다. 대신에 소인국에서도 여전히 반복되는 탐욕과 불평등의 그림자에 주목하고 있지요. 부유한 백인의 집을 청소하는 유색인 노동자들, 장벽 바깥의 비위생적이고 가난한 환경에서 자라는 하층민들, 심지어 국가 폭력에 의해 강제로 다운사이징을 당한 희생자들이 등장합니다.

조금은 전형적으로 여겨지는 이러한 영화의 설정은 결국 우리 인류가 당면한 위기가 인구과잉이라는 수량적 차원에 있는 것이 아니라는 것을 보여줍니다. 문제의 본질은 끝없이 누리고자 하는 욕망, 불평등을 공기처럼 당연하게 여기는 무감각함, 개인의 안락한 삶 이외의 것에는 도무지 관심이 없는 협소한 세계관에 있다는 것이지요. 결국 신기술로써 해결하려 했던 인류의 문제는 진척의 기미가 보이지 않고 영화 속 세계는 대멸종의 도래를 멈추지 못합니다. 흥청망청 각자도생하느냐, 세상을 등지고 지하 벙커로 들어가느냐 두가지의 선택지만 남은듯 보이지요.

꽃과 나비, 그리고 녹란

실물 크기의 꽃을 들고 두샹의 파티에 참여한 폴은 나비를 좋아하는 베트남 인권운동가 녹란에게 운명처럼 이끌립니다. 이동진 평론가는 영어가 짧아 명령조로 말하게 되는 녹란의 언어가 마치 폴의 세계를 향한 절대자의 정언명령처럼 들린다고 표현했습니다. 실제로 녹란의 명령어

 토닥이는 마음 다독이는 영화

는 지루한 안정 속에 갇혀 있던 폴의 일상을 고통받는 세계의 이웃들의 삶으로 끌어들이는 결과를 낳지요. 녹란을 통해 폴은 개인의 만족이 당연한 가치로 여겨지던 세계로부터 벗어나 자신이 가진 것으로 이웃의 필요를 채우는 새로운 삶의 맛을 느끼게 됩니다. 결국 영화의 종착지는 폴이 녹란과 함께 가난한 이웃들을 돌보는 삶을 살게 되는 것으로 마무리가 되지요.

그들이 할 수 있는 것은 부유한 세계로부터 나오는 방대한 잉여물을 극빈한 세계로 전달하는 일일 뿐입니다. 비록 불합리한 구조 자체를 변화시킬 수 없고 때로는 그 까마득한 격차 앞에서 울분이 터져 나올 법도 하지만 녹란은 우울해하고 절망하는 대신 자신의 자리에서 할 수 있는 일을 꿋꿋이 해나가는 인물로 그려지지요. 폴은 지구를 구할 신기술도 인류를 구원할 지하 벙커도 아닌 녹란과 함께하는 삶의 자리에 머무르기를 선택합니다. 이러한 결말은 혹 우리가 당면한 구조적 위기를 외면하고 미시적 차원의 선행에 갇혀버린다는 비판을 받을 수도 있겠지만, 기술과 정치가 닿지 못하는 인간성의 본질을 꺼내어주기에 소중하게 여겨집니다.

폴은 자신의 세계에서는 더 이상 쓸모가 없었던 재활치료 기술을 녹란의 세계에 있는 가난한 이웃들에게 나누는 삶을 살게 됩니다. 나에게 이미 충분히 주어진 것을 감사하며 이웃과 더불어 나누는 삶. 어쩌면 탈성장주의가 추구하는 새로운 세상에 대한 비전을 영화가 충실히 그려낸 이미지인지도 모르겠습니다.

죽음을 통과한 초연한 사랑

"죽음 가까워진 거 알면

모든 것, 더 자세히 보여"

-녹란(ngoc lan tran)의 대사 중에서

코페르니쿠스 기후변화 서비스에서 발표한 자료에 따르면 2023년 여름을 기점으로 지구 평균기온은 산업혁명 이전 대비 1.5도 상승 선을 이미 돌파하였고, 이 추세대로라면 올해 안에 2도 상한선까지도 넘길 것으로 예측이 됩니다. 과학자들이 예견해 온 더 이상 돌이킬 수 없는 임계점 그 한복판에 우리 세계가 처해 있는 것이지요.

지하 벙커로 가는 길과 현실의 세계를 번갈아 바라보며 혼란스러워하던 폴의 모습처럼 오늘을 살아가는 우리네 마음이 참으로 오갈 데가 없다고 여겨집니다. 영화는 돌이킬 수 없는 대 멸종(죽음)으로 치달은 우리에게 마지막으로 남은 소망은 이웃들의 팔을 붙잡고 사랑과 화평을 만끽하는 것이리라는 말을 건넵니다. 이것은 일종의 포기일까요? 아니면 더 깊은 영성의 발현일까요. 복잡한 심정으로 뜨거워진 봄날의 창밖을 바라봅니다.

　　　　토닥이는 마음 다독이는 영화

고통받는 자의 편에 선 다윗의 노래
〈다크 워터스〉(2019)

마블의 헐크로 우리에게 더 친숙한 배우 마크 러팔로는 환경보호 활동에도 무척 진심인 것으로 잘 알려져 있습니다. 특히 그는 미국 가스회사의 프래킹 공법이 일으키는 막대한 수질오염을 저지하는 운동에 있어 적극적인 영향력을 펼치고 있지요. 그만큼 '물의 문제'에 진심인 그가 주연을 맡고 제작을 주도하여 만든 영화가 〈다크 워터스〉(2019)입니다. 영화는 롭 빌럿이라는 변호사의 실제 이야기를 다루고 있지요. 그는 세계 최대의 화학기업 듀폰에 맞서 다윗과 골리앗의 싸움을 이어오고 있습니다. 듀폰은 PFOA라는 유독성 화학물질을 폐기하고 매립하는 과정에서 웨스트 버지니아주 파커즈버그의 한 마을을 심각하게 오염시키며 역사상 최악의 환경 스캔들을 일으킵니다. PFOA는 장갑차의 외피에 방수 성능을 강화하기 위해 사용했을 만큼 인체에 극도로 해로운 성분인데, 듀폰사는 그 유해성을 인지하고 있었음에도 사람들의 일상생활에 밀접한 제품에 PFOA를 사용해 왔지요. 그로 인해 오늘날 인류의 99%가 이 물질에 중독되어 있다는 사실이 밝혀지기도 했습니다.

모든 것을 건 싸움

주인공 롭 빌럿(마크 러팔로)은 대기업을 변호하는 로펌에 소속해 있습니다. 듀폰과 같은 거대 기업은 그에게 중요한 고객이자 사업 파트너였지요. 하지만 듀폰이 불법적으로 유출한 PFOA로 인해 모든 것을 잃은 농장주 윌버 테넌트를 만나게 되면서 그의 인생이 바뀌어버립니다. 다짜고짜 자신을 변호해달라고 찾아온 시골 농부의 제안에 마지못해 사건을 들여다보기 시작한 롭은 듀폰이 감추고 있는 거대한 거짓들을 하나둘씩 목격해 버리게 되지요. 결국 그는 모두가 불가능하다고 여기는 싸움에 뛰어들게 됩니다. 진실을 목격한 이상, 안온한 자기 삶의 테두리 안에 더이상 머무를 수 없었던 것이지요. 그 과정은 물론 쉽지 않습니다. 미국을 상징하는 기업에 홀로 맞서 싸우기 위해 롭은 직업과 가족 모두를 건 투쟁을 이어가지요. 좌절과 절망이 반복될 때마다 그의 마음을 일깨웠던 것은 듀폰의 노골적인 악행에 의해 고통받는 사람들의 순수한 얼굴들이었습니다. 13년의 투쟁을 이어온 끝에 그는 마침내 듀폰으로부터 잘못에 대한 인정과 피해자들에 대한 보상을 이끌어내는 작은 승리를 이루게 되지요. 그 지난하고 눈물겨운 투쟁을 지켜보며 관객들은 정의가 회복되기를 한마음으로 염원하게 됩니다.

윌버 : 자넨 아직도 놈들과 한패야.

롭 : 진심이에요? 제가 어떤 위험을 무릅썼는데요?

윌버 : 상이라도 줄까? 살면서 딱 한 번 약자의 편에 섰으니까?

 토닥이는 마음 다독이는 영화

진실을 만난 자, 선을 넘는다

롭이 듀폰과의 싸움을 이어가면서 느끼는 심리적 중압감을 표현하기 위해 미술적으로 사용된 장치가 있습니다. 창틀의 블라인드나 거대한 빌딩들이 이루는 세로선들이 롭의 머리와 어깨를 짓누르는 듯한 구도로 촬영이 이루어졌지요. 이러한 구도는 롭의 주변에서 그를 돕거나 때로는 반목하는 동료 변호사들의 모습을 통해 더욱 두드러집니다. 변호사들은 각자의 입장에 따라 롭과 함께 그 세로선들의 중압감 아래에 놓이기도 하고, 때로는 애매한 경계에 걸쳐있기도 하지요. 결국 위협을 무릅쓰고 약자의 편에 서는 이들은 진실이 건네는 양심을 정직하게 받아들이는 이들입니다.

이야기의 터닝포인트에서는 이 세로선이 뒤집어지며 기다란 가로선으로 펼쳐지는 장면이 있습니다. 롭이 끝끝내 자리를 지키며 밝혀낸 진실들이 점차 수많은 사람들에게 공유되기 시작하면서 마침내 이야기의 반전이 이루어지는 순간이죠. 그렇게 영화는 도움이 필요한 이들을 위해 자신의 모든 것을 걸고 자리를 지킨 작은 거인들의 용기와 끈기에 경의를 보내는 듯합니다.

다윗의 노래

다윗과 골리앗의 싸움에 비견되는 힘겨운 싸움을 견디는 동안 롭의 가족이 미사에 참석해 성가를 부르는 장면이 있습니다. 그 노래의 가사말은 공교롭게도 시편 139편의 다윗의 노래로 이루어져 있지요.

주여, 당신이 내 곁에 계심을 압니다. 언제나 저의 편에 서 계시지
요.
Lord i know you are near, standing always at my side.
적으로부터 나를 지키시며, 영원히 나를 인도하십니다.
You guard me from the foe, and you lead me in ways
everlasting.

이 장면은 골리앗과 같은 기업의 무지막지한 폭력 앞에서, 평화를
소망하는 이들이 품는 기도가 어디로 향해야 할지를 시사합니다. 신을
향해 감히 내 편에 서달라고 구하는 우리의 기도는, 시대의 죄악에 짓
눌려 고통당하는 이들의 입장에서 고백할 때 온전하고 분명한 의미를
띄게 되는 것이겠지요.

우리의 기도가 누구의 편에 서 있는지에 따라 결국 우리가 발 딛고
선 자리의 풍경도 달라지는 것 같습니다. 수백 건에 달하는 재판에 어
김없이 자리를 지키며 "저 아직 여기 있습니다"라고 대답하는 롭의 모
습이 큰 울림을 주는 것처럼 말이지요. 오늘 우리의 자리에서 힘 있는
이들의 폭력 앞에 절규하는 이웃들과 생명들의 순진한 얼굴들을 떠올
리게 됩니다. 독자님의 기도는 누구의 편에 서 계신지요?

 토닥이는 마음 다독이는 영화

그들이 종말을 맞는 법
〈돈 룩 업〉(2021)

미국 페미니스트 신학의 선구자로서 평생을 기후 위기와 씨름한 생태 신학자 셀리 멕페이그 교수가 2019년 작고하기 전 생애 마지막으로 남기고 떠난 『불타는 세상 속의 희망 그리스도』(한국기독교연구소, 김준우 옮김)라는 책이 있습니다. 이 책의 내용을 질문 형태로 갈무리한 출판사 리뷰를 읽어가며 가슴이 조여오는 기분이 듭니다.

-왜 현재의 평균기온 상승 속도가 과거 대멸종 시대들보다 훨씬 빠른가?

-왜 1.5도 방어 댐이 붕괴되듯이 2도 방어 댐도 붕괴될 것이 확실한가?

-왜 산유국들은 탄소배출 절반 감축은 커녕 두 배 늘려 생산할 계획인가?

-왜 20년 후에는 동시다발적 식량 폭동과 사회적 붕괴가 발생할 것인가?

-왜 지배층은 민중을 각자도생으로 몰아가는가?

일각의 극단주의적 음모론과 같은 이야기라 믿고 싶어지지만, 이러한 질문들(혹은 선언)은 세계의 과학자들이 입을 모아 하고 있는 경고에 기초하고 있다는 것을 이제는 부인하기 어렵습니다. 2023년 11월 17일은 인류 역사상 처음으로 산업화 이전 대비 지구 표면 온도가 2도 이상 일시적으로 오른 날로 기록되었고 티핑포인트 이전까지의 탄소 예산을 보여주는 웹사이트는 2025년 8월 현재, 지구 표면의 평균 온도가 1.5도 상승하기까지 앞으로 약 4년여가 남았다고 표시하고 있습니다.[1]

'우리는 제임스웹 우주 망원경을 통해 거의 140억 광년의 우주를 탐색할 수 있게 되었지만, 지구처럼 생명체들이 살기에 적합한 다른 행성은 아직 찾지 못했다. 그러나 인류는 지금 여섯 번째 대멸종을 초래했다. 25억 년 전부터 5억 4천만 년 전까지 약 20억 년 동안 지구가 완전한 얼음덩이였던 때도 생명들은 기적처럼 살아남았지만, 그 생명들이 가장 찬란하게 꽃피웠던 신생대를 우리 인류가 끝장내고 있다. 『불타는 세상 속의 희망 그리스도』 - 역자 주

현실보다 현실 같은 코미디

어쩌다 여기까지 와버린 걸까 생각하노라면 곧장 떠오르는 영화가 있습니다. 2021년 12월에 넷플릭스를 통해 공개되며 한창 연말 분위기로 들뜬 세상을 향해 종말론적 경고를 보낸 애덤 맥케이의 블랙코미디 영화 <돈 룩 업>입니다. 레오나르도 디카프리오, 제니퍼 로랜스, 메릴 스트립, 케이트 플란쳇, 조나 힐, 티모시 살라메 등이 출연하며 초호화 캐

1. climateclock.world

스팅으로 이슈가 되기도 했지요. 캐스팅 만큼이나 이 영화를 주목하게 만든 것은 영화가 담고 있는 풍자적인 메시지입니다. 6개월 뒤에 혜성이 충돌하여 지구가 멸망할 것이라는 사실이 명백해졌음에도 불구하고 문제를 회피하며 자기 이익 챙기기에만 바쁜 정치인들과 극우 포퓰리즘에 대해 영화는 적나라하게 풍자합니다. 우습기 짝이 없는 황당무계한 전개를 바라보면서도 쓴웃음을 짓다 못해 마음이 무거워지는 이유는 기어이 문명의 파멸을 목전에 두게 된 오늘날 우리의 처지를 영화의 이야기가 거울처럼 보여주고 있기 때문이겠지요.

"어떤 이야기는 결코 웃으며 할 수 없어요. 지금은 하루에 네 번씩 울어야 할 때 라구요."
-디비아스키(제니퍼 로랜스)의 대사

종말을 맞는 두 가지 방법

영화는 결국 지구 종말의 장면을 그려냅니다. 과학자들의 경고와 시민들의 각성, 물결처럼 일어난 민중들의 목소리가 무색하게도 인류는 힘을 모아 문제를 해결해 내지 못하고 끝내 모두 파멸을 맞이하게 되지요. 영화의 전반부가 왜 일이 그 지경이 되었는지를 보여주고 있다면, 후반부는 파국의 결말 앞에서 보이는 상반된 두 집단의 태도를 대조하여 보여줍니다. 한쪽은 끝까지 자신들의 오만함을 꺾지 않은 채 첨단기술이 모든 것을 해결해 줄 것이라는 낙관론을 버리지 않습니다. 세상이 어찌 되든 나만 살아남으면 된다는 식의 무책임한 태도이지요. 나머지 한쪽은 헛된 희망을 떠들어대는 TV 뉴스를 꺼버린 채, 포도주와 커피를 곁들인 만찬을 준비합니다. 그리고 그들이 사는 동안 느낀 감사의 순간들을 나누기 시작하지요.

정직한 절망을 선택한 이들이 차린 최후의 식탁은 서로를 용서하고 포용하며 일상에 깃든 사랑을 만끽하는 대화로 채워집니다.

- 민디(디카프리오)의 아들 : 마당에서 잠들었던 그날에 감사해요. 아기사슴을 마주 보며 깼죠. 인생 최고의 날이었어요.
- 디비아스키 : 제가 감사하는 건, 우리가 끝까지 노력했다는 거예요.
- 민디박사의 아내 : 당신이 돌아와서 기뻐요

한편 이 모든 파국을 초래한 대통령의 아들, 제이슨 올린(조나 힐) 비서실장이 읊어내는 기상천외한 기도는 우습다 못해 기괴함을 주기까지 합니다.

"저는 그런 걸 위해 기도하고 싶어요. 물질적인 것들 있잖아요. 멋진 집, 명품 시계, 자동차, 옷 같은 게 다 사라질지 모르는데 이런 것들은 안 사라졌으면 해요. 그것들을 위해 기도합니다. 아멘."

이 영화의 가장 두드러지는 지점은 종말을 맞이하는 두 대조적인 그룹들 사이에 깃든 영성이라고 여겨집니다. 마지막 만찬의 자리에서 청년 율(티모시 살라메)의 입에서 흘러나오는 기도는 깊은 울림을 줍니다. 그는 일찌감치 종교적인 규율으로부터는 떠났지만 거리의 자유인

 토닥이는 마음 다독이는 영화

으로 살아가며 자기만의 영성을 간직해 온 청년이지요.

> "하늘에 계신 아버지 전능하신 주여
> 오만한 저희가 은총을 구하나이다
> 의심 많은 저희를 용서하소서
> 또한, 주여 이 어두운 시기를 사랑으로 위로하시고
> 무엇이 닥쳐오든 당신의 담대함으로 받아들이게 하소서"

불타는 세상에서 희망은 있는가?

도저히 부인할 수 없는 파국의 현실 앞에서 샐리 맥페이그가 펼쳐내는 희망의 영성은 어떠한 현실 앞에서도 우리의 하나님이 실재하는 사랑이며 우리는 그 현존 안에서 자유하며 기뻐할 수 있음을 고백합니다.

> "그렇다면 이것은 이상한 종류의 희망이다. 이 희망은 사태가 반드시 '우리가 희망하는 대로' 판명될 것이라는 뜻이 아니며, 지구를 '구원'하려는 우리의 시도가 성공할 것이라는 뜻이 아니라, 하느님께서 '만사를 좋게 마무리하실' 것이라는 뜻이다. (...) 그러나 이것은 터무니없는 소리처럼 들린다. 사람들과 지구 자체가 죽어가고 있는데 어떻게 만사가 좋게 마무리될 수 있다는 말인가? 우리는 알지 못한다. 그러나 우리는 그럴 것이라고 믿는다. 우리가 그렇게 만들 것이기 때문이 아니라 하느님 때문에 그럴 것이라고 믿는다. 이것은 사태가 괜찮아질 것이라는 감상적이고 낭만적인 희망이 아니라, 모든 피조물이 하느님 안에 붙들려 있으며 지켜지고

있다는 것을 믿는 믿음이다. (...) 우리가 이런 희망을 가진다는 것은 '하느님께서 그 일을 처리하시도록 맡겨버리자'라는 식으로 우리의 책임으로부터 도피하는 방법으로서 희망에 의존하는 것이 아니다. 오히려 이런 희망은 그 결과에 대한 압박감으로부터 우리를 해방시킴으로써 우리가 당면한 과제를 위해 최선의 노력을 경주하도록 만들어 줄 수 있다."[2]

한 편의 영화가 이러한 신학적 선언과 함께 공명하고 있다는 사실이 놀랍습니다. '무엇이 닥쳐오든 당신의 담대함으로 받아들이게 하소서'라는 세속성자 율의 기도는 기후 위기와 생태적 파국 앞에서 어느 생태 신학자가 평생을 숙고하고 연구한 끝에 도달한 영성에 맞닿아 있다는 사실을 발견합니다.

더이상 돌이킬 수 없는 기후위기의 세상에서 내가 기다리며 고대할 것이 무엇인지를 다시금 되새겨봅니다. 인류 스스로가 완성해 낼 구원의 세상은 어쩌면 우리가 기다릴 바가 아니라는 사실을 받아들입니다. 그 대신, 이토록 파멸하는 세상에 직접 찾아와 함께 고통받기로 선택한 사랑의 왕이 바로 우리의 기다림의 대상이라는 사실이 시린 마음을 온통 절절하게 합니다.

---

2. 샐리 맥페이그, 『기후변화와 신학의 재구성』, 한국기독교연구소, 김준우 옮김, 275-277쪽

〈마더!〉(2017)

〈블랙 스완〉(2011), 〈더 레슬러〉(2008) 등으로 우리에게 익숙한 대런 아로노프스키 감독은 관객을 불편하게 만드는 방식의 연출을 즐겨 사용합니다. 특히 기독교적 메타포를 적극적으로 활용하면서도 지극히 냉소적인 세계관을 드러내거나 불가지론적인 결말에 이르는 논쟁적인 작품들을 자주 선보여왔지요. 감독 자신도 아무런 의견이 없는 중립적인 관객들보다는 오히려 극렬한 반대자들을 더 반갑게 여긴다는 것을 보면 그의 작품에 호불호가 확실히 갈리는 것이 다분히 의도적인 것이라는 생각이 들기도 합니다.

영화 〈마더!〉(2017) 또한 수많은 논쟁을 일으킨 작품입니다. 집이라는 한정된 공간 안에서 일어나는 일련의 사건 속에 지구와 인류의 역사를 담았다는 점에서 대단한 작품으로 여겨지기도 하지만 기독교의 신을 비틀고 심지어 신성모독적으로 표현하고 있다는 점에서 보수적인 성향의 관객들로부터는 철저히 외면받기도 했지요. 인간 문명과 생태 문제를 자주 다루는 아로노프스키 감독은 바야흐로 종말을 떠올리게 하는 작금의 환경 위기 앞에서 '과연 신은 어디에 있고 무엇을 하고 있는가?'에 대해 질문합니다.

이에 대한 영화의 대답을 요약하자면 '신은 방관하거나 부재하는 존재이며, 세계의 고통에 대해서는 아랑곳하지 않고 자신이 경배받는 것에만 관심 있는 이기적인 절대자'라는 것이지요. 무한히 반복되는 시간 속에서 자연 세계쯤은 그저 똑같이 다시 창조하면 그만이라는 것이 영화 속 신이 가진 태도입니다. 이것은 사실 기독교 신앙이 가진 창조와 종말, 그리고 신에 대한 설명과는 큰 차이를 보이는 관점이지요. 아로노프스키 감독은 정말로 신과 세계의 관계를 그토록 냉소적인 것으로만 받아들이고 있을까요? 아니면 반대로 이 영화를 통해 제도 종교로서의 기독교가 그동안 빠져왔던 오류에 대해 꼬집기 위해 논쟁적인 질문을 던지고 있는 것일까요? 그 이유가 어찌 되었든 이 작품이 만들어내는 생태 신학적 질문과 비평의 공간 만큼은 소중하게 다가오는 것이 사실입니다.

"지구상에서 여러 생명체가 전에 없던 빠르기로 멸종되는 걸 우리 두 눈으로 똑똑히 볼 만큼 생태계는 파괴되었다. … 지구상에 존재하는 한 종으로서의 인간 운명은 이제 앞을 내다볼 수 없을 정도로 불안하게 되었는데, 여전히 우리는 이 세계가 맞닥뜨릴 위기를 모르는 체하며 살아가고 있다."[3]

---

3. 아로노프스키 감독이 발표한 성명서 "지금은 살아있기에 너무 가혹한 시대다"의 내용 중에서 (중앙일보 이지영)

 토닥이는 마음 다독이는 영화

불경한 신앙, 혹은 신앙적 절규

영화는 평화롭던 신혼부부의 집에 초대받지 않은 손님들이 찾아오며 시작되는 비극을 담고 있습니다. 부부의 '집'은 지구와 자연 세계를, 남편인 '그(HE, 하이에르 바르뎀)'는 창조자를, 아내인 '마더(Mother, 제니퍼 로렌스)'는 어머니 자연의 돌봄과 생명 에너지를 상징하지요. 과거에 화재로 전소되었던 '그'의 집에 새로운 생기를 불러 일으킨 것은 '마더'였습니다. 시인인 남편의 창작에 도움을 주기 위해 아내는 최선을 다해 집을 고치고 가꾸며 부부의 행복한 파라다이스가 펼쳐지기를 꿈꾸지요.

하지만 시인을 추앙하는 불청객들(인류)이 하나둘 찾아 들게 되고 남편은 아내와 아무런 상의도 없이 이들을 받아들이면서 부부의 소중했던 보금자리가 점차 폭력과 살인이 난무하는 난장으로 변해갑니다. 대자연인 '마더'는 '그'의 독단적이고 무분별한 수용으로 인해 인류에게 폭력과 유린을 당하게 되고, 마치 유기체처럼 피를 흘리며 고통스러워하는 '집'(공동의 집 지구)과 함께 끝내 파멸을 맞이하게 되지요. 이 과정에서 영화는 성경의 이야기를 노골적으로 차용하며 한편으로는 오늘날 인류가 닥친 생태학적 위기의 책임이 역사적으로 반복되었던 생태계를 향한 종교 세계의 폭력에 있음을 꼬집는 것처럼 여겨지기도 합니다.

'그(HE)', 곧 창조자는 사람들에게 무한히 관대하고 모든 것을 용서하는 듯한 모습을 보입니다. 심지어 사람들이 그의 '집' 안에서 살인과 학대를 일삼고 전쟁을 벌이는 와중에도 신적 자비라는 이름 아래 그대로 내버려두지요. 하지만 그가 사람들을 집 밖으로 내쫓지 못하는 진짜 이유는 그저 자신이 숭배받는 상태를 유지하기 원했기 때문입니다. 끝내 자기 아들을 잔인하게 희생시키면서까지 그가 취하려고 하는 것은 기독교적 용서가 아니라 그저 자신을 향한 종교적 숭배의 상징을 완성하는 것이었죠.

여기에서 우리는 신에 대한 아로노프스키의 깊은 좌절과 거부를 발견합니다. 그가 이해하는 신은 자신이 만든 아름다운 피조세계를 사랑하지 않으며 폭력과 고통의 현실 앞에서 정의를 구현할 생각도 없습니다. 사랑과 정의가 결여된 창조자가 유일하게 할 수 있는 것은 나르시시즘적인 자기애에 빠지는 것이었지요. 신에 대한 아로노프스키의 이러한 좌절은 다분히 불편하게 받아들여지기도 하지만 한편으로는 자연세계를 깊이 아끼고 사랑하는 마음에서 터져 나오는 절망과 항변이라고 느껴지기도 합니다. 영화 내내 터져 나오는 '마더'의 절규는 결국 아로노프스키 자신의 절규가 아니었을까요.

절규하는 신

영화가 그리는 이러한 절망적인 풍경에 충분히 공감하게 되는 현실을 우리는 살고 있습니다. 정의가 사라지고 사랑이 실종되며 멈출 줄 모르는 뜨거운 탐욕이 들끓는 지구로 다 함께 추락하고 있는 현실 말이지요. 그러나 그렇게 세계의 종말에 다다른 것 같은 풍경 앞에서 우리가 어떤 신을 고백하는지에 따라 우리의 삶의 모습도 달라지리라 여겨집니다. 신이 세상을 사랑하기를 포기했다고 선언할 때, 우리는 그저 깊은 냉소와 체념의 굴레에 떨어져 헤어 나오지 못한 구멍으로 빠져들 뿐입니다. 그러나 모두 불타버린 것 같은 현실 속에서도 신은 여전히 정의를 가져오는 존재이며 끝내 새로운 세상을 회생할 능력을 가진 존재라는 믿음을 가진다면, 우리는 되려 사랑하고 돌보는 존재가 되기를 포기하지 않는 용기를 품을 수 있지 않을까요.

그래서 저는 차라리 이렇게 선언해 봅니다. 우리의 집 지구가 불타고 있는 현실 앞에서 신은 침묵하고 있는 것이 아니라 피조세계의 절규로서 함께 절규하고 계신다고. 그 절규는 우리로 하여금 자연 세계를 향한 폭력을 멈추고 돌봄의 세계를 이루어가기를 촉구한다고. 우리는 희생당한 아들을 그저 숭배함으로써 나의 삶과 상관없는 존재로 만들어버리는 것이 아니라, 그의 희생을 따라 우리의 작은 몸을 드려 이 땅에 스러져가는 생명의 가치들을 힘써 지켜내는 존재가 되어 보겠노라고.

기후, 전통, 여성
〈바넬과 아다마〉(2023)

〈바넬과 아다마〉(2023)는 세네갈 국적의 영화로서는 처음으로 한국에 개봉한 영화입니다. 영화를 연출한 라마타 툴라예 사이 감독은 세네갈 혈통이지만 프랑스에서 나고 자라며 서구적인 예술 교육을 받았지요. 이 영화는 그녀의 장편 데뷔작임에도 불구하고 높은 예술성을 인정받아 칸느와 아카데미에 연이어 초청되며 주목을 받았습니다. 한국에서는 제25회 서울국제여성영화제에서 소개되며 잔잔한 반향을 일으켰지요. 툴라예 감독의 깊은 예술적 조예는 영화 속에 그대로 녹아드는데, 미술사로 하자면 뭉크와 고흐, 문학적으로는 토니 모리슨, 영화적으로는 테런스 맬릭의 작품들로부터 영감을 받았다고 밝혔습니다. 그래서인지 영화를 보는 내내 아름다운 화면과 대비되는 비극적 구조, 몽환적이면서도 으스스한 분위기가 관객을 압도합니다.

사랑과 파국

영화의 주인공 바넬과 아다마는 세네갈의 외딴 마을에 살고 있는 젊은 부부입니다. 두 사람은 오직 서로만 바라보며 깊이 사랑하지만 남편 아

 토닥이는 마음 다독이는 영화

다마가 촌장직을 물려받을 운명에 놓이게 되자 마을 밖 버려진 집으로 사랑의 도피를 꿈꾸게 되지요. 하지만 극심한 가뭄이 마을을 뒤덮고, 이웃들은 그것이 아다마가 신의 뜻을 거부해서 생긴 재앙이라 여기며 전통을 따를 것을 강요합니다. 가축들이 모두 굶어 죽고, 급기야 사람들마저 하나 둘 갈증 속에 목숨을 잃게 되자 아다마는 중압감을 이기지 못하고 결국 마을의 촌장직을 받아들이게 되지요. 아마다와 함께 그린 꿈을 송두리째 빼앗긴 바넬은 홀로 관습의 굴레를 거부하다가 결국 비참한 결말을 맞습니다. 영화는 가부장과 근본주의적 전통에 저항하다 끝내 질식당하고 마는 여성(들)의 비극을 텍스트로 삼고 있습니다.

가부장적 전통을 부추기는 기후위기

영화를 보는 내내 안타까운 마음을 자아내는 것은 그 비극의 배경으로 깔린 기후위기라는 재앙입니다. 마을에 더이상 비가 오지 않는 것도, 소들이 죽어나가는 것도, 사람들이 쓰러지고 공동체가 붕괴되는 것도 바넬과 아다마의 책임이 아니라는 것을 영화의 바깥에 있는 이들은 알고 있습니다. 그러나 영화속에서 그러한 진실에 관해 눈을 뜨고 저항하는 이는 오직 바넬 뿐이지요. 그녀는 재앙의 이유를 과학적으로 설명해낼 능력은 없지만, 가뭄이 찾아온 이유가 전통과 도덕에 관한 것은 결코 아니라는 사실을 직관적으로 느끼며 최선을 다해 항변합니다. 약한 존재들을 향해 새총을 쏘아대는 바넬의 소심한 폭력은 아무리 저항해도 벗어날 수 없는 현실에 대한 깊은 절망을 드러내지요. 툴라에 감독은 기후위기에 대한 자신의 깊은 우려가 영화에 반영되어있다고 설명합니다. 점점 말라붙는 바넬의 마음은 심각해지는 가뭄과 나란히 놓입

니다. 영화는 우리가 데이터와 뉴스로만 듣던 남반구 국가의 기후 현실
이 구체적인 공동체 속에서 펼쳐질 때 어떤 얼굴을 갖게 되는지를 보여
줍니다. 자연에 절대적으로 의존하여 살아가는 세네갈 북부의 사람들
에게 기후위기는 단순한 굶주림을 넘어 정신적 고통과 갈등, 심지어 가
부장의 폭력성을 강화시켜 여성들의 자유를 억압하는 결과를 가져다주
는 재앙이 될 수 있다는 것이지요.

탐욕이 부른 가뭄

아다마 : "왜 갑자기 날씨가 변했죠?"
마을 원로 : "사람들이 변했으니까"

　　마을 사람들의 속절없는 죽음 앞에서 고통스러워하며 질문을 던지
는 아다마에게 어느 원로가 전한 이 짧은 대답은 본질적으로 깊은 진실
을 담고 있습니다. 전례없는 가뭄이라는 재앙은 마을 사람들이 생각하
는 것과 같이 한 개인이 전통을 거부해서 생긴 일은 결코 아니겠지요.
그러나 그것은 사람에 의해 생긴 재앙이라는 것은 분명합니다. 과학적
으로 이야기하자면 북반구 부유국들이 산업화시대 이후 축적한 대기
중의 탄소농도 때문일 것이요, 윤리적, 사회적으로 말하자면 탐욕 앞에
통제를 잃은 권력자들이 형성한 불평등의 구조 때문일테니까요.

　　성서의 예언자도 오늘날 우리가 맞닥드린 기후재앙이 어디에서 비
롯 되는지를 정확히 겨냥하고 있습니다.

　　　　　토닥이는 마음 다독이는 영화

"땅이 메마르며 시든다. 세상이 생기가 없고 시든다. … 땅이 사람 때문에 더럽혀진다. 사람이 율법을 어기고 법령을 거슬러서, 영원한 언약을 깨뜨렸기 때문이다." (이사야 24:4-5)

재앙은 신의 형벌이 아니라, 인간 편에서 먼저 언약을 깨뜨린 결과로 주어진다는 것이지요. 신과의 바른 관계가 깨어진 인간은 땅과의 관계에서도 실패합니다. 바넬이 꿋꿋이 외친 목소리를 빌리자면, 가뭄과 기후위기라는 재앙은 신의 뜻이 아니라 인간의 탐욕이 만든 고통인 것입니다.

해석의 공동체

바넬은 한때 쿠란에 진심이었던 독실한 무슬림이었습니다. 그러나 전통과 도덕 안에서 그 해석을 제한해버리는 마을사람들의 근본주의적 신앙 앞에 방황하다 결국 마녀가 되기를 자처하며 투사로 변모하지요. 그녀의 고통스러운 선택은 단순히 개인의 파멸이 아니라, 왜곡된 해석이 어떻게 한 사람의 삶과 공동체 전체를 파괴할 수 있는지를 증언하는 장면입니다. 누군가 그녀에게 신의 뜻을 더 잘 이해할 수 있도록 도와주었더라면, 그녀의 내면에서 피어오르는 진실의 목소리와 알라의 목소리가 실은 상충되는 것이 아니라는 사실을 깨닫게 해 주었더라면, 바넬과 아다마의 결말이 어쩌면 조금은 다른 방향으로 흘러갈 수도 있었을지 모릅니다.

영화의 결말은 그러한 희망이 부재한 공동체의 현실을 적나라하게 드러냅니다. 바넬이 사라진 자리에는 침묵과 두려움만이 남습니다. 또 다시 들이닥칠 모래폭풍 속에서 바넬과 같은 목소리는 말 그대로 모래 아래에 매장될 수 밖에 없는 운명이지요. 이는 오늘날 지나치게 제도화 되고 권력화된 종교 공동체의 모습과 겹쳐 보입니다. 기후위기 앞에서 우리의 신앙공동체를 돌아보게 됩니다. 오늘날 우리에게 절실한 것은 근본주의적 도덕과 전통을 강화하는 신앙이 아니라, 고통받는 이들과 함께 울고 땅의 신음에 귀 기울이는 새로운 해석을 제공하는 공동체라 는 것을요.

 토닥이는 마음 다독이는 영화

바람, 신이 주신 선물
〈바람을 길들인 풍차소년〉(2019)

영화 <노예 12년>과 <닥터 스트레인지> 등으로 우리에게 익숙한 추이텔 에지오포가 감독으로 참여한 영화가 있습니다. 말라위 소년 윌리엄 캄쾀바의 감동적인 실화를 바탕으로 하는 <바람을 길들인 풍차소년>(2019)입니다. 주인공 윌리엄(맥스웰 심바)은 등록금을 내지 못해 학교를 중단해야 할 정도로 형편이 좋지 않았지만, 심각한 기근에 빠진 마을을 구해내기 위해 풍력을 이용해 물을 공급하는 장치를 만들어내며 마을의 영웅이 되지요. 불가능해 보이는 환경 속에서도 포기하지 않고 공동체를 위기로부터 구출한 윌리엄의 이야기는 수많은 사람들에게 감동을 남기며 TED 강연을 통해 세계적으로 알려지기도 했습니다.

기근의 원인은 자연이 아닌 사람

"민주주의는 수입한 카사바 같아. 빨리 썩어."
- 윌리엄의 아버지 트라이웰 캄쾀바 (추이텔 에지오포)

영화는 소년 윌리엄의 지혜와 용기를 주목하는 데 그치지 않고 당시 말라위 국민을 극심한 기근 속에 빠트린 사회적인 정황에 대해 구체적으로 짚어냅니다. 가뭄의 위기가 본격적으로 들이닥치기 전, 선거 분위기로 들뜬 말라위 거리의 풍경은 다가올 기근의 원인이 단순히 자연재해로 인한 것만이 아님을 암시하고 있지요.

재난의 전조는 담배 기업이 가난한 농민들을 압박해 그들의 땅에서 자란 목재를 쓸어가면서부터 시작됩니다. 이웃 나라 모잠비크에서도 같은 이유로 물이 범람해 수많은 피해가 발생했음에도 불구하고 당장의 돈이 급한 농장주들은 헐값에 나무를 팔아치우고, 아름드리 숲으로 가득했던 마을은 황량한 사막과 같은 모습으로 변해가지요. 이러한 자본의 횡포를 견제해야 할 정부는 전혀 존재감이 없습니다. 오히려 연이어 닥친 가뭄과 기근을 나 몰라라 하며 굶주림에 처한 국민들을 철저히 외면하는 모습을 보이지요.

그렇게 극단적인 기근에 내몰린 사람들은 점차 폭력적으로 변해가고 공동체는 파괴됩니다. 평화롭고 우애가 깊었던 윌리엄 가족도 생존의 위험 앞에서 점차 분열하고 와해해 가지요. 이렇게 영화는 각 사람과 가정이 얼마나 자연환경에 철저히 의존하고 있는지, 또한 자연을 그저 자원으로 바라보며 무분별하게 훼손할 때 치르게 되는 혹독한 댓가에 대해서 그려내고 있습니다.

새롭게 소환된 애니미즘

영화의 주요한 변곡점마다 독특한 가면을 쓴 샤먼 집시 무리가 심오한

        토닥이는 마음 다독이는 영화

분위기를 풍기며 등장합니다. 공교롭게도 이들은 영화의 시작과 끝에 배치된 기독교식 장례와 이슬람 장례 장면 중에 불쑥 튀어나오며 자신들의 방식으로 고인의 영면을 기리지요. 유족들은 이들의 등장에 당황스러워하면서도 친근함을 느끼며 위로를 받습니다.

이 집시들은 공동체의 일원이 처한 슬픔에 민감하게 반응하는 존재들입니다. 또한 이들이 주목하는 것은 벌목과 가뭄으로 인해 닥친 지역의 생태계와 공동체가 겪는 고통입니다. 이웃의 죽음 앞에 나타났던 집시들은 숲이 쓰러져가는 모습을 말없이 바라보기도 하고, 윌리엄의 가족이 기근 앞에 와해되는 순간에는 죽음을 표현하며 윌리엄의 무너져가는 내면을 드러내 주기도 하지요.

이렇게 영화 속에서 반복적으로 나타나는 애니미즘의 이미지는 인간과 자연이 연결되어 있다는 감각을 상기시켜 줍니다. 영화가 자칫 개인의 노력을 칭송하는 데 초점을 두는 성공 미담, 혹은 척박한 기근과 역경을 기술로 이겨내야 한다는 식의 교훈으로 흘러가지 않도록 이야기를 좀 더 본질적인 성찰로 이끄는 지점이라고 느껴지네요.

'우리는 비인간 존재들을 인간을 위해 이용하고 착취해 온 근대 서구 문화에 대한 대안을 모색하는 과정에서 새롭게 애니미즘을 만나게 된다. 새로운 애니미즘 논의는 지구상에서 인간 외의 존재들과 평화로운 공존을 꾀하는 세계관, 문화, 삶의 방식으로 살아온

사람들이 있다는 데 주의를 환기시킨다.'[4]

바람, 신이 주신 선물

영화에서는 시종일관 바람이 붑니다. 실제로 말라위의 환경은 매우 척박하지만, 나뭇가지를 흔드는 바람은 그치지 않는다고 하네요. 윌리엄은 자연이 준 선물에 주목하며 가족을 먹여 살릴 방도를 찾아냈습니다. 영화는 결국 식량을 자라게 하는 물도, 에너지를 얻을 수 있는 바람도 모두 자연으로부터 온다는 사실을 기억하는 토착민의 언어로 끝을 맺습니다.

"NGATI MPHEPO YOFIKA KONSE"
신은 바람과 같아서 모든 것을 만져주신다.

　말라위 주민들과 같이 기후에 크게 의존하여 생활할 수밖에 없는 이들이 겪고 있는 극심한 불평등과 기후위기가 더욱 와닿습니다. 영화를 통해 고통받는 세계의 이웃들에게로 관심을 향해봅니다. 그리고 이미 우리에게 선물로서 풍족하게 주어진 자연의 은혜에 감사하며 자족하는 삶을 다짐하게 됩니다.

---

4. 유기쁨, 『새롭게 호명되는 애니미즘』, 생태매거진 <바람과 물> 8월호

 토닥이는 마음 다독이는 영화

블랙팬서와 식민자본주의
〈블랙팬서:와칸다 포에버〉(2022)

배우 채드윅 보즈먼이 투병 끝에 일찍 세상을 떠난 후 와칸다 왕국의 이야기가 과연 어떻게 계승되어 갈지 수많은 마블 팬이 주목했습니다. 〈블랙팬서〉(2018) 이후 4년 9개월 만의 속편으로 찾아온 〈블랙팬서:와칸다 포에버〉(2022)는 영화 밖의 이러한 현실을 마블 세계관 속에 유려하게 녹여냈을 뿐 아니라, 고인이 된 채드윅 보즈먼에 대한 장엄한 추모를 바침으로써 그를 사랑했던 관객들의 마음까지 뭉클하게 했지요.

〈블랙팬서〉와 〈와칸다 포에버〉에 연이어 흐르는 주제 의식은 '용서와 평화'라고 할 수 있겠습니다. 오리지널 블랙팬서인 티찰라(채드윅 보즈먼(가 분노와 폭력으로 가득 찬 빌런 킬몽거(마이클 B.조던)를 극복했다면, 이를 계승하는 새로운 블랙팬서 슈리(레티티아 라이트) 또한 그녀의 내면에 흐르는 복수심을 극복하며 선대의 고결함을 계승한다는 점에서 두 영화는 동일한 메시지를 담고 있지요. 〈블랙팬서〉와 〈와칸다 포에버〉를 모두 연출한 라이언 쿠글러 감독은 그동안 충실히 쌓아

인류세의 스크린

온 블랙시네마[5] 작품들을 통해 아프리카계 미국인으로서 말할 수 있는
주제 의식을 영화 속에 담아 왔습니다. 그렇기에 <와칸다 포에버>속에
는 비슷한 역사적 아픔을 겪은 이들만이 가 닿을 수 있는 어떤 숭고함
이 엿보입니다.

와칸다와 탈로칸이 공유한 슬픈 역사

새로운 블랙팬서를 탄생시키기 위해 영화는 와칸다에 견주는 강력한
안티히어로를 등장시킵니다. 수중 세계 탈로칸의 국왕 네이머는 하늘
을 날기도 하고 물속에서는 자유롭게 호흡하며 그 누구도 대적할 수 없
는 막강한 파워를 자랑하지요. 탈로칸은 그동안 오직 와칸다 내부에만
존재한다고 알려졌던 강력한 무기, 비브라늄을 가진 나라로 소개되기
도 합니다. 와칸다와 탈로칸이라는 두 세계는 물 위에 거울처럼 비친
그림자처럼 닮아있습니다. 비브라늄이라는 천혜의 광물을 소유했다는
점, 세계에 자신들의 존재가 드러나는 것을 극도로 꺼린다는 점, 그리
고 각자의 역사와 전통을 철저히 고수하며 후대에 계승해 왔다는 점은
모두 와칸다와 탈로칸이 지닌 공통점들이지요.

또한 이 두 민족은 동일한 수탈의 상처를 지니기도 했습니다. 현실
의 마야문명을 모티브로 삼고 있는 탈로칸 왕국은 영화 속에서 스페인
침략자들의 대량 학살을 피해 바닷속으로 도망쳐 살아남은 민족이지
요. 또한 와칸다는 현실에서 아프리카 대륙이 겪은 고통스러운 침탈의
역사를 영화 속 세계관에 녹여낸 나라입니다. 이들이 서방의 강대국들

---

5. 흑인 문화의 다양한 지형을 흑인의 시선으로 보여주는 영화장르

을 피해 철저한 고립주의를 유지하면서도 자신들의 고유한 문화와 전통을 소중하게 간직해 왔다는 것은 뼈아픈 약탈의 역사를 겪으면서 동일하게 형성된 관성이라고 여겨집니다. 영화 속에서 와칸다와 탈로칸은 그동안 그들이 세계로부터 당해 왔던 폭력에 대항해 서로 힘을 합쳐 더 큰 폭력으로 되갚을 것인지, 혹은 또 다른 길을 도모할지를 선택해야 하는 갈림길에 서게 되지요.

폭력이냐 상생이냐를 결정해야 하는 순간, 슈리가 과거를 거슬러 회상하는 장면이 인상 깊습니다. 침략과 수탈의 역사를 되감은 기억 속에는 이전에 와칸다와 탈로칸의 민중이 만끽했던 평화와 번영이 존재합니다. '스페인의 끔찍한 침략이 없었더라면, 서방 국가들의 끝없는 야욕이 아니었더라면..' 슈리는 그 뿌리 깊고 끝나지 않는 폭력을 극복하는 방법은 자신이 그 폭력에 끝내 잠식당하지 않는 것이라 선언합니다. 그리고 언젠가 모든 폭력이 사라질 평화의 세상을 고대하며 고결한 선조들의 정신을 따르는 선택을 하게 되지요. 감동적인 성장의 장면입니다.

생태계를 향한 자본의 식민주의적 폭력

잠시 슈리에 빙의하여, 오늘날 우리 세계를 잠식하고 있는 폭력의 역사를 거슬러 올라가 봅니다. 그러다 결국 경유하게 되는 지점은 바로 초기 자본주의자들이 의도적으로 고안했던 식민주의적 사고입니다. 이 대목에서 인류학자 제이슨히켈의 의견을 참고해봅니다.

"자본주의는 성격상 본질적으로 식민주의적이다. ⋯ 유럽의 자본주의와 산업혁명은 무에서 발생하지 않았다. 그것은 피식민자들로부터 빼앗은 토지에서 노예 노동자들이 생산하고, 인클로저에 의해 강제로 쫓겨난 유럽 농민들이 배치된 공장에서 가공된 상품에 의존했기에 가능했다. 인클로저는 국내에서 일어난 식민지화의 과정이었고, 식민지화는 인클로저의 과정이었다."[6]

'자연과 노동으로부터 빼앗아 더 많이 가져간다'라는 식민자본주의의 공격성은 결국 우리의 세계를 생태적 대멸절에 이르게 하고야 말았습니다. 모든 것을 식민화하며 오직 확장과 성장만이 유일한 법칙인 듯 자연 세계를 잠식해 온 근대 이후의 인류는 스스로 자멸의 위기에 이르러서야 이제껏 스러져간 존재들의 처지를 되돌아보고 있는 듯합니다. 하루에 수백 종의 생물종이 멸종하고, 기후 위기가 가속화하는 우리 시대의 풍경은 결국 다른 존재로부터 빼앗는 것을 정당화하는 식민자본주의의 정언명령을 극복하지 못한 결과겠지요.

'식민개척자'의 회심

FBI 요원 로스는 와칸다 시리즈에 등장하는 주요 인물 중 유일한 백인입니다. 한때는 그도 미국의 이익에 충실히 기여하며 제국적인 약탈을 묵인하는 편에 서 있던 존재였지만, 슈리의 연구실에서 은덕을 입고 와칸다 왕국의 환상적인 생활상을 눈으로 직접 보게 되면서 그동안의 행보를 뉘우칩니다. 슈리는 그에게 '식민개척자'라는 짓궂은 별명을 지어

---

6. <적을수록풍요롭다> 제이슨히켈, p.86-87

 토닥이는 마음 다독이는 영화

주지요.

　회심한 로스 요원의 눈은 와칸다를 서로 상생하고 보호해야 할 파트너로서 바라보게 됩니다. 이전까지는 그저 수탈과 침략의 대상으로 여기던 와칸다의 자연과 문화를 이제 마땅히 존중해야 할 소중한 인격체로서 바라보기 시작한 것이죠. 로스 요원의 변화를 보며 현실의 우리에게 요구되는 생태적 회심에 대해 생각해 보게 됩니다. 자연을, 그리고 다른 대륙을 정복의 도구요, 자아의 성장과 번영을 위해서 쉽게 쓰고 버릴 수 있는 대상으로 여기며 식민화해 온 역사는 이제 극복해야할 과거임을 영화는 말해주고 있습니다. 우리는 언제쯤 폭력의 역사로부터 자유를 선언할 수 있을까요?

〈알카라스의 여름〉(2022)

드넓은 과수원 한가운데에 네모반듯 정갈하게 지어진 복층의 주택이 전형적인 스페인 농가 마을의 풍경을 이룹니다. 영화의 처음과 마지막에 놓인 이 풍경은 삼대째 복숭아 농사를 짓고 살아가는 마리오나 가족의 삶과 처지를 한눈에 담아내지요. 영화는 복숭아 농장과 일체가 되어 살아가는 대가족의 단란한 일상을 세밀하게 그려냅니다. 관객들은 다양한 구성원들 사이에 오가는 섬세한 감정과 목가적인 풍경들을 만나며 속절없이 향수에 젖어 들게 되지요.

여느때처럼 온가족이 모여 복숭아를 수확하던 여름날, 즐겁고 평화로웠던 마리오나 가족에게 청천벽력 같은 소식이 찾아옵니다. 삼대가 자기 땅이라고 철석같이 믿고 살아오던 그 땅이, 알고 보니 다른 사람의 소유였다는 것이지요. 과거 지주로부터 할아버지가 땅에 대한 소유권을 넘겨받을 때 서류상의 계약서를 쓰지 않았던 것입니다. 새롭게 나타난 지주의 아들은 땅의 소유권을 주장하며 가족에게 퇴거를 요구합니다. 소유권을 주장할 아무런 증거를 갖고 있지 않았던 할아버지는 왜 계약서 한 장 써두지 않았느냐는 자녀들의 울분 섞인 물음에 '그때는 그런 건 쓰지 않았다'라는 맥 빠지는 대답밖에 할 수 없는 처지입니다.

할아버지는 이 땅을 지주의 목숨을 구해준 대가로 넘겨받았습니다. 과거의 어느 날 농민 폭동이 일어났을 때 도망치던 지주 피뇰을 숨겨주었고, 두 사람은 둘도 없는 친구 사이가 되었지요. 그러나 시간이 흘러 친구는 세상을 떠났고 이제 신의와 인정보다는 살벌한 자본의 논리가 땅을 지배하는 세상이 찾아와버렸습니다. 불현듯 나타난 새로운 지주는 태양광 산업을 하겠다며 복숭아밭을 중장비로 갈아엎기 시작합니다. 갑작스레 들이닥친 황망한 현실 앞에 할아버지는 씁쓸한 마음을 읊조리지요. "피뇰과 내가 얼마나 친했는데…."

파국 속에 결속하는 공동체

영화의 장면들을 따라가다 보면, 결국 마리오나 가족을 가득 둘러싼 사회적 정황을 마주하게 될 수밖에 없습니다. 농민들은 노동에 대한 적절한 대가를 받지 못하고, 친환경 에너지라 불리는 태양광 사업은 자본가의 손을 만나 가장 연약한 이들의 땅과 삶을 착취해 내고 있지요. 드넓은 복숭아밭에 덩그러니 놓인 삼대의 둥지가 그 밭의 운명과 명을 같이할 수밖에 없는 것처럼 마리오나 가족의 일상과 삶도 결국 그 땅에 들이닥친 생경한 도전들과 운명에 연결될 수밖에 없습니다.

새롭게 등장한 지주의 요구에 따라 의견이 나뉜 가족들은 크게 다투게 되지요. 하지만 싸움의 과정에서 가족들은 차츰 사태의 본질을 응시하는 눈을 갖게 됩니다. 한 몸과도 같던 가족을 반목하고 해체해 온 원흉은 다름 아닌 자본이라는 이름으로 여전히 유지되고 있는 계급구조였다는 사실 말이지요. 한바탕 싸움으로 서먹해졌던 아빠와 오빠 로제르는 서로를 향했던 분노를 거두고 농민 시위장으로 함께 달려 나갑니다. 그리고 이 비극의 원흉을 항하여 미친 듯이 복숭아를 집어 던지지요.

영화의 말미에 이르러 마리오나 가족의 농장은 결국 파국을 맞습니다. 온 가족이 평생을 돌보아 온 복숭아 나무들은 마침내 포크레인에 의해 하나둘 쓰러지기 시작하지요. 카메라는 마리오나와 가족들이 그 장면을 정면으로 응시하는 모습을 포트레이트처럼 담아냅니다. 이들이 당장에 어떤 현실을 바꾸어낼 수는 없겠지만, 영화는 3대가 함께 보내는 결연한 침묵을 정면으로 담아내며 묵직한 저항의 울림을 줍니다. 파국은 찾아왔지만, 가족들은 이제 더욱 하나가 됩니다.

이 작은 생명에게 신의 가호가 있기를

마리오나의 농작물을 망치는 야생 토끼들은 영화 속에서 그저 배경처럼 느껴지기도 하지만 다양하게 변주하며 주제의식을 표현하는 이미지가 됩니다. 토끼는 권력에 의해 폭력을 당하는 희생양을 상징하지요. 화가 잔뜩 난 아빠는 토끼들에게 마구 총을 쏘아대기도 하고, 토끼의 사체들은 피뇰의 대문 앞에 놓이며 권력자에 대한 발칙한 복수의 도구로 쓰이기도 합니다. 그러나 마리오나의 농장에서 일하는 한 이민자 청년의 시선 속에 토끼는 함께 대지 위를 살아가는 동무이자 소중한 생

  토닥이는 마음 다독이는 영화

명이기도 하지요. 그는 토끼의 사체를 가지고 놀고 있는 키메트의 어린 딸 이리스에게 다가가 생명에 대한 존중이 무엇인지를 상냥하게 일러줍니다. "날라왈 아드잠" (لا حول ولا قوة إلا بالله 신의 가호가 있기를) 무슬림 토착민의 언어로 나지막이 읊조리는 이방인 삼촌의 모습은 이리스에게 깊은 인상을 남긴 듯합니다. 이리스는 그 이후로 죽은 토끼들의 작은 몸을 하나하나 지나치지 않고 자신의 방식으로 복을 빌어주게 되었지요. 영화는 이렇게 가장 어린 존재에게 생명의 소중함을 일깨워줌으로써 사뭇 암울한 현실 속에서도 피어나는 희망을 새겨두었는지도 모르겠습니다.

"화폐가 세상을 지배하고 가격이 가치의 유일한 척도가 되면 사회가 붕괴한다. 신뢰 체계도 동시에 붕괴한다. 학교도 무너지고, 모든 자리가 폐허가 된다. 견고했던 사회적 준거 체계들이 물처럼 흐물거리고 허공에 기화된다. 여기에 정치와 사회의 보호기제가 작동되지 않으면 붕괴 속도는 더 빨라질 수밖에 없다."[7]

영화 속에서 할아버지가 선창하며 손녀들이 따라 부르던 노래의 가사가 오늘날의 현실과 버무려져 새로운 감정으로 마음 속에 울려퍼집니다. 친구를 위해, 땅을 위해 부르는 노래가 간절히 그리워지는 날들입니다.

"태양이 일용노동자라면 그렇게 일찍 뜨지 않을거예요.

---

7. 영화감독 이송희일 페이스북

귀족이 수확을 해야한다면 우리는 굶어죽었을 거예요.

난 내 목소리를 뽐내려 노래하지 않아요. 새벽이나 새날을 위해서
도요.

난 내 친구를 위해 노래해요. 날 위해 목숨을 바친 친구.

난 내 땅을 위해 노래해요. 단단한 땅 나의 사랑.”

 토닥이는 마음 다독이는 영화

무엇이 우리를 인간답게 하는가?
〈애니멀 킹덤〉(2023)

사람이 동물로 변하는 영화들

사람이 동물로 변하는 상상을 담은 영화는 많이 있습니다. 늑대인간이 등장하는 고전적인 호러물(<런던의 늑대인간>,1981)부터, 아빠가 반려 강아지로 변하면서 생기는 이야기를 그린 가족 코메디(<쉐기 독>, 2006)도 있고, 연애 못하는 인간이 되기보다 차라리 랍스터가 되기를 선택한다거나(<더 랍스터>, 2015), 심지어 사람이 외계생명체로 변하는 이야기(<디스트릭트9>, 2009)까지 다양하네요. 여러분은 어떤 영화들이 떠오르시나요?

〈애니멀 킹덤〉(2023)이 주목하는 약자성

제76회 칸 영화제에서 주목할 만한 시선 부문으로 선정되고 제22회 부산국제영화제에서 야외상영으로도 소개되었던 토마스 카일리 감독의 <애니멀 킹덤>(2023)도 사람이 동물로 변하는 상상을 담은 영화입니다. 다만 이 영화가 특별하게 다가오는 이유는 호모사피엔스가 점령한 세계 속에서 야생동물들이 위치한 취약성에 주목하고 있다는 점이지요. 동물로 변화한다는 것은 강인한 발톱과 놀라운 청각, 장엄한 날개를 갖게 되는 것이기도 하지만 이 영화가 반복적으로 주목하는 것은 동물로 변해버린 '수인'들이 겪는 것이 곧 추방과 억압, 배제와 혐오라는 점입니다. 그런 점에서 <애니멀 킹덤>은 인간 사회 안에서 이루어지는 약자를 향한 혐오와 학대가 곧 생태계를 향한 폭력과 같은 종류의 것임을 시사하고 있기도 합니다.

영화가 약자성에 주목하고 있음을 발견하는 것은 어렵지 않습니다. 주인공 에밀의 고통에 공감하고 도움을 주는 이들은 모두 여성이고 장애인이며 가족 구성원이 같은 고통을 겪고 있는 이들이기 때문이지요. 에밀이 학교에서 사귀게 되는 여자친구 니나는 주의력 장애를 겪고 있습니다. 에밀을 돕는 지역 경관 줄리아 또한, 여성이라서, 군인이 아닌 경찰이어서 그가 속한 사회로부터 차별을 당합니다. 다른 이들이 겪고 있는 고통과 외로움에 반응하고 공감할 줄 아는 약자들의 사려깊은 손길을 통해 에밀은 자신의 몸에서 일어나기 시작하는 당혹스러운 변화를 받아들이고 차츰 성장할 수 있게 됩니다.

남성성과 만난 종교가 휘두르는 폭력

이러한 약자들의 연대와 뚜렷이 대조되는 것은 '군대'로 대표되는 남성 사회의 폭력성이지요. 수인들이 숨어든 숲에 최루탄을 쏟아 부으며 무자비한 제압을 감행하는 모습은 권력이 혐오하기로 결정하고 낙인찍은 존재들에게는 그 어떠한 서사의 실마리도 주려 하지 않는 맹목적인 폭력사회의 모습을 보여줍니다. 이에 적극적으로 가담하며 흥분에 찬 총질을 해대는 얼굴들은 공교롭게도 모두 남성이지요.

또한 영화는 이러한 폭력의 역사가 결코 짧은 것이 아니며 그 속에는 종교의 이름으로 반복된 합리화도 있음을 '성 요한 축제'라는 마을 전통행사를 통해 담아냅니다. 수인들을 '괴물'로, 에밀을 '짐승'으로 겨냥한 역사는 타오르는 불기둥 속에 살아있는 고양이를 집어넣고, 수많은 소녀들을 마녀로 둔갑시켜 불태웠던 역사와 겹쳐집니다. 기사도를 앞세워 학살을 일삼고, 횃불을 집어들고 두건을 쓴 얼굴들의 이미지는 종교와 폭력이 얼마나 깊이 그 전통을 공유해왔는지를 상기시키고 있지요. 현대를 배경으로 하는 SF 속에서조차 반복되는 이러한 풍경은 오늘날에도 활발히 펼쳐지고 있는 생태계를 향한 폭력의 발원지가 어디인지를 어렴풋이 겨냥하는 듯 보입니다.

인간됨을 규정하는 것

프랑수아가 에밀에게 영화 초반부터 뜬금없이 쏟아내는 진지한 가르침들은 감독이 영화를 통해 전하고자 하는 생각을 함축하고 있다고 여겨집니다.

"언어처럼 음식도 인간을 규정해. 그 이상이지. 너의 존재방식이야. 너는 수동적이야. 뭐든 넙죽 받아먹잖아. 지금은 반항이 용기인 시대야. … 사회에 맞서라고."

특히 반복해서 인용한 르네 사르의 말은, 행동하지 않고 말과 지식에만 머물러 있는 권력자들을 존중할 필요 없다는 뜻이죠.

"세상을 흔들지 못하는 자는 존중하지 말라"

권력과 지식이 규정하고 강요하는 대로 살지 말고 자유를 따라 저항하라는 의미이겠습니다. 프랑수아는 그렇게 스스로 되뇌었듯 끝내 수인들의 세계와 인간의 세계 사이에 서서 폭력을 가로막는 존재가 됩니다. 그 용기있는 저항의 발원지는 종교적 신념도, 권력에 대한 충성도 아닌 가장 가까운 존재를 향한 치열한 사랑이라는 것을 영화는 극적인 클라이막스를 통해 전달하지요.

결국 <애니멀 킹덤>은 사람과 동물이 뒤섞인 낯선 상상을 통해 우리 사회의 가장 일상적인 폭력을 비춰내고 있습니다. 다른 이들을 낙인찍고 배제하는 일은 지금도 여전히 이어지고 있는 현실이니까요. 영화가 보여주는 것은 '누가 더 강한가'의 문제가 아니라, 약자의 곁에 서서 그들의 고통에 반응할 수 있는 능력이야말로 인간다움의 마지막 증거라는 사실이라고 여겨집니다.

영화가 남기는 여운은 단순하지만 분명합니다. 혐오와 배제를 넘어서는 힘은 제도나 권력이 아니라, 서로를 향해 손을 내미는 작은 연대와 사랑이라는 것. <애니멀 킹덤>은 그 당연한 진실을 잊지 않도록, 마음 속에 오래 남는 한 편의 우화를 선물해 줍니다.

 토닥이는 마음 다독이는 영화

희망, 그것은 횃불이 아닌 불씨
〈옥자〉(2017)

OTT 오리지널 영화가 아직은 생소하게 느껴지던 2017년, 봉준호 감독의 6번째 장편 영화 <옥자>(2017)가 넷플릭스와 소수 극장을 통해 관객들을 만났습니다. <옥자>는 공장식 축산과 무자비한 초국적 기업의 속성을 겨냥하며 동물권 운동가들로부터 열렬한 지지를 받기도 했지요. 가장 한국적인 미자의 순박한 이미지와 화려한 뉴욕 중심부의 풍경이 나란히 펼쳐지는 생경한 조합은 식민 자본주의의 세계적인 영향력을 묘사하기에 더할 나위 없는 대비감을 제공합니다.

옥자와 미자, 루시와 낸시

옥자와 미자가 평화롭게 노니는 강원도 산골 마을은 그 자체로 완벽한 순환의 생태계를 이루는 모습으로 그려집니다. 미자는 자연에서 필요한 것 이상을 취하지 않고, 슈퍼 돼지 옥자의 풍성한 배설물은 생태계 이웃들에게 소중한 자원이 되어주지요. 무엇보다 그 공간 속에서 펼쳐지는 옥자와 미자의 관계는 동물과 인간의 상생과 돌봄이라는 이상적 풍경을 담고 있습니다.

이렇게 순수한 자매애와 완전히 대비되는 것은 미란도 자매들이 지닌 차가운 얼굴입니다. 쌍둥이 자매인 루시와 낸시는 동일한 가치를 서로 다른 표정으로 드러내는 두 얼굴이지요. 한쪽은 인도주의와 친환경을 내세우며 슈퍼 돼지 프로젝트를 화려하게 포장하는데 여념이 없는 한편, 다른 한쪽은 무관용 적이고 철두철미한 전략가의 모습을 노골적으로 보여줍니다. 이들이 공유하고 있는 뿌리는 부친 조지 미란도의 폭력성이지요. 산업 자본주의의 부흥기를 상징하는 조지의 사이코패스 성향은 그 쌍둥이 딸들에게서 현대적인 옷을 입고 고스란히 반복됩니다. 자연 세계를 물질화하고 폭력적으로 소유하는 결과로 이른다는 점에서 조지 미란도와 그의 쌍둥이 딸은 모두 같은 정신을 담아냅니다. 대량 생산을 토대로 부를 축적하고, 세련된 미디어와 마케팅으로 숨겨진 착취와 폭력을 포장한다는 점에서 미란도 기업은 여느 다국적 기업이 행하고 있는 생태 착취와 그린워싱의 모습을 여실 없이 대표하고 있습니다.

모순을 디디어 한 걸음 나아가는 사람들

영화는 미자와 옥자가 꾸려낸 순수의 세계와 미란도 기업이 창조하는 지옥도 사이에서 어설프게 갈팡질팡하는 인물들을 주요한 무대에 배치합니다. 영화 속의 동물해방전선(ALF)이라는 이름의 동물보호 단체는 현실에 실존하는 이름을 그대로 사용했지요. 이들은 생명 존중이라는 선량한 가치를 표방하면서도 때로는 자신의 두려움을 극복하지 못하거나 모순에 빠지는 연약한 인물들로 그려집니다. 영화는 어딘가 불완전해 보이는 운동가들의 취지에 한 걸음 더 공감하며 이들의 역할을 응원합니다. 다소 일관성 없는 이들의 좌충우돌은 선한 양심에 이끌린 보통의 존재들이 겪을 수밖에 없는 열악함 혹은 연약함으로 다가옵니다. 검은 복면 뒤에 감추어진 이들의 순박한 얼굴에는 민주사회의 다양성과 연약함, 그리고 생동감이 깃들어 있지요. 영화의 마지막까지 이들은 대중교통을 타고 시위장으로 향하며 변하지 않을 것 같은 현실에 맞섭니다. 유토피아와 디스토피아 그 사이 어딘가에서 바장이는 우리 모두의 혼란스러운 투쟁을 이입하게 되는 장면이지요.

희망의 작은 불씨

'오로지 옥자를 구할 생각밖에 없었던 미자는 험난한 여정의 끝에서 생명 일반에 대한 연민을 배웠다. … 내내 보살핌의 대상이었던 옥자는 말미에 이르러 또 다른 새끼 돼지를 보살피는 주체가 됐다. 봉준호의 세계에서 희망은 언제나 횃불이 아니라 불씨였다.'[8]

이야기는 결국 한 마리의 동물을 구하는 작은 승리로 끝나지만, 그 끝은 또다른 시작을 암시합니다. 미자와 옥자가 돌아온 강원도의 산골 마을은 이제 이들에게 결코 이전처럼 안전한 유토피아이기만 할 수 없지요. 그들의 마음속에 깊이 새겨진 또 다른 옥자들의 울부짖음 때문입니다. 그러나 이들이 지닌 트라우마는 새로운 가능성의 불씨가 됩니다. 세계적 자본과 육식산업의 거대한 톱날은 여전히 견고하지만, 작은 연대와 돌봄의 실천이 가진 힘 또한 사라지지 않는다는 것을 영화의 마지막 장면은 보여주고 있지요. 어쩌면 진정한 유토피아는 슬픔이 없는 순

---

8. 이동진, 『이동진이 말하는 봉준호의 세계』, 위즈덤하우스, 157쪽

수 그 자체가 아니라, 현실의 아픔을 함께 직시하며 돌봄과 연대를 나누며 희망의 작은 불씨를 발견하는 자리가 아닐까 생각해봅니다. 그렇게 옥자의 이야기는 우리의 삶 속에도 이어지며 지금 우리가 발견하고 지켜내야 할 희망의 불씨가 무엇인지 돌아보게 합니다.

나만의 작은 성소에서
〈위대한 작은 농장〉(2018)

이 글을 쓰고있는 때는 '작은 것들이 점점 자라 대지에 가득 차는 때'라는 뜻을 지닌 소만(小滿) 입니다. 이맘때가 되면 온 들과 숲은 푸른 것들로 가득 차고, 번식에 성공한 산새들이 분주하게 먹이를 잡아다 나릅니다. 곧 혹독한 무더위가 들이닥칠 것을 알기에, 이 짧은 호사를 한시라도 더 누리려고 야외로 나갈 핑계를 만들게 되는 때이기도 하지요. 독자님은 어떤 계절을 지나고 계신가요?

나만의 작은 성소에서

열 평 남짓한 텃밭에서 아내와 함께 보내는 시간이 이제는 제게 어떤 의례와 같은 소중한 성역이 되었습니다. 씨를 뿌리고, 거센 들풀을 조금씩 정돈해주는 것 말고는 온전히 해와 바람과 비에 맡겨야 하는 텃밭에서 삶의 이치를 발견합니다. 텃밭으로는 모자라 신혼집 좁은 아파트 베란다에도 루꼴라와 바질, 상추, 그리고 각종 허브류가 빼곡히 자라나고 있습니다. 자연 액비로 음식물 쓰레기를 분해해서 흙으로 만들어주는 퇴비상자도 두었습니다. 덕분에 분리수거장에 음식물을 버리는 일도 거의 줄었고, 양분이 부족한 화초들에게 고품질의 거름도 주고 있지요.

　한국 도심의 아파트에 사는 삼십대 남자로서 이렇게 다소 유별난 취향을 가지게 된 이유는 대학시절 만난 생태사상가 웬델베리의 책들 때문이겠습니다. 『포트윌리엄의 이발사』(산해, 2005), 『온 삶을 먹다』(낮은산, 2011), 『나에게 컴퓨터는 필요없다』와 같은 그의 글들은 밤을 지새워 읽을 만큼 즐겁고 아름다우면서도 석유자본주의에 잠식당해가는 농본적 삶의 가치를 기필코 지켜내고 싶다는 절박한 자발성을 형성해 주었습니다. 그는 헨리 데이비드 소로를 잇는 시대의 예언자로 평가받지만 소로우가 연결시키지 못했던 자연세계와 농업(문화)과의 관계까지 엮어 내면서 훨씬 더 광범위한 사상적 영향을 끼치고 있지요.

　'먹거리의 정치학은 우리의 자유와 연관이 있다. 우리는 우리의 정신과 목소리가 다른 누군가의 통제를 받을 경우 우리가 자유롭지 않다고 느낀다. 하지만 우리의 먹거리와 그 원천이 다른 누군가의 통제를 받을 경우 우리가 자유로울 수 없다는 사실은 간과해 왔다. 책임 있게 먹어야 하는 이유 하나는 자유롭게 살기 위해서다.' [9]

위대한 작은 농장

2018년 토론토 국제영화제에서 처음 소개된 뒤 한국에는 2020년에

---

9. 웬델베리, 『온 삶을 먹다』, 낮은산, 2011, p.301

개봉한 아름답고 소중한 다큐멘터리 영화 <위대한 작은 농장>(The biggest little farm)속에서 웬델베리가 주창하는 먹거리의 정치학을 살짝 엿볼 수 있습니다. 영화는 동물 다큐멘터리 감독으로 일하던 존, 그리고 요리사였던 몰리 부부가 어느 버려진 황무지를 개간해서 최대한 자연에 가까운 형태의 농장을 일구어가는 이야기를 담고 있습니다. (농장의 규모를 보면 '작은 농장' little farm이라는 제목이 의아하게 느껴지기도 하지만, 농약을 살포하기 위해 헬리콥터를 동원해야하는 미국의 전형적인 산업농에 비하면 작다고 할 수 있는 농장이겠습니다.) 촬영도 스토리도 탄탄한 <위대한 작은 농장>은 그 작품성을 인정받아 베를린, 선댄스영화제 등의 유수 영화제에 초청되며 큰 반향을 일으키기도 했지요. 볼 만한 영화라는 말씀!

존과 몰리가 농장을 만들기 시작한 캘리포니아의 황무지는 석유자본식의 농업으로 인해 황폐하기 이를데 없는 상태로 변한 상태였죠. 수십년간 반복된 대규모의 경운과 단일작물 재배는 땅을 망가뜨리며 어떤 생물도 살 수 없는 환경으로 만들어버렸습니다. 이윤만을 추구하며, 전쟁무기로부터 영감을 얻은 중장비를 동원한 산업농은 사람도 동물도 더 이상 살기 어려운 땅을 우리에게 돌려줄 뿐이지요.

'경쟁과 혁신은 얼마간 생산의 문제를 해결해 주기는 했다. 그러나 이 해결책은 방만하고 무분별하며 너무나도 값비쌌다. 우리는 땅과 사람을 상대로 한 경쟁에서 이겨 왔으며, 그러는 가운데 스스로

에게 헤아릴 수 없는 손해를 끼쳐 왔다.'[10]

자연의 힘에 기대어

수십가지의 먹거리가 생산되고, 생태계가 순환하는 자급자족형 농장을 이루고 싶다는 존과 몰리의 이상주의는 먼저 황폐해진 땅을 재자연화하는 노력으로 이어졌습니다. 땅을 갈아엎는 대신 지피식물이 자랄 수 있는 시간을 주고, 지렁이와 미생물이 땅의 체질을 변화시키도록 기다렸지요. 이들의 멘토였던 앨런은 전통농업에 대한 풍부한 경험과 지식으로 두 사람을 훌륭하게 가이드합니다. 농약을 일체 사용하지 않고, 수백가지 종류의 작물이 함께 자라게 하는 방식은 관행농의 관점으로 봤을 때 그저 미친 짓으로 보였습니다. 과수원에는 달팽이가 들끓고 온갖 야생동물이 침입해오면서 도무지 돌파구가 보이지 않는 좌절감을 겪기도 하지요.

그러나 앨런이 반복해서 강조하는 말은 '자연의 힘을 믿으라'는 것이었습니다. 무성하게 자라난 수백종의 식물들이 홍수와 태풍으로부터 농장을 지켜주고, 어느새 농장의 일원이 된 야생동물들은 울타리 안팎의 생태계가 완벽하게 돌아가도록 각자의 역할을 톡톡히 해냅니다. 존과 몰리 부부가 일구어낸 애프리콧 레인 팜스(Apricot Lane Farms)는 현재 200여종의 과채와 수십종의 동물이 순환생태계를 이루며 사람과 자연이 공존하는 교육의 현장으로 수많은 대중을 만나고 있습니다.

---

10. 같은 책, p.133

우리 각자의 작은 농장

영화가 전하는 이상적인 풍광들과 아름다운 성공담을 보며 조금은 시기심이 느껴지는 것도 사실입니다. 하지만 이들의 꿈이 어디에서부터 출발했는지를 되짚어보면 영화는 결국 도심에서 바등거리는 우리 모두의 일상에도 각자의 위대한 작은 농장을 향한 소중한 이정표를 주고 있다는 것을 발견하게 됩니다. 그것은 바로 이 모든 것이 '먹거리'에서부터 출발했다는 사실입니다. 요리사였던 몰리는 자신이 먹는 식재료가 어디에서 왔고, 어떤 형태로 생산되며 유통되었는지에 대한 관심을 기울이면서부터 '위대한 작은 농장'을 향한 꿈을 가지기 시작했지요. '먹는 즐거움'이 무엇인줄 아는 사람이라면, 우리의 몸과 생활을 형성하는 재료들의 출처에 관심을 가지고 있다면, 우리 모두는 각자만의 위대한 작은 농장을 가지고 있는 셈이라는 겁니다!

'성 산업에서의 성과 마찬가지로 식품산업에서 먹는 행위는 열등하고 부실하고 보잘것없는 것이 되어버렸다. 우리의 주방과 여타 먹는 장소들은 점점 더 주유소를 닮아 간다. 우리의 집이 점점 모텔을 닮아 가듯 말이다. 이제 우리는 '삶은 그리 흥미로운 게 아니다'라는 결론을 내린 듯하다. '삶의 만족은 최소한으로, 되는대로, 빨리 누리도록 하자'고 하는 듯하다. 우리는 일터에 가기 위해 서둘러 끼니를 때우고, 저녁이나 주말이나 휴가를 즐기기 위해 서둘러 일을 때운다. 그리고 최대한의 속도와 소음과 폭력을 다해 서둘러 휴가를 때운다. … 이 모든 게 가능한 까닭은, 이 세상에서 몸가진 생명체의 인과관계에, 그것의 가능성과 목적에 너무나 무감각

한 탓인지도 모른다.' [11]

웬델베리는 '자유롭게 살기 위해 책임 있게 먹기'라는 가치를 실현하기 위해 그리 대단한 것들이 필요한 것은 아니라고 조언합니다. 그는 여전히 도심에 살며 점차 생의 기쁨으로부터 무감각해져가는 이들을 위해 몇가지 실천목록들을 제시합니다.

1) 먹거리 생산에 가능한한 참여한다.
2) 음식을 가능한 직접 조리한다.
3) 사야 할 먹거리의 원산지를 안 다음, 집에서 가장 가까이서 생산된 먹거리를 산다.
4) 가능한 지역의 농부나 텃밭 주인이나 과수원 주인과 직거래를 한다.
5) 자기 보호의 차원에서, 산업화된 먹거리 생산의 경제와 기술에 대해 가능한 많이 배운다.
6) 모범적인 농사나 텃밭가꾸기에 대해 배운다.
7) 먹거리가 생기고 자라는 과정에 대해 가능하면 직접적인 관찰이나 경험을 통해 많이 배운다.

10평 텃밭이라는 성소에서 오늘도 살아있음의 기쁨을, 몸 가진 존재의 충만함을 배워봅니다. 먹을 것들이 주는 즐거움, 그것은 자유의 다른 이름이었더군요!

11. 같은 책, p.302

두 세계 이야기

최규창

<컴플리트 언노운>(2025)

<마리아>(2025)

<폭싹 속았수다>(2025)

<그대들은 어떻게 살 것인가>(2023)

<F1 더 무비>(2025)

<보헤미안 랩소디>(2018)

<3학년 2학기>(2025)

<세브란스:단절>(2022)

최규창 _모두를위한기독교영화제 이사장

세상의 원리, 인간의 본성이 항상 궁금하지만 표현을 못하는 INTP가 할 수 있는 거라곤 보고, 듣고, 읽고, 쓰는 것뿐이라, 평생 취미가 독서, 음악감상, 영화감상인 소심한 직장인. 불온하지만 좋은 친구들과 어울리다 보니 모두를위한기독교영화제 이사장을 맡게 되었고, 이런 책에 글까지 쓰게 되었다.

인간의 문명은 자연으로부터 안전을 확보하기 위해 생
겨납니다. 자연은 아름답기도 하지만 우리에게는 두려움의 대상이기도
하니까요. 그 '날 것'의 야생성은 지금도 과학과 인문학을 통해 매우 조
심스럽게 관찰되고 있습니다. 우리의 신체는 여전히 자연 상태로 제약
되지만, 인간의 뇌는 언어를 통해 시간 개념을 획득했고, 은유와 상징
을 이해하는 능력을 개발하여 거대한 물질 문명을 건설하게 됩니다. 자
연에 대항하여 함께 공존할 수 있는 시스템을 만들어낸 것인데, 그 결
과 우리는 정신과 물질의 두 세계를 동시에 살아갈 길을 찾아내게 됩니
다.

　두 세계의 단서는 물질(문명) 세계 속에서도 나타납니다. 우리의 유
전자 속에는 문명 이전의 상태에 대한 향수와 그리움이 켜켜이 쌓여 있

고, 종종 그 것을 소환하려는 욕구가 우리를 지배하기도 합니다. 문명의 시스템은 우리의 에너지를 소모시키지만, 그 에너지를 공급하는 것은 바로 그 상실된 정신의 세계, 실재의 세계이기 때문입니다. 유전학은 그것을 유전자와 단백질의 작용으로 설명할 수 있지만, 그러한 작용(action)이 일어나는 근본 원인, 즉 보이지 않는 세계에 대해서는 증명하지 못합니다. 그것은 뇌에서 만들어낸 상징의 세계가 아니라 실재하는 것이고, 우리가 오래 전에 잃어버렸던 태고의 감각이기 때문입니다.

철학자들과 예술가들은 오래 전부터 문명과 그 이면의 날 것의 세계가 우리 내면과 사회 안에 공존하고 있다는 것을 눈치챘습니다. 두 세계는 숨어 있기도 하지만 서로의 영역을 침범하기도 합니다. 한 때는 문명을 '정상', 날 것의 상태를 '비정상' 또는 '정신병의 문제'로 치부하던 시대도 있었습니다. 그러나 오늘날 그 구분은 더 이상 의미가 없으며, 모두 우리 삶의 일부임이 분명해졌습니다. 현상계vs.이데아, 의식vs.무의식, 표상의 세계vs.의지의 세계, 현상vs.물자체, 상징계vs.실재계, 상부구조vs.하부구조, 이승vs.저승, 빛vs.어두움, 육체vs.영혼, 소유vs.존재, 코스모스vs.카오스, 언어vs.직관, 이성vs.광기, 실수vs.허수, 물질vs.정신, 실체vs.사건, 입자vs.파장, 아폴로vs.디오니소스, 일상vs.비일상, 익숙한 것vs.낯선 것... 우리가 어떻게 이름을 붙이든 우리는 이 두 세계에 걸쳐진 존재로 살아가는 것은 분명해 보입니다.

영화와 드라마를 볼 때 가장 저의 관심을 끄는 것은 이 작품들이 두 세계를 어떻게 표현하고 있는가 하는 것입니다. 대부분의 인물들은 두 세계 사이에서 갈등하고 고통스러워 합니다. 그 갈등과 고통이 없이는 극적 긴장감이 형성되기 어렵기 때문입니다. 왜냐하면 예술이라는 것은 바로 현실 세계에서 너머의 다른 세계를 보는 구멍이고, 그 에너지와 빛이 너무 강렬하여 현실에서 인식되는 고통이 바로 우리의 삶을 흔드는 타자성(스캔들)이기 때문입니다. 아무런 타자성이 없이 마냥 행복한 삶이란 현실에도, 예술에도 존재하지 않습니다. 더구나 신을 믿는 종교는 자연과 실재의 세계 너머에 존재하므로 실재에 대한 감각 없이 영성을 가지기는 매우 어렵습니다. 철학자들이 '예술이 구원의 통로'라고 생각했던 것도 그런 이유 때문입니다. 근대를 사는 우리는 신화적 세계관을 상실했기에 삶에서 매 순간 일어나는 기적을 발견하지 못하고, 물질 이외의 것을 상상하기가 어렵습니다.

저는 여기에 소개된 여덟 편의 영화/드라마에서 인상 깊었던 대사들을 따왔습니다. 그래서 주간 모기영 레터에서는 '따옴표'라는 코너로 소개되었습니다. 저는 그 대사들이 영화 전체의 주제를 드러내지는 않지만, 두 세계의 공존을 인식하는 말들이라고 생각했습니다. 현실의 권태로움을 견디지 못했던 밥 딜런의 비범함, 행복과 예술이 함께 갈 수 없다는 것을 고백하는 마리아 칼라스의 마지막 일주일, 현실에서 불가능한 온전한 지지를 갈망하는 사람들, 주인공을 고통스러운 현실로 다시 돌아오게 하는 미야자키 하야오, 스포츠/공연의 광기와 현실의 삶을 조화롭게 살아가는 법을 배우는 도파민 중독자들, 열 아홉 살에 새로운 사회적 주체로 태어나는 아이들, 현실의 고통을 타인에게 전가하기 위해 의식을 분열시키는 사람들의 이야기...

물질 세계를 살아가는 동안 우리는 어쩔 수 없이 신체를 가지고, 뇌와 신경의 지배를 받으며, 언어로 개념을 형성하고, '의식(생각)이 곧 나'라고 생각하며 살아갑니다. 하지만 이 세계는 언어의 세계이지만 '감각의 제국'이기도 합니다. 우리는 종종 에너지가 충만한 그 너머의 세계를 그리워하고 거기서 안식하며, 힘을 얻고 싶어합니다. 이것을 시각적으로 보여주는 것이 영화 예술의 쓸모이기도 하겠지요. 그러면 이제 각 작품의 대사 속에서 두 세계 이야기가 어떻게 드러나는지 살펴보도록 할까요.

 토닥이는 마음 다독이는 영화

〈컴플리트 언노운〉(2025)

"아름답든 추하든 평범해선 안돼."

세상을 바꾸는 힘, 비범함

〈컴플리트 언노운〉(2025)에서 20세의 밥 딜런(티모시 샬라메)이 여자 친구에게 한 말입니다. 노벨문학상까지 받은 이 아티스트의 젊은 시절에서 영화는 그의 '비범함'에 초점을 맞춥니다. 그가 다른 사람도 아닌 밥 딜런이기에 당연한 것인지도 모릅니다. 그는 당시로서는 생소했던 새로운 음악의 장을 열었던 사람이니까요. 영화는 밥이 자신의 우상이자 포크 음악의 거장이었던 우디 거스리를 찾아가 병원에서 자기가 만든 곡을 연주하는 장면으로 시작합니다. 당시 포크와 미국 민중 가요의 최고봉이었던 거스리 조차도 밥의 음악은 처음 들어보는 스타일이었고, 투병 중인 병상에서도 그의 방문을 기다리는 팬이 됩니다. 컨트리 장르를 개척한 싱어송라이터 조니 캐시도 밥의 비범함을 즉시 알아보았습니다. 밥 딜런의 등장과 이 두 인물이 겹치면서 드러나는 인상은, 마치 〈오펜하이머〉(2023)에서 막스 보른, 하이젠베르크, 아인슈타인이 등장할 때 느끼는 전율과 비슷합니다. 이제 새로운 세상이 서서히 등장하고 있는 것이죠.

당시에는 들어보지 못한 시적인 가사와 독특한 창법, 그리고 시대정신까지 담아낸 밥 딜런은 분명한 시대의 아이콘이었습니다. 그러나 그의 비범함은 곧 다시 새로운 평범함으로 자리 잡았고, 대중은 밥 딜런을 자기들이 원하는 모양으로 규정하고 정형화하기 시작합니다. 자기들이 원하는 음악만을 계속 해 주길 원했던 것입니다. 대표적인 사건이 영화의 모티브가 된 1965년 뉴포트 페스티벌 공연입니다. 모두의 반대를 무릅쓰고 어쿠스틱 포크 음악 축제에서 전자 기타를 들고 나온 밥 딜런은 야유 속에 <구르는 돌처럼>(Like a Rolling Stone)을 연주합니다. 이 날 '포크 록'이라는 새로운 장르가 열린 것입니다. 이후 대표적인 포크 싱어송라이터인 조안 바에즈나 사이먼 앤 가펑클도 즉시 포크 록을 받아 들였고, 포크 음악의 대세는 완전히 바뀌게 됩니다. 비틀즈가 세계를 평정하는 세상에서 통기타가 설 자리는 너무나 제한적이었던 것입니다.

"사람들은 과거를 만들어내지. 기억하고 싶은 것만 기억하고 나머지는 잊어버려... 저 방 안에 있는 사람들만큼의 밥 딜런이 존재하는거지."

지금까지 밥 딜런이 사랑 받는 이유를 영화는 분명히 보여줍니다. 그는 대중이 원하는 것을 주며 인기 속에 안주하는 삶을 거부합니다. 자신이 스타가 되었던 그 이유로 다시 사람들의 야유를 받게 된 것입니다. 대중은 밥이 당시 대중문화가 채워주지 못했던 갈증을 해소해 주었기에 그에게 열광했습니다. 그러나 그가 그 만족을 넘어 새로운 단계로

 토닥이는 마음 다독이는 영화

넘어가고자 할 때 그를 비난합니다.

권태, 평범이 되어 버린 비범

인간은 권태를 느끼는 유일한 존재입니다. 자신의 권태를 견디지 못하는 사람들이 변화를 만들고 시대를 이끌어갑니다. 문명이 욕망의 억압을 기초로 세워졌다는 프로이트와 마르쿠제의 가정을 빌리자면, 결국 상징계의 참을 수 없는 권태로움이야말로 우리가 실재의 세계를 갈망하게 하는 가장 강력한 동인인지도 모릅니다. 삶은 항상 권태롭고, 인간은 결국 '차이와 반복'인 셈입니다.

사람은 다른 동물들과 달리 언어(구강언어, 문자언어)를 발달시켰고, 그 덕에 뇌는 기억을 저장하고 경험을 축적할 수 있게 되었습니다. 시간의 개념과 자의식을 갖게 된 것입니다. 의식이란 결국 과거와 미래에 대한 것인데, 그것은 이미지, 상징, 은유와 같은 형태로 인식되기에, 인간은 이 능력을 바탕으로 결국 자연 상태와 대비되는 문화와 문명을 이룩하게 되었습니다. 과학도 자연상태를 객관적으로 연구한 진리가 아니라 인간이 만든 척도와 기준을 바탕으로 구성된 하나의 약속에 지나지 않는다는 주장도 많은 지지를 얻고 있습니다. 과거와 미래에 대한 생각과 자의식이 우리에게 문명을 선물해 주었지만, 그 대가로 우리는 불안과 스트레스를 얻게 되었습니다. 자연으로부터의 안전을 얻었지만 다시 자기 스스로를 괴롭히는 예속의 상태로 살아가게 된 것입니다. 프로이트의 말대로 '문명은 불만이며 억압'입니다. 그리고 억압의 결과는 권태로움입니다. 객관적 진리가 해체된 이 거대한 상징의 세계에서 우리는 예술을 통해 자유로웠던 시절의 향수에 빠져듭니다. 영화는 주인공이 문명으로부터 받는 억압과 권태로움에 안주하며 살기를 요구하는 문화에 어떻게 대항하는지를 지속적으로 보여줍니다. 그에게 지루한 아름다움은 의미가 없습니다.

평범함을 혐오하는 것이 탁월함을 추구하는 것이라고 보기는 어렵습니다. 따지고 보면 탁월함은 문화 척도에 의한 가치판단일 뿐, 중요한 것은 독특함과 개성일 것입니다. 밥 딜런은 노래와 연주가 뛰어난 뮤지션이 아니었지만, 솔직하고 쉬운 은유적 가사로 자신의 스타일을 만들어 냈습니다. 무엇이든 자기가 잘 하는 한 분야에서 탁월해야 한다는 말은, 일면 그럴듯해 보이지만, 자세히 들여다보면 어떻게든 밥벌이를 할 수 있어야 사회 구성원의 자격을 얻게 된다는 자본주의의 가르침일 수 있습니다. 자유와 재능을 헌납하며 사회가 필요로 하는 사람으로 자기를 끊임없이 계발해야 하는 자발적 예속 관계로의 유혹이지요. 반면, 모나지 않고 평범하게 사는 게 행복이라는 말 또한, 그럴듯해 보이지만, 교묘한 지배 이데올로기의 덫일 수 있습니다. 평생 내가 정말 원하는 것이 무엇인지를 모르고 살 수 있기 때문입니다.

중요한 것은 '나 답게' 사는 것

중요한 것은 '나 답게' 살아가는 것이 아닐까요. 세월이 많이 지나 누군가를 떠올릴 때, 사람들은 탁월한 사람보다 개성 있는 사람에 대해 더 많은 이야기를 할 것입니다. 그의 습관, 옷차림, 말투, 고집스런 행동이 남긴 추억 말이죠. 탁월함은 시대의 평가일 뿐이지만, 오롯이 '나'로 기억될 개성은 아무나 만들어내지 못합니다. 많은 돈을 벌었다거나, 큰 인기가 있었다거나, 수 많은 책을 쓰고 업적을 남겼다는 것도 나 다운 삶과는 상관이 없는 말입니다. 다른 사람이 아닌 '나'로 살아갈 용기, 이것이 이 영화가 주는 메시지라 할 수 있습니다.

영화 제목이 유래한 그의 노래 <구르는 돌처럼>에 등장하는 외로운 여인(Miss Lonely)은 사회적으로 성공한 사람이지만, 나중에 자기 집도 찾아가지 못하는, 구르는 돌 같은 인생을 삽니다. 표면적으로는 부랑자나 노숙자의 삶처럼 보이지만, 그녀가 완전히 잊혀진채(like Complete Unknown) 살아가는 것은 결국 자기 자신으로부터 소외되었기 때문이 아닐까요.

"외로운 여인이여, 넌 최고 명문학교에 진학했지. 하지만 넌 항상 도취돼 있었어. 아무도 네게 거리의 삶을 가르쳐주지 않았어. 지금은 네가 거리의 삶에 적응해야 하는 걸 알게 되지.... 기분이 어때? 기분이 어때? 남의 도움 없이, 집으로 가는 방향도 잃은 채, 완전히 잊혀진 채, 구르는 돌처럼 사는 게 어떤 기분이니?"

'Like a Rolling Stone' 가사 중

〈마리아〉(2025)

"행복은 아름다운 음악을 만들어내지 못하죠."

불행의 축복

20세기 위대한 소프라노 마리아 칼라스의 마지막 일주일을 그린 영화 〈마리아〉(2025)에서 그녀는 음악과 인생의 관계에 대한 자신의 관점을 이렇게 말합니다.

삶의 행복이나 불행은 절대적인 상태가 아니며, 관조 하는 이의 마음에 따라 다르게 보이기 마련입니다. 그리고 사람은 삶의 굴곡을 겪으며 자기가 처한 상황 속에서 세상에 대한 전혀 새로운 관점을 '얻게' 됩니다. 인간이 서로에게 공감하지 못하는 이유는 현재 각자의 상태가 다르기 때문일 것입니다. 타인은 마주하는 세상의 한 부분일 뿐, 나와 동시에 행복하거나 고통 받는 이는 아닌 것입니다. 우리가 타인을 공감할 수 있는 이유는 자기 삶에서의 경험과 그 기억이 소환되기 때문입니다. 결국 삶은 각자의 행복과 고통이 엇갈리고 교차하는 집합이고, 인간의 성숙은 이렇게 주고 받는 영향 안에서 계속 변화하며 그 차이가 줄어들어 하나의 깨달음으로 수렴하는 과정을 통해 가능해집니다. 하지만, 흔히 말하듯, 마침내 이런 깨달음에 이르렀을 때가 바로 죽을 때가 다 된 것이라는 것, 이 또한 사실이 아닐까요.

그래서 삶의 마지막은 항상 중요합니다. 이 때만큼 진지하고 고양된 의식을 지니기가 어렵기 때문입니다. 저 역시 사는 게 힘들고 고통스러워 세상으로부터 소외되었다고 느꼈을 때, 이전에 보지 못했던 많은 삶의 의미들을 발견한 경험이 있습니다. 방바닥에 누워 우리집 고양이를 가장 오래 가까이 들여다본 것도, 우리 집에 존재하는 수 많은 사소한 것들이 눈에 들어온 것도, 예전에 만났던 친구의 힘든 인생이 불현듯 떠 올랐던 것도, 바로 내가 힘들어서 오랫동안 잠을 자지 못하며 고통 당하던 시절에 있었던 일입니다.

세상과의 교류가 강하고 활발했던 유명인들의 생의 마지막은 종종 훌륭한 영화의 소재가 됩니다. 영화는 관객이 타인의 삶을 들여다보는 대중예술인데, 동일한 한 명의 인간인 유명인들의 고통을 목격하고 공감하는 과정을 통해 얻는 위로와 깨달음은 꽤 긴 여운을 남깁니다. 다른 환경에서 살더라도 사람의 삶은 대부분 비슷하고, 동일한 원리가 작동한다는 깨달음 말이죠. 그런 면에서 영화 <마리아>도 그 역할을 충분히 해 낸다고 할 수 있습니다. 타고난 재능과 노력으로 자신의 시대를 만들었던 이 천재 예술가는, 불행한 가족사와 순탄치 못했던 연애사를 겪으며, 인생의 마지막 단계에서 행복과 아름다운 음악이 병행할 수 없다는 역설을 말합니다. 그리고 자신의 삶 역시 행복과는 거리가 멀었음을 암시합니다.

　"이젠 나 자신을 위해 노래하려고요." 어린 시절 돈벌이를 원한 어머니의 강요로 노래를 부르기 시작했고, 후에는 연인 오나시스의 요구로 노래를 중단하여 목소리마저 잃어버린 그녀는, 생의 마지막 며칠 간 '나의 노래'를 부르기 위해 절규합니다. 한 남자만 바라보던 사랑이 행복이라고 믿으며 오랜 세월 노래를 떠나 있던 그녀는, 정작 이 깨달음을 왔을 때 이제 더 이상 노래를 할 수도, 무대에 오를 수도 없는 상태로 심한 우울증과 수면장애에 시달립니다. 영화는 그녀의 마지막 일주일을 덤덤히 묘사합니다. 극한 고통 속에서 그녀는 자기에게 노래가, 음악이 무엇이었는지를 깨닫습니다. 불행을 통해 예술을 배웠는데, 이제 한 남자를 통한 행복을 추구하면서 예술을 잃어버린 것입니다. 이제는 강요로 노래하지도, 노래를 그만 두지도 않는, 자기 존재의 노래를 원하고 있습니다.

　<재키>(2016), <스펜서>(2021)을 연출하며, 생의 가장 고통스러운 순간을 마주한 여성들을 그려온 파블로 라라인 감독은 이번에도 비슷한 처지에 놓인 한 인물을 앉혀 놓고 우리에게 '인생에서 무엇이 중헌가'를 묻고 있습니다. 다이애나 스펜서가 왕실에서 벗어나 자기 이름을 찾기로 했듯, 마리아도 죽음을 앞두고 자기의 노래를 찾고 있습니다. 그리고 그것은 자신이 추구했던 행복이 아니라, 싫든 좋든 자기가 지나왔던 불행한 삶의 발자국 속에 있음을 알게 됩니다.

삶은 모순이다.

양귀자의 소설 『모순』(쓰다,1998)의 주인공 안진진은 바람 잘 날 없이 삶의 무게로 힘들어하는 엄마보다, 유복하고 걱정 없이 사는 쌍둥이 이모를 늘 부러워합니다. 그러나 엄마의 삶은 언제나 에너지가 넘쳤고, 오히려 이모가 삶의 권태를 이기지 못했음을 발견합니다. 흔히 행복이라 불리는 '걱정 없는 삶'은 오히려 본질을 보지 못하게 합니다. 예술로서의 삶은 행복에서 오지 않습니다. 역설적이게도 그 행복은 파란 알약을 먹고 현실 세계에 완전히 몰입할 때 나타나는데, 예술은 이와 반대로 빨간 알약을 먹고 이면의 삶의 본질을 보는 행위이기 때문입니다. 『은둔기계』(김홍중,문학동네,2020)에서 말하듯, 예술의 핵심 상태는 '트러블'인 것입니다. 현실 세계에 적응하지 못하고 어색한 것, 본질적인 것이 내 삶에 침투해서 나를 혼란스럽게 하는 것이 예술입니다.

"분분한 낙화... 결별이 선물하는 축복에 싸여 지금은 가야 할 때"
<낙화>中, 이형기

영화는 심장마비로 홀로 사망한 마리아가 마지막엔 결국 자기의 노래를 불렀으리라는 믿음을 줍니다. 비록 그녀의 삶의 고통이 모두 소환되었겠지만, 오직 음악(오페라)을 통해서 자신의 진정한 모습을 볼 수 있었던 그녀가 온전히 자기 자신으로, 자신의 창조자에게로 돌아갔으리라 믿어 봅니다.

"... 상처가 푸르게 부었을 때 바라보는 강은 더욱 깊어지는 법.... 그 아픔은 잠길 듯 잠길 듯 한 장 파도로 흘러가고... 내 고통의 비는 어느 날 그칠 것인가"

<고독의 깊이>中, 기형도

 토닥이는 마음 다독이는 영화

불완전한 세상에서 꿈꾸는 완전한 지지
〈폭싹 속았수다〉(2025)

"아니다 싶으면 바로 집으로, 아빠한테 냅다 뛰어와, 알았지?"

가난하지만 완벽했던 두 개의 사랑 이야기

한 부부의 일생을 중심으로 4대의 이야기를 그린 넷플릭스 드라마 <폭싹 속았수다>(2025)에는 아기자기한 명대사가 많은데, 같은 의미의 다른 말들이 지겹지 않게 반복되는 걸로 봐서, 작가가 그동안 쓰고 싶어 메모해 두었던 표현들을 장면마다 다 쏟아 놓은 게 아닌가 싶은 생각이 듭니다. 역시 제주도를 배경으로 한 <우리들의 블루스>(2022)를 보며 마음이 많이 무너졌던 기억이 있어 주저하다가 결국 이 드라마를 보게 되었는데, 다행히 유쾌하게 무난히 정주행을 마칠 수 있었습니다. 한국 드라마의 백문일답은 역시 '가족'이었던 것입니다.

극의 전반부는 1950년대~60년대에 걸쳐 제주도에서 살았던 양관식(박보검)과 오애순(아이유)의 사랑이야기입니다. 어떻게든 섬을 탈출해서 세상으로 나가고 싶었던 오애순과 인생의 목적이 오직 그녀와 결혼하는 것 뿐이었던 맹목적이고 무쇠 같은 남자 양관식의 이야기가 매 회 미소를 짓게 만듭니다. 후반부는 이들이 세 자녀를 키우는 이야기입

두 세계 이야기   219

니다. 부모를 골고루 닮아 개성이 달랐던 아이들을 키우며 두 사람은 이 땅의 전형적인 전후세대 부모의 삶을 바닥부터 경험하며 살아갑니다. 솔직히 말하자면, '전형적'이지는 않고, 우리 모두가 '나도 저런 부모님이 있었으면'하고 생각하게 만드는 이상적인 부모의 모습을 보여줍니다. 가난하지만 사랑이 넘치는 가정, 실재로 존재할 거 같지는 않지만 나도 저렇게 아이들을 키우고 싶다고 생각하게 만드는 부모의 모습을 이 드라마는 계속 보여줍니다. 드라마를 보는 내내 느꼈던 것은 그 이상과 현실이 아주 가끔씩 맞닿을 때 느끼는, 또는 나의 왜곡된 기억을 더듬어 과거를 회상할 때 떠오르는 부모님의 모습 속에서 발견하는 어색한 희망 같은 것이죠. 그 전반부가 관식과 애순의 비현실적이고 이상적인 사랑을 보여준다면, 후반부는 다른 비현실적이고 이상적인 사랑을 묘사합니다.

언제든 돌아와도 돼

바로 아빠(관식)와 딸(금명)의 사랑입니다. 금명은 식당에서 그릇을 깬 실수를 황급히 수습해주는 남친을 보며 혼잣말로 '아빤줄 알았네.'라고 말합니다. 항상 아빠가 자신을 보호하고 지켜주었던 것이죠. 프로포즈를 한 남친에게 금명은 이렇게 선언합니다. "나는 원래가 아빠 소속이야. 아빠가 아웃이라면 나도 아웃, 결혼 안 해." 세상 아빠들을 미소 짓게 할 이런 정답을 막 날리는 딸이 나중에 한 사람의 성인으로서 사회에서 자리를 잡아가는, 그래서 결국 아빠를 떠나는 과정을 드라마는 보다 심도 있게 보여줍니다. 때가 되면 그녀도 책임져야 할 자식이 생기고, 무한한 사랑을 그 자식에게 주어야 하는 것입니다. 자기의 시야를

     토닥이는 마음 다독이는 영화

벗어나는 딸의 미래가 여전히 불안한 관식은 금명의 결혼식장에서 팔짱을 끼고 입장할 때 딸에게 말합니다.

"금명아, 수 틀리면 빠꾸! 아빠한테 냅다 뛰어와, 알았지?" 참고 참았던 금명은 울음을 터뜨립니다. 세련되진 않지만 자기가 평생 들어왔던 '노빠꾸' 아빠의 진심이 그대로 꽂힌 것입니다. 아빠는 딸이 무언가를 결정해야 하고 불안해 할 때마다 항상 이렇게 말했던 겁니다.

큰 새가 높이 나는 것은 바람이 그 새를 받쳐주기 때문이다.

장자

온전한 지지, 우리가 잃어버린 토대

20세기 초 영국의 소아과의사이자 정신분석학자였던 도널드 위니컷은 인간의 본질적인 안정감은 인지되지 않은 완벽한 지지에 의해 가능하다고 말했습니다. 사람의 의식, 인식, 지각이 관여하기 시작하면 그 지지는 본질을 벗어나고, 영혼에 새겨지지 않습니다. 그 지지는 무조건적이어야 하고, 항상 있는 것이어야 합니다. 마치 홀로 있는 상태의 아기가 젖을 주는 엄마에 의해 행복감을 느끼듯, 우리에게는 의식이 형성되기 이전에 온전히 지지 받는다는 안정감을 경험하는 것이 절대적으로 필요하다는 것입니다. 그의 제자인 마이클 아이건은 진정한 평화란 '미지의 누군가에게, 의식이 포착하지 못하는 심연의 영역에서, 전적으로 지지 받고 있는 상태'라고 말합니다. 두 사람은 20세기 초 위대한 아동심리학자였던 멜라니 클라인이 정신의 초기 상태로 봤던 '투사적 동일시'보다 더 근본적인 '존재의 일차적 상태'를 상정하는데, 그 이유는 참된 '홀로 있음'은 오직 이 경우로만 가능하다고 믿었기 때문입니다. 홀로 있음은 인간에게 의존이 발생하기 이전, 본능에 앞선 상태, 참 자기로 존재하는 상태인데, 그것은 오직 완전한 지지가 있을 경우에만 가능합니다. 우리에게 부모가 있는 이유가 그러하고, 세상에 종교가 필요한 이유 또한 그렇습니다. 그리고 부모가 자식을 키우고 양육하는 방식으로 세상이 창조, 진화 된 이유 또한 그렇다고 볼 수 있습니다. 본질적으로, 또는 생물학적으로 가장 이상적인 존재의 조건은 완벽한 지지라고 할 수 있습니다. 완벽하고 무조건적인 지지와 사랑, 이보다 더 중요한 것이 무엇일까요? 데리다의 말대로, 이 세상에 무조건적 환대는 불가능하지만, 그것이 전제 되지 않으면 조건적 환대도 불가능합니다. 완전한 것이 있(다고 믿)어야 불완전한 것도 가능해집니다.

나는 이 드라마를 가족애의 틀이 아닌, '한 인간이 정말 온전히 지지 받을 수 있는가' 라는 물음으로 들여다보고 싶습니다. 사실 극에 등장하는 관식이 같은 남편 또는 아빠는 현실에서는 존재하지 않는다고 봐야 합니다. 그러나 관객은 저런 사람이 있을 것이라 생각해야 관계에 대한 보다 본질적인 사유에 접근할 수 있고, 자기의 가족사를 투사하고, 돌봐야 할 가족이 있는 현실의 삶으로 돌아올 수 있습니다. 관식은 인생의 절반은 애순에 대한 무조건적 사랑을, 나머지 절반은 자식에 대한 무조건적 사랑을 실천하고, 결국 자기는 과로와 질병으로 희생되는 메시아로 묘사됩니다. 작가는 금명의 나레이션을 통해 친절하고 꼼꼼하게 이와 같은 이상과 현실의 순환을 반복 설명합니다. "내가 외줄을

탈 때마다 아빠는 그물을 펼치고 서 있었다. 떨어져도 아빠가 있다, 그 한마디가 얼마나 든든하던지.”

고대의 종교들은 인간이 신을 잘 섬기고 희생해야 한다고 말합니다. 그러나 기독교의 신은 인간에게 자기를 사랑하라고 명령합니다. 그 이유는 신이 먼저 우리를 절대적으로 사랑했기 때문입니다. 다른 고등 종교들과 달리 기독교가 가진 독특한 신관은 이와 같은 완전한 지지에 대한 사람들의 열망을 담고 있습니다. “여인이 어찌 그 젖 먹는 자식을 잊겠으며 자기 태에서 난 아들을 긍휼히 여기지 않겠느냐. 그들은 혹시 잊을지라도 나는 너를 잊지 아니할 것이라. 내가 너를 내 손바닥에 새겼고...”(이사야 49:15~16) 자식을 키우는 부모가 되어 다시 보는 이런 텍스트들이 완전히 다르게 다가올 수 밖에 없다는 것이 아직 여전히 우리에게 종교가 필요하다는 반증이 아닐까요.

〈그대들은 어떻게 살 것인가〉(2023)

**"풍요롭고 평화롭고 아름다운 세계를 만들어라,
악의로부터 자유로운 왕국을."**

하야오, 우리 시대 상징의 제국

미야자키 하야오의 〈그대들은 어떻게 살 것인가〉(2023)는 그의 일관적인 주제와 세계관을 유지하면서도, 마지막 작품 답게, 지금까지 그의 작업을 총정리하는 셀프 오마주의 성격을 안고 있습니다. 니체가 온전한 정신을 소유하고 있을 때 마지막으로 자신의 저작을 모두 정리하는 글 『이 사람을 보라』(1888)를 썼듯이 말이죠. 또한 스필버그의 〈파벨만스〉(2023)처럼 자신의 이야기를 담고 있어서, 보는 내내 그에 대해 생각하지 않기가 힘든 작품이라 할 수 있습니다. 하지만 다큐와 혼동될 정도로 너무나 디테일한 일상의 묘사, 지나치게 많은 상징과 꿈을 꾸는 듯한 초현실주의 기법을 두 시간이 넘게 집중하며 소화해야 한다는 점에서 지브리 어떤 작품보다 난해하고 불친절하게 느껴지기도 합니다. 그럼에도 감독이 강제로 떠 먹여주는 강한 주제 의식 또한 분명히 나타난다고 할 수 있습니다.

주인공 소년 마히토는 어릴 때 화재로 어머니를 잃고 어머니의 고향 집으로 내려와 새 엄마와 살고 있습니다. 전쟁이 한창이던 1930년대 후반, 그의 아버지는 군수 공장을 운영하며 많은 돈을 법니다(하야오는 반전주의자였지만 그의 아버지는 실제 그런 사업을 했다고 합니다). 마히토는 어느 날 자기를 불러내는 왜가리의 인도로 갑자기 새 엄마 마츠코를 찾아 나서다가 숨겨진 탑을 발견하고 그 속에서 다양한 모험을 경험하게 됩니다. 그 탑은 오래 전 하늘에서 떨어졌는데, 큰 할아버지가 발견한 후 그 안에서 자기만의 새로운 세계를 만들어 살고 있었던 것입니다.

나의 후계자가 되라

영화를 보는 내내 탑 안에서 벌어지는 사건들이 감독 하야오의 내면 여행이라는 생각을 내려놓을 수 없었습니다. 우리는 이 작품에서 마히토라는 하야오의 어린 자아가 조우하는 다양한 원형(archetype)과 그림자들을 만납니다. 상징 하나하나를 모두 해석하는 것은 매우 지루한 일이겠으나, 중요한 것은 여기서 감독은 자신의 작품에 모두 녹아 있는 주제를 다시 드러낸다는 것입니다. 결국 이 세상은 다 연결되어 있고, 모두 하나의 생명체라는 것입니다. 문제는 삶의 본질이 고통이라는 것인데, 이에 대해 '그대들은 어떻게 살 것인가'를 묻고 있는 것입니다.

"여기는 저주 받은 바다야…" 인간으로 환생하는 영혼의 원형인 와라와라들을 잡아 먹다가 불의 소녀 히미(마히토의 엄마의 소녀시절)에게 타죽는 펠리칸이 죽으며 한 말입니다. <원령공주>(2003)에서 재앙신으로 변한 멧돼지가 죽으면서 던지는 저주의 말과 같습니다. 삶은 본질적으로 고통인 것입니다.

마지막에 등장하는 최종 보스인 큰 할아버지는 마히토를 자기 세계를 지키는 후계자로 삼으려고 합니다.

"나의 후계자가 되라... 아름다운 세계가 될지 추악한 세계가 될지는 모두 네 손에 달려 있다.... 풍요롭고 평화롭고 아름다운 세계를 만들어라. 악의로부터 자유로운 왕국을."
"이 상처는 제가 만들었어요. 제 악의의 증거에요... 저는 여기에 어울리지 않아요. 저는 저의 세계로 돌아가겠습니다."
"서로 죽이고 빼앗는 어리석은 세계로 돌아가겠다고? 그 세계는 곧 불바다가 돼."
"네... 저는 친구를 만들 거에요."

마히토는 빨간 알약을 먹기로 결정합니다. 비록 완전하지 않고 고통과 악의로 가득 차 있더라도 그는 자신이 살아온 세계로 돌아가기를 선택한 것입니다. 이제 세계는 전쟁으로 곧 불바다가 될 것을 할아버지는 알고 있습니다. 그 전쟁이 그치더라도 인간의 욕심은 항상 세상을 벼랑 끝으로 몰아갈 것입니다. 그 곳에는 희망이 없어 보입니다. 그러나 큰 할아버지는 인간의 악한 의도로부터 자유로운 이상적인 세계를 지켜 왔습니다. 블록으로 탑을 쌓으며 만드는 완벽한 세상의 모습을 보여주는 큰 할아버지의 제안은 성서 마태복음에 등장하는 사탄의 유혹을 연상시킵니다. "만약 내게 엎드려 경배하면 이 모든 것(천하 만국과

 토닥이는 마음 다독이는 영화

그 영광)을 네게 주리라.”(마태복음4:9) 예수는 이를 거부하고 인류를 위한 죽음의 길을 선택합니다.

그대 다시는 고향에 가지 못하리

하야오의 거의 모든 작품은 그가 두 세계론자였음을 보여줍니다. 주인 공은 마지막엔 반드시 자신의 세계로 돌아옵니다. 주인공이 극 중에 경험하는 세계는 그가 동경하고 궁금해 하던 이상적인 다른 세계입니다. 그 세계에서 주인공은 심지어 다른 몸으로 변하기도 합니다. 그 유혹이 아무리 강하고 매력적이더라도 사람은 다시 자기 현실로 돌아와야 한다는 것이 하야오의 변함없는 생각인 것 같습니다. 어린 시절 격변하는 정세 속에서 그의 무의식을 형성했던 초현실적인 세계는 강한 매력으로 그의 삶을 이끌었을 것입니다. 은퇴 후 여전히 후계자가 없는 자신의 상황에 대한 비유라고 보는 견해도 있지만, 그래서 지브리가 자신과 함께 막을 내릴지도 모르지만, 이 작품은 그래도 사람은 각자 자기의 세계에서 자기의 삶을 살아가는 것이 옳다는 신념을 버릴 수 없는 감독의 처지와 자기 모순을 보여주고 있는지도 모릅니다. 어쩌면 노년의 하야오는 현실의 세계가 아니라 어린 시절 꿈꾸던 세계로 돌아가고 싶어 한다는 생각도 듭니다. 그의 작품의 결론과는 달리 계속 두 세계를 오가는 이야기를 만들어낸다는 것은, 결국 그가 돌아가고 싶지만 갈 수 없는 고향이 있다는 반증으로 들리기도 합니다.

마지막으로, 바람과 물의 질감 조차 그대로 느껴지는 일본인들의 결벽증적인 그림 디테일을 시종일관 감상하는 것이 큰 즐거움이었음을 덧붙이고 싶습니다. 굿바이~ 하야오~ 그동안 감사했습니다.

 토닥이는 마음 다독이는 영화

다른 세상을 보는 광기, 스포츠
〈F1 더 무비〉(2025)

"넌 전두엽이 덜 자랐어. 위험을 감지하질 못하잖아."

모두가 행복한 할리우드 식의 광기

촉망 받는 레이서였던 소니 헤이스(브레드 피트)는 끔찍한 사고로 몸이 망가졌고 자신의 경력을 마감한 채 컨테이너에서 생활하며 30여 년을 익명으로 살아갑니다. 그러다가 오랜 절친인 루벤(하비에르 바르뎀)에게 레이싱 세계로 복귀해 줄 것을 제안 받습니다. 그리고 고민 끝에 최하위 팀인 에이펙스에 합류하여 꿈에 그리던 F1 대회에 도전하게 됩니다. 하지만 그에게는 비밀이 있었으니, 그의 몸이 이미 레이싱을 할 수 없을 정도로 망가져 있었다는 것입니다. 에이펙스에는 이미 조슈아(댐슨 이드리스)라는 젊은 천재 레이서가 있었고, 개성이 강한 둘의 손발이 맞지 않아 팀 내 갈등이 커져가는데, 설상가상으로 에이펙스의 차량 성능도 트랙을 50번 이상 돌기에는 역부족인 상황이었습니다. 더구나 이사회는 실적도 안나오는 골치 아픈 이 구단을 빨리 매각하고 싶어합니다. 어쩌면 이번이 마지막 대회가 될 수 있는 절체절명의 순간, 이들은 어떤 기적을 만들어낼 수 있을까요. 이들이 시도할만한 어떤 대안이 있기는 한 것일까요.

모든 것이 막혀 답이 보이지 않는 순간을 돌파하는 힘은 역시 '광기' 뿐임을 관객은 알고 있습니다. 소니는 영화 초반을 자신의 광기로 이끌어 갑니다. 여주인공 케이트는 통제가 안되는 소니를 보며 이렇게 말합니다. "플랜C는 카오스네요."

영화는 그 지점을 파고 들어 '충격-갈등-타협-기적'이라는 광기의 사이클을 무난하게 그리고 있습니다. 그리고 주인공은 '또라이' 같은 모험심 때문에 주목 받았으나 역시 그 광기 때문에 모든 것을 잃은, 그래서 그런 일이 반복되지 않기를 원하는 왕년의 베테랑과, 동일한 실수를 반복하려는 의욕 넘치는 루키로 설정됩니다. 선배의 불안은 적중했고, 후배는 치명적인 손상을 입습니다. 하지만 헐리웃 블록버스터의 공식대로 그들은 역경을 이겨내고 최선의 결과를 끌어내며 이야기를 훈훈하게 마무리합니다. 감독(조셉 코신스키)이 <탑건:매버릭>(2022)을 연출한 사람이라 어쩌면 이 영화로 지상판 탑건을 만들어보고 싶었는지도 모릅니다. 극한의 스피드로 사람들의 손에 땀을 쥐게 만들고 아드레날린이 분비될 시각적 쾌감을 선사하는 것이 그의 목적이었다면 이 영화들은 꽤 성공적이라 말할 수 있을 것입니다. 그리고 마지막 장면도 대부분의 영웅 서사처럼 허세와 남성성으로 충만합니다. <셰인>(1956)은 소년을 뒤로 하고 말을 타고 유유히 산을 넘어갑니다. 이제 스승의 시대가 거(去)하고, 소년의 시대가 래(來)하는 것입니다. 엔딩 크레딧 장면에서 스승은 이제 사막을 횡단하는 거대한 차를 타고 괴성을 지르며 새로운 위험으로 뛰어듭니다.

   토닥이는 마음 다독이는 영화

죽음으로 몰고 가는 현실의 광기

대부분의 정신현상은 방어기제라는 라캉의 말은 일리가 있습니다. 인간의 욕망이 태동하고 뿜어져 나오는 실재의 세계는 너무 강렬하고 충동적이라 정신이 그것을 막고 있는 것입니다. 그러나 완벽히 막을 수 없기 때문에 작은 구멍이 만들어지는데, 우리는 그것을 통해 막연하게 실재를 들여다보게 됩니다. 철학자들은 그 구멍을 '대상a'(라캉), '사건'(바디우), '예술/시네마'(들뢰즈) 등으로 부릅니다. 영화도 그 구멍을 통해 너머를 들여다보는, 실재의 일부를 상징계로 끌어 오는 것입니다. 우리는 화면을 통해 대상을 보고 있지만·결국 자기 자신의 심연을 보고 있는 것이죠. 영화에서도 주인공 소니는 언제나 얼음 물 속에 자기 몸을 담그는데 그것이 그의 심연입니다.

인간을 최고의 속도로 달리게 하는 스포츠인 레이싱은 실재의 문을 열고 사람을 광기로 몰아넣기에 충분합니다. 레이서는 달리는 동안 0.1초 단위로 판단을 내려야 하고 온 몸을 하나의 기계로 인식하고 신속하게 반응해야 합니다. 자칫하면 목숨을 잃을 수 있는 도박입니다. 이성보다 본능과 욕망이 먼저 작동할 수 밖에 없습니다. 그 때 잘못 내려진 결정의 결과는 오롯이 자신의 신체가 감당해야 합니다.

"넌 전두엽이 덜 자랐어. 위험을 감지하질 못하잖아." 자신이 그 유혹을 이기지 못하고 광기에 사로잡혀 경력을 끝내 버린 경험이 있는 소니는 젊은 조슈아를 질책합니다. 전두엽은 경험을 축적하지 않으면 자라지 않는다는 걸 알지만, 선배는 광기의 끝을 알기에 걱정하지 않을 수 없습니다. 결국 조슈아 역시 동일한 시련의 과정을 겪으며, 마침내 정신이 광기를 통제하는 단계의 레이싱으로 들어섭니다. 현실 세계에 적응하기 위해 뇌가 고도로 진화한 영역이 피질/전두엽인데, 그것은 좀처럼 성숙해지기 어렵습니다. 그 성숙은 깨달음으로 연결되고, 언어화되어 저장되는데, 소니는 자신이 다다른 균형점을 다음과 같이 표현합니다. "느리면 부드럽고, 부드러우면 빠르지." 뫼비우스의 띠 같은 말입니다.

칼날 위의 균형, 현실과 공존하는 광기

영화를 보며 관객은 인간의 역사가 만들어낸 최고의 속도(비행기나 고속철도가 가장 빠르겠지만 그것은 경기가 아니며 속도가 체감 되지도 않죠)를 함께 느끼며 실재의 구멍에 빠져듭니다. 그리고 그 속도라는 것은 한 사람의 역량이 아닌 모든 현대 기술의 집약이라는데 매력이 있습니다. 레이서의 실력 뿐 아니라, 엔진의 성능, 차의 형태, 도로의 온도와 경사, 공기의 저항과 기후, 타이어를 비롯한 수천 개의 부품을 최고의 상태로 유지해야 최고의 속도를 만들어낼 수 있습니다. 그 속도를 구현하면서 인간은 고대 전쟁터에서 스스로 신이 되고자 했던 원시적 광기를 다시 불러옵니다. 차와 함께 석양에 서 있는 주인공이 등장하는 영화의 포스터는 올림푸스 신전의 제우스를 연상시킵니다.

실재의 세계를 경험함으로써 신이 되고자 하는 인간의 본성은 모든 창조 세계에서 가장 탁월한 것(다른 피조물과 신의 중간 어디쯤의 공간)을 점유하고자 하는 욕망을 만들어 냅니다. 생각하는 것(사피엔스)

 토닥이는 마음 다독이는 영화

말고, 실제로 인간이 다른 어떤 동물보다 월등한 신체 능력을 가진 것은 '던지는 것'과 '차는 것'입니다. 인간보다 신체능력이 월등한 어떤 동물도 인간보다 잘 던지고 차지 못합니다. 그래서 우리가 본능적으로 야구와 축구에 열광하는지도 모르겠습니다. 인간은 다른 네 발 동물들보다는 느리지만 신체능력을 계속 향상시키고 있고, 때로 기계의 힘을 빌려 극강의 스피드를 구현하기도 합니다. 폴 비릴리오의 말대로, 속도는 단순한 빠름의 문제가 아니라 인간의 삶을 지배하며, 사회, 정치적 공간을 형성하여 경쟁을 유발함으로써 자본주의와 같은 시스템을 추동하는 핵심 요소가 되기도 합니다.

들뢰즈의 말대로 예술의 역할은 지각 불가능한 것을 지각할 수 있게 해주는 것이며, 현실태에서 잠재태(실재)로 내려가 다시 현실로 드러나게 하는 것입니다. 완전한 구상이나 추상은 현실 세계에서는 무엇을 말하려는 것인지 드러나지 않습니다. 보이지 않는 것을 드러내는 것이 중요합니다. 소니는 조슈아에게 광기에 사로잡히지 말고 다시 자신으로 돌아오라고 말합니다. 이성과 광기의 경계에서 어느 한 쪽으로 흡수되지 않고 끊임없이 유혹과 싸우며 견디는 것, 이것이 예술가의 삶이고, 영화라는 매체의 적정한 자리일 것입니다. 잠재태에 치우치면 소위 '예술 영화'가 되고, 현실태에 치우치면 '상업 영화'가 되어 버린다고 하지만, 영화의 성격이 어떠하든 그것을 보며 자기의 심연을 들여다보는 것은 관객의 몫이니, 시종일관 속도에 중독되는 이런 영화로 자신의 광기를 달래보는 것도 가끔 누릴만한 카타르시스가 아닐까 싶습니다.

다른 세상을 보는 광기, 공연
〈보헤미안 랩소디〉(2018)

"에~ 오"

갑자기 등장한 스테이지의 기인(奇人)

1985년 아프리카를 돕기 위해 마련된 라이브 에이드(Live Aid) 공연 중 퀸의 무대를 소재로 제작된 영화 〈보헤미안 랩소디〉(2018)는 그 해 아카데미에서 남우주연상을 비롯해 4개 부문을 수상하며 최고의 화제를 불러 일으켰습니다. 그룹 퀸(Queen)을 모르는 세대의 사람들도 영화를 보는 내내 '어, 이게 퀸 노래였어?'하며 신기해 하기도 했습니다. 프레디 머큐리의 일생은 생전의 강렬하고 독특한 외모와 압도적 퍼포먼스, 성소수자로서의 삶과 에이즈로 인한 극적인 죽음에 이르기까지, 대중음악에서 중요한 비중을 차지하고 있음에 의심의 여지가 없지만, 무엇보다 사람들의 기억 속에는 전 세계로 생중계되었던 라이브 에이드 공연에서의 모습이 화석처럼 남아 있는 것 같습니다. 영화는 이것을 노리고 마지막 공연 장면을 위해 전체 시간을 빌드업 합니다.

탄자니아 출신의 인도계 노동자로 영국에서 공항 수하물을 옮기는 일을 하던 프레디 머큐리(라미 말렉)는 우연한 기회에 보컬이 없던 밴

    토닥이는 마음 다독이는 영화

드의 멤버로 들어가 활약하며 그룹 '퀸'을 탄생시킵니다. 이후 프레디의 독특한 성향을 반영한 이들의 음악과 복장, 공연은 영국, 미국을 시작으로 전세계의 뜨거운 반응을 이끌어 냅니다. 특히 당시로서는 파격적인 6분 짜리 곡 <보헤미안 랩소디>는 그들을 월드 스타의 반열에 올려주었습니다. 그들의 인기는 '당시 영국에는 두 명의 여왕이 있었다'는 말이 나올 정도였습니다. 그러나 자신의 솔로 데뷔로 인한 그룹 내의 불화, 에이즈 감염, 술과 마약, 사생활 문제 등으로 프레디는 급격히 무너졌고 퀸은 사실상 해체 위기에 놓이게 됩니다. 이때 그들에게 라이브 에이드 공연 참가 요청이 들어옵니다. 삶이 거의 망가졌던 프레디는 여기에 관심을 두지 않았지만, 사실상 이것이 자기를 위해 하늘이 내려준 동아줄이라는 것을 알게 되고 마침내 역사에 길이 남을 공연을 시작합니다.

가난한 소수자로 살았던 프레디에게 스타로서 주목 받는 삶은 너무 버거웠을 것입니다. 여자친구도 사귀어 봤지만 결국 자신의 성정체성은 타인과 다르다는 것을 인정하면서 편견과도 싸워야 했습니다. 막중한 부담감에 그의 삶은 현실에 뿌리내리지 못했고, 두 세계를 왕래하며 살아야 했습니다. 인간이 자신의 삶의 무게를 감당하지 못할 때는 영혼의 균열로 생겨난 작은 구멍을 통해 실재의 세계를 갈망하게 되고, 거기서 빠져나오지 못하면 결국 정신병의 세계에 갇히게 됩니다. 오직 음악만이 그의 목마름을 채워주었고, 두 세계를 드나드는 통로가 되어 주었습니다.

음악으로 넘어가 보는 '저 세상'

"군사정권의 혁명공약과 교육헌장이 온 나라를 쾅쾅 울렸다. 파괴
와 야만의 잔해는 곳곳에 널려있었다... (망향가, 전쟁가요, 뽕짝만
있던 시절) 그 때, 비틀즈가 나타났다. 비틀즈의 출현은 천지개벽
과 같았다... 나와 내 친구들은 미친 듯이 비틀즈를 따라서 노래했
다... 그 노래는 자유이며 희망이었고 저항이며 그리움이었다. 비
틀즈는 여기가 아닌, 또 다른 세상이 있어야 한다는 꿈을 나에게
심어주었다. 40년이 지난 지금, 그 꿈은 아직도 유효하다... 박정희
소장이 한강을 건너올 때 비틀즈가 따라왔다. 나는 한국 현대사에
서 이 사태가 가장 난해하고 통쾌하다. 이것을 역사의 섭리라고 해
도 좋을지. 노래는 섭리다... "

김훈, 『연필로 쓰기』(문학동네,2019) 中 '비틀즈와 나'

노래는 억압 받는 현실에서 다른 세계를 꿈꾸게 하는 작은 구멍입
니다. 우리는 그 구멍을 통해 본질적인 세계를 보고, 숨 쉬고, 도피하
고, 안식을 얻습니다. <서칭 포 슈가맨>(2012)에서 우리는 미국의 가난
한 노동자 로드리게즈의 음악이 본인도 모르는 사이에 다른 나라에서
수십 년 간 대중을 위로하고 다른 세상을 꿈꾸는 역할을 해왔음을 보았
습니다. 마치 우리나라 60~70년대의 비틀즈처럼 말이죠. 어떤 음악이
사람들의 입에서 입으로 전파된다는 것은, 그것이 그들로 하여금 다른
세상으로 들어가게 하고 있다는 증거입니다. 음악은 음악일 뿐이고, 공
연은 연출된 것이란 걸 모두가 알고 있지만 우리는 이에 몰입하고 울고
웃습니다.

“인간이란 병은 가끔 마취도 필요해” 프레디는 친구들에게 이렇게 말합니다. 음악을 하는 이도, 듣는 이도 종종 현실을 잊고 싶을 때가 있습니다. 퀸만큼 공연을 ‘저 세상’의 것으로 만들었던 아티스트는 없었다고 할 수 있습니다. 치밀한 기획과 엄청난 비용을 들여 그들은 공연장에서 사람들이 전혀 다른 경험을 하도록 이끌었습니다. “화난 도마뱀 같아” 프레디가 가지고 오는 파격적인 의상을 보고 동료 존 디콘이 한 말입니다. 멤버들은 난감했지만, 프레디는 ‘공연’을 통해 관객이 원하는 경험이 무엇인지를 정확히 알고 있었습니다. “너는 박사 논문을 썼겠지만 그 논문을 누가 읽어 본다고 생각해?” 천문학 전공인 브라이언 메이에게 프레디는 이렇게 말합니다. 학문도 중요하지만 브라이언의 내면에서 그가 정말 원하는 것은 현실세계를 강화하는 것보다 사람들을 다른 세상으로 이끄는 것, 음악을 통한 자기 표현이라는 점을 강조하는 것입니다. 멤버들은 프레디에게 묻습니다. “그런데, 갈릴레오가 대체 누군데?” 장례식에서 실컷 곡을 하고 나서 ‘그런데 누가 죽은 건가요?’하고 물어보는 꼴입니다. 세계적인 히트곡을 부른 이들이 정작 그 곡에 등장하는 인물이 누군지도 모르는 것이죠. 그들은 현실세계에서 살인을 저지르고(자기를 죽이고) 다른 세계에서 구원을 갈구하는 프레디의 실존이 반영된 하나의 기호로서의 갈릴레오를 이해하지 못했습니다. 그래서 ‘보헤미안 랩소디’는 프레디가 자신의 죽음을 예견한 곡으로 만들었다는 해석이 많습니다. 동료들은 언제나 어색하고 불편한 복장을 강요하는 사람으로 프레디를 이해했을지 모르지만, 현실과 실재, 삶과 죽음이라는 두 세계의 경계에서 살아가는(나는 이것이 예술의 조건이라고 생각합니다) 이에게는, 어느 한 쪽으로도 흡수되지 않고, 정착의 유혹과 싸우며 견디는 것이 자기의 실존이 됩니다. 공연마다 프레디는 관객에게 공연을 통해 다른 세계의 경계에 서는 주문을 따라하도록 요청합니다.

"에~ 오."

나그네의 신음

의성어도 아니고 의태어도 아닌 이 소리가 나에게는 주문처럼 들렸습니다. 성경에는 우리의 삶이 나그네와 같다는 표현이 많이 나옵니다. "여러분은 나그네의 삶을 사는 동안 두려운 마음을 가지십시오."(베드로전서 1:17), "사랑하는 여러분, 나는 나그네와 거류민 같은 여러분에게…"(베드로전서 2:22), "이 사람들은 모두 믿음을 따라 살다가… 길손과 나그네 신세임을 고백하였습니다."(히브리서11:13). 그것은 종종 많은 소유를 탐하지 않는다거나, 한 곳에 정착하지 않는 것으로 해석되지만, 존재론적으로는 언제나 불안정한 경계의 삶을 사는 것을 말한다고 할 수 있습니다. 현실과 이상 사이에서, 이성과 광기 사이에서, 실재와 상징계 사이에서, 잠재태와 현실태 사이에서 우리는 언제나 현실 세계에 발을 붙이고 살아야 하지만, 동시에 깊은 마음의 소리에 귀를 기울이고, 신의 계시와 인도를 구해야 하는 것입니다. 그리고 우리의 진정한 안식이 어디에 있는지, 나의 참된 바람과 소망이 어디에 있는지를 정직하게 물어야 합니다.

종종 음악 공연이 종교에서 행하는 예배나 제사와 비슷하다는 생각

 토닥이는 마음 다독이는 영화

을 합니다. 음을 소거하고 보면 차이를 못 느낄 수도 있습니다. 교회에서는 예배에 '상한 마음'을 가지고 오라고 말하는데, 음악에 몰입할 때 우리의 마음이 그렇지 않은가요. 예배를 드릴 때와 음악 공연을 볼 때 우리는 동일한 눈물을 흘리지 않나요. 사람을 죽이고 사형을 기다리는 가상의 인물 갈릴레오에 투영된 프레디의 삶을 들여다볼 때, 우리는 잠시 현실을 잊고 삶과 죽음의 경계를 생각하지 않나요. 청소년기에 퀸에 열광했던 팬으로서 저는 종종 프레디의 주문을 따라 부르고 싶은 충동에 빠집니다.

"에~ 오! 에~ 오! 에레레레 에레레오. 에~ 오, 에~ 오.... 리라리라 리라리라 리라리라 레로!..."

자유와 주체에 대한 첫 경험, 열 아홉 살
〈3학년 2학기〉(2025)

“아버지, 이제 저희도 성인이 되었으니까 술 한 잔 하겠습니다.”

갑자기 어른이 되는 열 아홉 살

소위 한국 나이로 스무 살이 된 젊은이들을 주인공으로 한 한국 영화는 앉은 자리에서도 몇 편 떠올릴 수 있습니다. 이 시기가 주요 소재로 사용되는 이유는 아마도 ‘고3’이라는 12년 정규 교육의 마지막 단계를 막 지나와 성인으로서 사회에 진출하는 시기가 인생의 큰 변곡점이 된다는 의미에서 일 겁니다. 우리나라 교육현실에서는 열 아홉 살 이전은 대학 또는 취업이라는 목표만을 위해 달려야 하는, 자기 주체화나 다른 사유가 불가능한 시기이기에, 스무 살에 갑자기 떨어진 정언명령(“네 삶의 주인은 너니까 이제 알아서 하라.”)은 낯설게 느껴질 수밖에 없기 때문일 겁니다.

우리 주변에는 이보다 조금 당겨 3학년 2학기에 스무 살이 되는 아이들이 있습니다. 바로 실업계 고등학교 졸업반입니다. 영화는 우리 사회에 공존하지만 드러나지 않는 이들의 삶을 들여다봅니다. 고등학생을 소재로 한 영화나 드라마의 대부분이 수컷들의 힘자랑이나 폭력물인 현실에서, 별다른 악역이나 극적 긴장감 없이 각자의 삶을 진지하게 살아가려고 애쓰는 고3 주인공들의 분투와 그들을 둘러 싼 지극히 평범한, 그러나 한없이 답답한 사회 구조를 담담히 그리고 있다는 점에서, 이 영화는 우리 사회 속의 또 다른 사회, 우리 세계 속의 또 다른 세계를 그린 색다른 '두 세계' 영화라 할 수 있습니다. 시종일관 감정은 절제 되어 있고, 아이들의 생각이나 고민은 잘 드러나지 않은 채 은밀히 자라나고 성숙합니다.

새롭게 태어나는 사회적 주체

실업계 고등학교 졸업반 창우(유이하)는 담임의 권유로 한 중소기업 공장에서 일하게 됩니다. 분위기도 괜찮고, 열심히 일하면 나중에 대학 진학도 할 수 있다는 말에 창우는 제안을 받아들이며 자신의 인생 다음 경로를 조심스레 그려보기도 합니다. 아직 무얼 하고 싶은지, 무엇이 되고 싶은지도 모르지만, 자기 인생이 이렇게 정해진 경로에 갇혀 버리기보다는 어떤 희망이나 여지를 두고 싶은 마음도 있었겠지요.

현장에서 만난 선배와 동료들은 창우보다 불과 몇 개월~ 몇 년 정도의 경력 차이지만 사회와 인생을 훨씬 많이 알고 있는 느낌입니다. 직장에서의 경험은 단기간이라도 큰 차이를 만드는 법이니까요. 그들은 '이건 이래야 한다'는 원칙이 굳건하고, 어른스럽습니다. 말하자면 그들은 조직 시스템에 잘 적응한 셈인데, 여전히 그래야 하는 이유가 궁금하고, 자기 생각이 살아있는 창우에게는 모든 것이 낯섭니다. 창우는 이제 자기 주체성의 싸움을 시작하는 것입니다.

"정부지원비, 장려금 800 나오면 엄마 빌려줄 수 있어?" 갑자기 올라버린 전세금 때문에 엄마는 창우에게 아쉬운 부탁을 합니다. 예전에는 창우가 먼저 '나 이 돈 필요 없으니 엄마 필요하면 줄게.'라고 말했고, 그 때 엄마는 '엄마도 필요 없으니 네가 저축해 둬.'라고 했던 돈입니다. 하지만 엄마의 부탁으로 선택권이 없어진 창우는 "몰라. 아직 결정된 거 없어."라고 짜증 섞인 대답을 합니다. 그 돈을 받으려면 이제 그 회사에 완전히 취직을 해야 하는 겁니다. 일도 할 만하고, 사람들도 좋고, 대학에 갈 가능성도 있어서 선택한 회사였지만, 막상 '그렇게 해야만 하는' 일이 돼 버리는 순간 창우는 선택권을 지닌 주체에 손상을 입게 되고, 당장의 즉답을 피하려고 합니다. 창우에게 필요한 것은 자유로운 선택권이지만 정작 그는 자신이 무엇을 원하는지를 발견할 방법을 전혀 배우지 못했고, 그러한 혼돈의 외형적 모습은 항상 짜증 섞인 대답뿐입니다.

여전히 불완전한 예속적 주체

영화는 열 아홉에서 스무 살로 넘어가는 시점에서 갑자기 인생의 무언가를 스스로 결정해야 하는 작은 주체의 갈등을 계속 드러냅니다. 그러나 그 주체의 결정은 바로 더욱 거대한 주체인 사회가 필요로 하는 사람으로 스스로를 구비시키는 방향으로 모아지는 것이 현실이지요. 문명사에서 가장 자유로운 시대를 산다는 현대인이 사실은 그 자유를 그대로 반납하면서 자신을 개조하여 자본주의에 적합한 인간으로 끊임없이 자기 계발을 해야 하는 존재로 스스로를 주체화하는 현상을 우리는 매일 목격합니다. 가장 자유로운 것이 아니라 사실은 가장 예속화 된

 토닥이는 마음 다독이는 영화

삶을 선택할 수 밖에 없는 것이죠.

　실업계 3학년 2학기는 주체화의 능동성이 생기는 때일 뿐, 결국 우리는 새로운 속박의 굴레로 들어갑니다. 영화의 마지막에서 우리는 공장에서 후배들을 돌보며 차분하게 자기 일상에 적응해 가는 창우를 봅니다. 그도 결국 자기를 가르쳤던 선임 대리와 비슷한 역할을 하는 사람이 되어 갑니다. 이 영화에는 악한 사람이 없습니다. 그러나 이들이 모여 만들어가는 조직의 분위기는 무언가 불안하고 위태로우며 억압적입니다. 이것이 사회의 힘이며 구조의 무게입니다. 여전히 이 나라에서는 모든 가구의 2/3가 한 번의 오차도 없이 매 달 수입이 들어와야 신용을 유지하며 삶을 영위할 수 있습니다. 코 밑에 물이 찰랑거리듯 숨만 쉬며 살아가는 일상을 보내는 이들이 영화를 보는 내내 느끼는 불안은 바로 관객 자신의 미래에 대한 것이겠지요. 부디 이 일상이 깨질만한 어떤 일도 일어나지 않아야 하는 것입니다.

　그래도 우리는 여전히 우정에서 희망을 봅니다. 함께 예속되어 있지만 서로 때문에 삶을 살아갈 수 있는 것, 이것이 희망입니다. 인간의 의식이 시간 개념이라는 저주를 얻게 되어 생겨난 미래의 불안이 우리의 현재 일상을 잠식하고 있더라도, 함께 먹고, 웃고, 이야기하면서 그것을 잠시 잊을 수 있는 축복이 바로 우정에서 나온다는 것, 이것이 이 영화의 위로입니다. 왜냐하면 우리는 모두 그런 친구들을 갖고 있으니까요. 공장 옥상에서 햄버거 하나를 급하게 먹고 내려가야 하는 현실이라도, 공장 지역에서는 얻을 수 없는 선물 같은 음식이 주는 미각적 행복이 잠시나마 다른 세상을 경험하게 할 수 있다면 그렇게 다시 하루를 살 힘을 얻게 되겠지요. 함께 있는 것을 당연하게 생각했던 친구들의 소중함도 알게 될 거고요.

그래도 숨을 쉴 수 있는 구멍만 있다면

"아버지, 이제 저희도 성인이 되었으니까 술 한 잔 하겠습니다."

영화에 등장하는 또래 주인공 네 명은 각자 자기의 길을 선택합니다. 우재는 진작에 회사가 자기 길이 아니라며 떠나고, 다혜도 떠나고, 성민은 회사에서 에이스라고 불렸지만 결국 떠납니다. 가장 적응하지 못할 것 같던 창우만 남습니다. 그 길이 결국 자본주의의 '손바닥' 위이고, 예속화의 연장이라 해도, 우리는 이들이 모두 자신만의 삶이 있고 '나는 나'라고 외치는 소리를 들을 수 있습니다. 만 19세가 되는 1월 1일 자정에 우재는 창우를 불러 편의점 맥주를 꺼낸 후, CCTV로 지켜볼 아버지에게 술 한 잔 하겠다고 꾸벅 인사합니다. 아무 것도 뚜렷하지 않은 불안한 미래가 여전히 생각을 지배하고 있지만, 이 순간 이들은 어떤 억압이나 감시도 벗어난 채 자유롭습니다. 진정한 주체성도, 자유도, 우정도, 불안도 모두 그들의 마음 속에 있는 것이니까요.

"슬픔에 의해 균형이 잡히지 않으면 '행복'이라는 단어는 그 의미를 잃을 것이다."

칼 융

 토닥이는 마음 다독이는 영화

〈세브란스:단절〉(2022)

**"당신은 항상 여기 와 있게 될 거에요.
왜냐하면 당신이 그런 선택을 하기 때문이죠."**

나는 분리될 수 있는가

애플TV 오리지널 시리즈로, 벤 스틸러가 연출한 에미상 수상작 〈세브란스: 단절〉(2022~2025)은 인간의 기억, 의식, 관계, 고통에 대한 깊은 고민을 던져주는 수작입니다. 루먼이라는 회사는 자원자에게 회사에 들어올 때 일상생활의 기억을 지워버리고, 회사를 나갈 때 다시 회사 내 생활의 기억을 지워버리는 단절 시술을 시행합니다. 일과 사생활의 기억이 분리되는 것입니다. 사생활 기억이 지워진 채 새로 탄생한 자아(이니, Innie)는 회사가 지시하는 정체를 알 수 없는 일을 하게 되고, 바깥의 자아(아우티, Outie)는 회사 생활을 기억하지 못하고 퇴근 후의 삶을 즐깁니다. 수면 내시경을 하고 나면 아무 것도 기억하지 못하듯 말이죠. 이 팀의 리더인 마크(애덤 스콧)는 아내와 사별하고 괴로운 시간을 보내다 현실을 잊고 싶어 자원했고, 다른 팀원들인 딜런, 어빙 역시 자기의 고통을 회피하려는 이유로 입사하게 됩니다. 그러던 중 헬리(브릿 로워)라는 여성이 이 팀에 합류하게 되고, 이들의 회사 생활은 큰 변화를 마주하게 됩니다.

헬리는 자신의 현실을 받아들일 수 없었습니다. 종일 일만 하다가 퇴근 엘리베이터를 타면 기억이 사라지는데, 다시 이어지는 의식은 그 엘리베이터를 타고 출근하는 자신의 모습입니다. 헬리의 이니는 종일 일만 하게 되는 것이죠. 퇴근 후의 삶을 즐기는 것은 자신의 아우티인 것입니다. 그녀는 그만 두겠다고 했지만, 자신이 입사하기 전에 이미 근무에 동의했음을 알게 되고 절망에 빠집니다. 그만 두기 위해서는 아우티가 근무를 중단 시켜 주어야 하는데 이니의 괴로움을 알리 없는 아우티가 그렇게 해줄 리가 만무했습니다. 하기 싫은 일을 미루다 하게 될 때 흔히 농담 삼아 '이 일을 해 놓지 않은 어제의 내가 원망스럽군', '미래의 나에게 송금할 수 있는 사람은 현재의 나 밖에 없다'는 식으로 말하곤 합니다. 하지만 이 경우는 분리되지 않은 나의 결정이기에 억울하지는 않습니다. 그러나 이니와 아우티는 완전히 분리되어 있고 서로 소통할 수도 없으니 이니는 완전히 감옥에 갇힌 것입니다. 헬리는 마크에게 말합니다. "그래서 난 이제 여길 결코 떠날 수 없군요." 순응하는 성격의 마크는 덤덤하게 말합니다 "당신은 5시에 퇴근할 수 있어요. 하지만 현재 버전의 당신(this version of you)에게 그런 기분은 없겠군요." 그리고 이어서 말합니다.

"당신(innie)은 항상 여기 와 있게 될 거에요. 왜냐하면 당신(outie)이 그런 선택을 하기 때문이죠."

고통, 자유의 불가피한 대가(代價)

영화 <아일랜드>(2006)에서 자신들이 인류 재앙 후 생존자라고 믿고 있던 주인공들은 유일하게 오염되지 않은 희망의 땅 '아일랜드'로 뽑혀 가기를 소망하며 살아갑니다. 그런데 결국 자기들이 스폰서에게 장기를 제공하기 위해 탄생한 복제인간들이었고, '아일랜드'로 뽑혀 가는 것은 장기 제공을 위해 무참히 살해당하는 것임을 알게 됩니다. 자기들은 스폰서 인간들을 위한 소모품이나 로봇 같은 존재들이었던 겁니다. 이니가 느끼는 절망감도 이와 같습니다. 아우티가 하기 싫은 일, 피하고 싶은 괴로움은 이니에게 맡기고, 월급은 자기가 쓰면서 편하게 사는 것입니다. 이니는 인격체도 아니고 심지어 존재하는지조차 불확실한 찌꺼기가 됩니다. 시즌 1 마지막 부분에서 드라마는 루먼사(社)가 단절층에서 일하는 사람들이 아닌 일반 희망자에게도 그런 시술을 해주고 있음을 암시합니다. 어떤 이는 아무런 맥락을 모르는 자신의 이니가 아기만 세 번 낳는 고통을 겪게 합니다. 사실 우리도 수면 내시경을 할 때마다 기억에도 없는 나의 이니를 탄생시키고 있는 셈입니다. 이 드라마는 아우티가 아닌 이니의 관점에서 이야기를 이끌어 갑니다. 마크의 팀원인 딜런은 자신의 아내가 자신의 이니와 입맞춤했다는 말을 듣고 심하게 화를 냅니다. 같은 신체를 가진 이니였지만 이니를 자기와 같은 존재로 받아들일 수 없었던 것입니다.

다른 동물과 달리 인간은 '경험 기억'을 가지고 있다고 합니다. 동물이 '감각 기억'만 가지고 있는 것에 반해, 인간은 언어를 사용하기 때문에 자의식과 시간의 개념을 가지게 되었고, 이에 따라 과거에 대한 회한과 미래에 대한 불안을 덤으로 얻게 되었습니다. 다른 동물과 달리 인간은 기억을 저장하고 그것을 경험적, 현상적으로 해석합니다. 거기서 미래에 대한 불안이 생겨납니다. 키에르케고르는 '불안은 자유의 가격표'라고 했습니다. 흔히 '인간만이 자기 스스로를 괴롭히는 동물'이라고 하지요. 중요한 것은 현재의 고통과 괴로움(그것은 미래의 불안으로부터 옵니다)인데 우리는 이를 잊기 위해 다양한 진통 요법을 도입합니다. 만연한 긍정 심리학과 신자유주의적 '회복력 이데올로기', 그리고 마취 의학은 우리가 몸의 통증과 미래의 불안이라는 고통으로부터 자유로울 수 있다고 말하지만, 사실 인생에서 고통은 피할 수 있는 문제가 아닙니다. 정신의 문제까지 약물을 사용하는 지금, 고통의 문제는 모두 의학의 이슈로 환원되어 버립니다.

타자, 나를 보는 거울

"네가 고통과 어떤 관계를 맺고 있는지 말하라. 그러면 네가 누구인지 말해주겠다."(에른스트 융어) 현대에 와서 고통은 약함의 신호이자 스캔들이 되었습니다. 고통의 카타르시스와 정화력은 망각되고, 모두 '좋아요'라는 신속한 진통제를 원합니다. <세브란스:단절>은 고통에 대한 하나의 대응 서사이자, 이에서 파생되는 의식과 존재에 대한 물음입니다. 인물들은 '해리성 정체감 장애'와 같은 단절을 선택합니다. 다른 자아에게 고통을 전가시키는 것이죠. 우리는 이와 유사한 스토리를 몇 개 떠올릴 수 있습니다. 코랄리 파르자 감독의 <서브스턴스>(2024)는 같은 의식과 두 개의 신체를 결합합니다. 노화라는 고통을 한 육체에 전가하고 다른 육체는 젊음을 얻습니다. 하지만 영화는 시종일관 '명심하세요. 당신은 하나입니다.'(You are one)를 강조합니다. 두 자아가 충돌하는 순간 파멸로 치닫는 것이죠. 봉준호 감독의 <미키17>(2025)은

　　　　토닥이는 마음 다독이는 영화

고통을 회피하는 색다른 방식을 보여줍니다. 같은 의식과 다수의 육체를 결합시켰는데, 기억(의식)은 동일하나 몸은 계속 재생산 되고, 자아는 고통(죽음)에 계속 둔감해집니다. 크리스토퍼 놀란을 천재의 반열에 올린 <메멘토>(2000)는 분열된 기억(의식)과 동일한 신체를 가져옵니다. 10분마다 기억을 잃는 주인공은 자기의 신체에 고통의 기억을 새깁니다. 한국 드라마 <미지의 서울>(2025)에서는 서로의 삶을 바꿔 살아보는 쌍둥이 자매가 등장하는데, 이는 각자 자기의 의식과 신체로 타자의 삶을 살아보며 타자를 수용하는 건전한 고통의 해소 매커니즘을 보여줍니다.

온전한 자기로 살아가기 위해서는 고통에 대한 태도를 결정해야 합니다. 고통은 다른 의식에, 다른 신체에, 또는 타인에게 전가할 수 없는 것입니다. 고통은 '타자성'으로부터 옵니다. 나에게 불편을 주는 존재들, 예상하지 못했던 불행한 일들이 삶에 떨어지는 것, 또는 낯선 것과 조우하는 것이 모두 타자성입니다. 고통은 타자가 들어오는 균열이기에 이 낯섦을 견디며 살아가는 것이 삶을 살아있게 만드는 것이라 할 수 있습니다. 현대인들은 고통을 회피하는 것(이것이 행복이라고 믿고)을 목표로 살아가지만 사실 고통은 인생의 본질적인 것이기에 그 회피 노력은 더 큰 부작용과 파멸을 만들어낼 수 있음을 이 작품들은 암시하고 있습니다. 하이데거는 '존재자의 본질적인 다름이 익숙한 것에 맞서 자신을 드러낼 때 고통이 발생한다'고 말합니다. 레비나스는 타자가 자신의 드러남을 통해 나를 탈주체화 한다고 말하는데, 그것을 '탈주'라고 불렀습니다. 여기서의 타자는 고통 그 자체라고 할 수 있겠지요. 아도

르노는 '세상에 대한 낯섦'(타자성)이 바로 예술이라고 정의하죠. 우리를 구원하는 예술이 사실은 고통을 주는 것이라는 말입니다. 우리는 아래 한병철의 글에서 '동일한 것의 지옥'이 헬리의 이니가 벗어날 수 없어서 스스로 목숨을 끊으려고 시도했던 그 지옥임을 직감할 수 있습니다. 온전한 하나의 의식, 하나의 몸으로 살아가는 고통스러운 나의 삶이 바로 축복인지도 모릅니다.

"타자에 의해 건드려지는 것만이 삶을 살아 있는 것으로 만든다. 그런 건드림이 없을 때 우리는 동일한 것의 지옥을 벗어날 수 없다."

한병철 『고통 없는 사회』 (김영사,2021)

토닥이는 마음 다독이는 영화

취미와 취향

최 은

<딜리셔스>(2021)
<우리가 사랑이라고 믿는 것>(2019)
<마이 뉴욕 다이어리>(2020)
<해피엔드>(2024)
<피노키오>(2022)
<마틴 에덴>(2019)
<페니키안 스킴>(2025)
<콘티넨탈 ’25>(2025)
<콘클라베>(2024)
<프로이트의 라스트 세션>(2024)

최 은 _ 모두를위한기독교영화제 부집행위원장

여름 바다에 뛰어들기보다 겨울 바다 감상하기를 좋아하고 산꼭대기에 오르기보다 중턱의 계곡에 발 담그고 눌러앉기를 좋아하는, 어쩌면 그래서 영화만들기보다 영화보기를 사랑하기로 한 영화평론가. 쓴 책으로 『제인 오스틴 무비클럽』(북인더갭, 2021), 함께 지은 책으로 『교실밖 인문학 콘서트』(스마트북스, 2020), 『퇴근길 인문학 수업-멈춤』(한빛비즈, 2018), 『영화와 사회』(한나래, 2012) 등이 있다.

   토닥이는 마음 다독이는 영화

<**타인의 취향**>(2000)이라는 프랑스 영화가 있습니다. 영화 제목처럼 여러 취향을 가진 인물들이 등장하죠. 기업체 사장인 카스텔라(장 피에르 바크리)의 아내는 알록달록한 꽃무늬로 빈틈없이 꾸민 집에 살며 사람보다 개를 좋아합니다. 그녀는 자신의 취향을 타인에게 강요하는 유형이었어요. 그에 비하면 카스텔라는 굳이 말하자면 취향이라고는 찾아볼 수 없는 사람입니다. 그런 카스텔라가 마지못해 관람하러 간 고전연극에서 여배우의 연기에 빠져들게 되면서 새로운 세계에 눈을 뜨게 됩니다. 하지만 배고픈 예술가들에게 부유한 카스텔라가 당장 환영받는 것은 아니었어요. 입센이 코미디작가라고 떠들며 놀려도 놀림 받는 줄도 모르는 이 순박한 사업가는 예술가들의 모임에 기웃거리며 거액의 돈을 쓰면서도 계속해서 의도와 취향을 의심받아요, 심지어 그가 사랑에 빠진 그녀에게 조차요.

　최은-취미-취향의 'ㅊㅊㅊ' 또는 'CCC' 스러운 리듬과 두운이 좋아서 지은 타이틀이었지만, 코너명을 '취미와 취향'으로 정하면서 동시에 이 코미디영화를 떠올린 것은 자연스러운 일이었어요. 취향은 개발되는 것이지만, 그것이 곧 개선을 의미하지 않을 뿐 아니라 누군가의 '저급해 보이는' 취향을 판단하는 것 자체가 부끄럽고 천박한 일이라는 것을 아네스 자우이의 <타인의 취향>은 재치 있고 사랑스럽게 설파했더랍니다. 호불호에 가까운 취향이 그럴진대, 하물며 타인의 신념과 생업은 어떨 것인가, 생각하게 하는 인물이 등장하는 것도 이 영화의 탁월한 지점입니다.

　영화보고 글 쓰는 일을 업으로 하고 있는 이상 영화가 취미라고는 차마 말하지 못하겠습니다. 다만, 누구나 취미삼아 시작한 어떤 일에서 평생을 여유롭고 넉넉하게 할 취향을 발견할 수 있다는 사실을 생각하면 제가 하는 일이 조금은 더 의미 있어 보여 힘이 난다고 털어놓을 수는 있을 것 같아요. 카스텔라가 우연히 관람한 고전극에서 감동받고 "호모" 작가의 그림을 사고 공장에 벽화를 그리기로 결심하고 급기야 성역이었던 아내의 '인형의 집'에 자신의 취향을 침투시키고 마침내 독립을 선언하는 행위의 연쇄작용이 일어났듯이, 상상할 수 있는 가장 멋진 취향의 발견이 어딘가에서 일어나기를, 예컨대 우연히 만난 한 편의 영화가 누군가에게 다른 세계로의 한적하고 오롯한 진입로가 될 수 있기를 바라는 마음으로 쓴 글들입니다.

　글들을 추려 모아놓고 보니 시의 언어와 문학과 예술 또는 예술가

의 쓸모와 '그러면 우리는 어떻게 살 것인가'에 관한 저의 관심과 취향
이 대체로 눈에 들어오는군요. 글쓰기는 저에게도 늘 새로운 발견입니
다.

〈딜리셔스〉(2021)

주방하녀는 할 수 있을망정 여자가 요리사가 되는 것은 꿈꿀 수도 없었고 음식이 구별짓기의 수단으로 통제되었던 18세기 말의 이야기입니다. 요리사 망스롱(그레고리 가데부아)은 천한 백성이나 먹는 땅속 식물 감자로 새로운 요리를 선보였다가 공작 샹포르(벤자민 라베른)의 성에서 쫓겨났어요. 너무 맛있어서 붙인 이 감자요리의 이름이 영화 제목 '딜리셔스'입니다.

망스롱은 성을 나와 부친이 빵을 만들어 팔던 역참 주막으로 돌아갔는데요, 어느 날 그에게 요리를 배우겠다며, 루어스(이자벨 카레)라는 젊지도 튼튼하지도 않은 여성이 나타났어요. 두 사람은 굶주린 마을 사람들에게 빵을 나누고 서민들에게 품격 있는 한 끼 식사를 제공하되 귀족과 같은 공간 같은 식탁에서 먹도록 초대합니다. 귀족들의 전유물이자 자랑이었던 '요리'와 요리사를 서민들과 공유한 이 사건을 영화는 1789년 바스티유 감옥이 함락된 사건과 나란히 다루었어요. 음식과 혁명, 레스토랑의 역사와 혁명의 역사를 관습을 뛰어넘는 로맨스와 더불

   토닥이는 마음 다독이는 영화

어 흥미롭게 조화시킨 수작입니다.

프랑스 대혁명과 빵

결국 낭설로 밝혀졌지만, 오스트리아 왕족이자 프랑스의 왕비였던 마리 앙투아네트가 했다고 알려졌던 "빵이 없으면 케이크를 먹으라고 해!"라는 말은 자주 대혁명의 원인으로 지목되어왔지요. 1789년 프랑스혁명 당시 베르사유에 도망가 있던 루이 16세 왕족들이 튈르리궁에 돌아와 사실상 유배생활을 할 수밖에 없었던 것은 스스로 "제빵사의 아내들"이라고 구호를 외쳤던 여성들의 행진 때문이었다 하고요. 대혁명 당시 민생고와 민중의 분노는 이처럼 '빵'이라는 가장 기본적인 식량의 문제로 표출되었습니다.

에릭 베스나르의 영화 <딜리셔스>에서도 우리는 대혁명의 전조를 발견할 수 있습니다. 귀족들이 식도락에 빠져있는 반면 아버지의 주막으로 돌아온 망스롱이 만난 아이들은 헐벗고 굶주린 모습입니다. 귀족들의 횡포와 불평등하고 과도한 세금도 문제여서, 샹포르의 집사는 망스롱이 굽는 빵에 세금을 매긴 후 오븐에도 따로 세금을 요구합니다.

한편 망스롱의 아들 벵자맹은 귀족사회에 비판적인 젊은 세대, 즉 '책 읽는' 젊은이를 대표하는데요, 일은 안하고 쓸데없이 책을 읽는다고 어른들로부터 구박을 받아요. 망스롱의 주막은 이러한 현실을 뒤집는 혁명의 공간이었어요. 망스롱이 자신의 레스토랑을 서민들에게까지 활짝 연 그 날, 바스티유 감옥이 함락되었다는 대혁명의 소식이 도달합니다.

프렌치 레스토랑의 시작: 성벽과 차별 없는 평등의 공간
역참 주막에 레스토랑을 열자고 먼저 제안한 것은 망스롱의 책 읽는 아들 벵자맹이었습니다. 파리사람 보빌리에가 의회 의원들에게 다양한 요리를 팔고 있다고 전하면서, 귀족의 부름을 기다리는 것이 아니라 공작이라도 소문을 듣고 찾아오게 만드는 레스토랑을 만들자고 아들은 말합니다.

실제로 프랑스에서는 대혁명 10여 년 전부터 중세부터 이어진 음식 길드의 규칙을 허물고 정교한 요리로 이루어진 정찬을 제공하는 레스토랑이 영업을 시작했다고 해요. 작은 테이블에 웨이터가 접대하는 방식이었죠. 1791년 국민의회가 길드와 그들의 판매특권을 폐지하기로 의결하면서 파리 시민들이 다양한 지방 특산물에 눈뜨게 되었고요, 혁명 후 부유한 귀족들이 해외로 도주하면서 요리사와 하인들을 남기고 떠난 것도 레스토랑이 성행하게 된 원인이 됩니다. 직장과 소속을 잃은 요리사들이 개업하는 사례가 늘어났기 때문이죠.

"여기선 모두가 공작이고 왕입니다."라고 벵자맹은 말했어요. 주막 마당에 띄엄띄엄 놓인 소박한 식탁과 널찍하게 오픈된 공간은 천한 것들은 미각도 예술적 감각도 없다고 떠들어대던 식도락 귀족들의 천장 높은 연회장보다 훨씬 조화롭고 아름답습니다. 연회장소와 분리된 공작의 어둑한 주방과 대조되는 망스롱의 개방형 주방도 마찬가지고요.

 토닥이는 마음 다독이는 영화

음식을 먹는 실내 공간도 주방과 구분되지 않을 뿐 아니라 상석이 따로 없이 작은 테이블들이 평등하게 놓여 있죠.

음식과 혁명, 환대와 복수의 서사

하지만 그것이 전부는 아닙니다. 이 평화로운 환대와 평등의 공간에서 가장 완벽한 복수와 저항이 실현된다는 점이 영화 서사의 가장 탁월한 성취라고 저는 생각합니다. 실은 복수 대신 환대 자체가 혁명이 되었다고 말하는 것이 더 적절할 것 같네요.

망스롱의 환대로 말하자면, 그는 성에서 돌아왔을 때 자기 집을 무단점거하고 있는 부친의 친구를 내쫓지 않고 거둬주었고, 굶주린 아이들이 빵을 훔치러 왔을 때 쫓아내는 대신 그들에게 커다란 빵을 베풀었지요. 걸인이나 좀도둑 같던 그 아이들을 불러 일자리를 제공한 것도 망스롱의 레스토랑이었고요, 관습을 깨고 여자인 루이스를 조수로 맞아들였을 뿐 아니라 장교와 사병들을 공평하게 먹이고 마침내 마을 사람들을 공짜 식탁에 초대했습니다.

공짜 점심초대장은 그야말로 공평하게, 귀족인 샹포르에게도 제공되었는데요, 독이 든 '딜리셔스'로 복수할 수도 있었지만 루이스와 망스롱은 폭력을 폭력으로 되갚기를 포기합니다. 그런데 이 '환대'야말로 샹포르에 대한 최고의 복수가 되었다는 것을 우리는 곧 알게 되죠. 그가 집착하는 구별짓기의 담이 허물어졌을 뿐 아니라 바로 그 자리에서 샹포르의 실체와 만행이 폭로되었으니까요. 더욱이 그가 탐했던 후작부인이 하찮은 요리사와 결탁했으니, 계급을 뛰어넘는 사랑과 연대 또한 가장 급진적인 형태의 저항이자 복수였던 셈입니다.

시인의 조리법: 모두에게 건강한 빵을!

음식으로 세상을 바꾸고 모두에게 최고의 빵을 제공하고 싶었던 요리사 이야기를 하나 더 해볼까 해요. 이번에는 1830년대 영국이 배경인 소설입니다. 일라이저 액턴은 30대 중반의 싱글 여성이고 시인입니다. 두 번째 시집을 위한 원고를 들고 유명 출판사를 찾아갔는데요, 사장이 시는 숙녀의 영역이 아니라고 딱 잘라 말합니다. 차라리 요리책을 써오라면서요. 하지만 숙녀의 영역이 아닌 것은 시 뿐만이 아니었어요. 앞서 프랑스의 경우에서도 보았듯이, 숙녀에게는 '요리'도 허용되지 않았죠.

그녀가 처음부터 사장의 말대로 요리책을 써보자 했던 것은 아닙니다. 사업 실패 후 아버지가 해외로 도주하자, 일라이저와 어머니는 작은 마을로 옮겨 하숙집을 운영합니다. 요리사를 둘 형편은 아니어서 하숙생들에게 직접 식사를 제공하기 시작하면서 일라이저는 당대 이름난 요리책들이 체계도 없고 비실용적이라는 것을 알게 됩니다. 물론, 아름답지도 않고요.

"레시피도 시처럼 아름다울 수 있다고 생각한다. 유용하면서 아름다울 수 있다. 지시를 쏟아내는 품위 없는 목록일 필요가 없다. '질 좋은 건강한 하얀 간을…… 향긋한 식초와 양파 한 조각으로 밤새

 토닥이는 마음 다독이는 영화

재우고 위에 풍미 있는 허브 가지들을 올려서..... 투명한 불꽃에서 굽는다.......'.... 레시피 작성은 시 쓰기와 똑같이 나를 지탱하고 풍요롭게 한다. 어쩌면 나는 '노처녀' 이상이 될 수 있다."[1]

일라이저에게는 주방보조 앤 커비가 있었어요. 하녀로서는 드물게 글을 읽고 쓸 수 있는 총명한 소녀였죠. 앤은 장애인인 술꾼 아버지와 정신병을 앓고 있는 어머니와 살고 있었습니다. 애너벨 앱스의 소설 『미스 일라이저의 영국주방』은 앤과 일라이저의 계급을 뛰어넘는 우정과 서로존중에 관한 이야기이면서 편견과 관습을 넘어선 아름다움에 대한 예찬입니다.

어느 날 앤은 통증으로 아버지가 매일 밤 비명을 지르던 것, 엄마가 어느 주말 여섯 자녀 중 넷을 차례로 잃은 것과 곰팡이가 핀 빵을 먹던 가족의 사연을 들려주었어요. 눈물을 훔치며 듣던 일라이저는 그날 요리책에 빵 만드는 법을 포함시키기로 합니다. 프랑스풍 고급 디저트나 귀족들의 만찬을 위한 요리 뿐만 아니라 빵과 차, 그리고 유대식 아몬드푸딩 같은 소수자들을 위한 요리까지, 일라이저의 요리책에는 평범하고 건강한 식탁을 위한 친절과 배려가 담겨 있었습니다. 유려하고 기품 있는 언어로 쓰인 요리책이었다지요.

"그처럼 많은 사람들에게 빵이 유일한 먹거리라면, 맛있고 건강에

---

1. 애너벨 앱스, 『미스 일라이저의 영국주방』, 공경희 옮김, 소소의책, 2023, 99-100쪽.

좋아야 해. 형편없는 빵을 먹는 관습을 끝내야 된다고. 반드시 끝내야 해!"(353쪽)
"모든 사람이 빵 굽는 법을 알아야 해!"(354쪽)

일라이저 액턴은 현대 요리책의 시초가 된 저작을 남긴 것으로 잘 알려진 실존인물입니다. 조수 앤 커비와 함께 쓴 이 책은 30년간 12만 5천 부 이상 판매된 세계적인 베스트셀러가 되었어요.

하등 쓸모없어 보이는 시의 언어(예술)가 가장 실용적이고 일상적인 필요를 담은 조리법과 만나 품격 있는 요리책을 만들었습니다. 고통을 숙성시켜 품어낸 어휘가 최고의 자유를 선물했고요, 감자처럼 천한 재료가 최고의 맛(딜리셔스)으로 다시 태어났습니다. 지친 말과 마부들에게 물과 빵을 제공했던 역참은 배가 터질 것 같은 귀족과 굶주린 서민들을 레스토랑이라는 이름으로 한 곳에 모이게 했지요. 귀족에게 쫓겨난 요리사는 상처 입은 귀족부인과 세상 다정한 커플이 되었네요.

얼핏 보아 어울리지 않는 것들의 조합이 만들어낸 아름다움에 자주 깜짝 놀라면서 살고 싶다는 생각이 드는군요. 누군가와의 '다름'이 조화나 단순한 '놀람'이 아니라 분노로 되돌아오는 경우가 많은 것이 현실이어서, 더욱 간절해지는 바람일겁니다.

 토닥이는 마음 다독이는 영화

〈우리가 사랑이라고 믿는 것〉(2019)

"투쟁해봤자 허사라고 말하지 말라."

아서 휴 클러프 Arthur Hugh Clough

투쟁해봤자 허사라고 말하지 말라

노동과 상처가 헛되며

적이 약해지거나 사라지지 않으며

조금도 달라진 것이 없다고

지친 파도가 헛되이 부서지며 이곳에선 한 치도 나아가지 못하는

듯하나

저 뒤쪽에선 작은 개울과 만을 이루며 조용히 밀려오고 있지 않은

가?

햇살이 들어올 때 동쪽 창으로만 오지 않으니

앞에서 본 태양은 천천히 솟아오른다. 얼마나 느린가

하지만 서쪽을 보라 밝게 빛나는 대지를

- 영화 <우리가 사랑이라고 믿는 것>에서

희망의 차이: 기록을 읽는 남자와 시를 읊는 여자

영국 남부에 '호프 갭 Hope Gap' 이라는 해변이 있습니다. 하얀 절벽이 가파르고 그 아래 펼쳐진 바다는 물이 빠지면 웅덩이가 있는 바닥이 드러나 온갖 해양생물들을 볼 수 있다고 해요. 영화 <우리가 사랑이라고 믿는 것>의 원제는 바로 그 해변의 이름인 '호프 갭'입니다. 제목처럼, 서로의 희망에 큰 차이가 있는 노년의 부부가 주인공이죠. 둘은 '호프 갭' 주변에 살고 있습니다.

시 편집자인 그레이스(아네트 베닝)는 항상 시를 읊고, 고등학교 교사인 에드워드(빌 나이)는 위키피디아를 읽거나 씁니다. 그냥 시를 읊고 위키피디아를 읽는 것이 아니라 이들이 각각 시와 정보를 수집하는 사람이라는 사실이 눈에 띕니다. 둘은 성격도 아주 달라서, 그레이스는 자기표현이 강하고 거침없는 반면 에드워드는 늘 참는 편이죠. 둘 사이에는 20대 아들 제이미가 있는데요, 조쉬 오코너가 연기하는 제이미는 런던에서 직장에 다니고 있습니다.

29주년 결혼기념일을 앞두고 에드워드는 그레이스에게 나는·당신이 원하는 것을 줄 수 없는 사람이고 당신에 비해 너무 부족하니 떠나겠다고 말해요. "당신과 있으면 그냥 내가 항상 틀리는 것 같아." 사실 에드워드에게는 다른 사람이 생긴 거였습니다. 그레이스는 큰 충격을 받았어요. 둘의 관계에 문제가 있다는 건 알았지만, 지난 30여 년 동안 그레이스는 행복하다고 생각했고 에드워드가 자기를 사랑하지 않게 될 거라고는 꿈에도 생각하지 못했거든요.

은총(Grace)의 언어: 시

두 사람이 지닌 희망의 차이를 가장 잘 보여주는 두 문장을 꼽아보았어요. 그레이스의 입장은 로세티의 시 구절 "여기 와본 적이 있다 I've been here before"로 표현할 수 있고요, 에드워드의 태도를 대변하는 문장은 나폴레옹 전쟁을 다룬 위키피디아 글에 나오는 "아무도 뒤돌아보지 않았다 Nobody looked back."입니다. 그레이스가 문제에 직면하고 고통에서 삶을 길어 올리는 편이라면, 에드워드는 고통을 '뒤돌아보지 않고' 문제를 회피하는 쪽인데요, 그레이스가 읊는 시구 "여기 와본 적이 있다"는 당신이 지금 어떤 감정을 겪고 있든지 나보다 먼저 그 일을 겪고 그 감정을 경험한 사람들이 있었다는 것, 혼자가 아니라는 데서 오는 위로를 의미합니다. 마치 내 이야기인 것 같은 이야기와 음악이나 이미지를 만날 때 이상하게 내 문제가 조금은 가볍게 느껴질 때가 있죠. 꼭 이겨낼 수 있을 것 같고요. 우리가 믿는 성경이 그렇고, 위대한 예술이나 문학이 주는 힘이 바로 그렇습니다.

그래서 영화 <우리가 사랑이라고 믿는 것>에서 가장 감동적인 장면은 '호프 갭'의 절벽에서 그레이스 모자가 나누는 대화였어요. 삶을 스스로 끝내고 싶었다는 그레이스에게 제이미는 이렇게 말해요.

"엄마는 앞서가는 탐험가예요. 엄마가 생을 포기한다면 나는 알게 될 거예요, 그 길이 너무 힘들고 길다는 걸요. 전 결국 불행이 이긴다고 생각하겠죠. 하지만 엄마가 멈추지 않고 버티면서 끔찍한 길을 간다면, 그럼 전 아무리 고되고 힘들어도 해낼 수 있다고 생각할 거예요. 엄마가 해냈으니까.”

덕분에 이 영화 자신도 관객들에게 “아, 나도 그 감정 알아요...” “거기까지 가본 적이 있었어요.”라고 말하는 작품이 되었어요. 누군가 내가 가는 길을 뒤따라올 거라는 생각은 부담일 수 있지만 결국은 그 부담이 나를 살리는 일이 되기도 하는 것 같습니다.

이처럼 제미이의 시선을 통해 영화는 두 사람의 감정과 생각을 존중하면서도 조심스럽게 그레이스, 즉, 시와 예술의 편에 서기로 합니다. 그 과정에서 제이미도 성장하고 치유된다는 점이 중요할 것 같습니다. 따라서 관객들도 제이미가 느끼는 성장과 위로를 경험하게 되는 거겠죠. 부모의 행복과 불행을 이해해 가는 일에 에드워드의 위키피디아보다는 그레이스의 시가 훨씬 유용해 보였어요.

그레이스는 어려움에 처한 사람들에게 자주 시를 통해 다가갑니다. 예컨대 패러글라이딩에 계속 실패하는 이웃을 보고 그레이스는 예이츠의 시를 낭송해줍니다. “즐거움에 대한 고독한 충동” 때문에 벌어진 일이지 않겠냐고 말을 걸었어요. 에드워드를 기차에서 처음 만났던 날도 그레이스는 시를 읊어서 에드워드를 위로했어요. 에드워드는 몇 달 전 돌아가신 아버지가 생각나서 울고 있었거든요. 그 때 그레이스는 헨리 킹이 죽은 아내를 위해 썼던 시를 낭송해주었어요. 에드워드는 그 시를 평생 잊을 수 없었죠. 그 날 그 만남은 에드워드에게, 그레이스의 이름 그대로 ‘은혜’이고 ‘은총’이었습니다.

완벽한 상실 위에 선 희망

어쩌면 <우리가 사랑이라고 믿는 것>은 서로가 서로를 잘 떠나보내는 것, 애도에 관한 영화입니다. 사랑받는 아들이었던 제이미는 자신의 우상이었던 어린 시절의 부모를 떠나보내고 그토록 맞이하기 두려워했던, 노년의 부모와 그들의 불행까지도 받아들여야 하는 거였어요. 그레이스와 에드워드는 각자 사랑이라고 믿었던 것들을 떠나보내야 했고요. 이런 떠나보냄은 당연하게도 상실의 아픔을 낳습니다.

이 영화가 한 가지 더 특별했던 것은 그 상실을 '죽음'에 비유했다는 점이에요. 사랑하는 사람이 떠나는 일은 결국 혼자 남는 일인데 과거에는 전쟁으로 만들어졌던 미망인이 오늘날에는 이혼으로 만들어지는 거라고, 그레이스는 말합니다. 위키피디아를 사랑하는 에드워드는 다 같이 죽지 않기 위해서 죽어가는 전우의 외투라도 벗겨 입고 다만 몇이라도 살아남아야 했던 전쟁의 법칙을 택했어요. 그럴 땐 얼어 죽어가는 동료를 뒤돌아보면 안 되는 거였죠. 에드워드의 정부 안젤라는 이 상황을 이렇게 정리해요. "불행한 세 사람이 있었어요. 이제는 한 사람 뿐이죠." 모두가 불행한 것보다는 그레이스가 버림받는 편이 낫다는 뜻이었고, 이제 그레이스는 전보다 더한 상처를 입고 돌아섭니다.

반면 시의 힘을 믿는 그레이스는 그럼에도 불구하고, 다함께 죽지 않고 살아남을 길을 찾아야 한다고 말합니다. 공감의 언어, 적절한 시를 찾아 말을 건네면서요. 그래서 영화 <우리가 사랑이라고 믿는 것>의 마지막은 희망의 시입니다. 호프 갭 풍경을 배경으로 낭송되는 아서 휴

클러프(1819-1861)의 시에요. "투쟁해봤자 허사라고 말하지 말라…. 지친 파도가 헛되이 부서지며 이곳에선 한 치도 나아가지 못하는 듯하나, 저 뒤쪽에선 작은 개울과 만을 이루며 조용히 밀려오고 있지 않은가"

다행스럽고 신기하게도, 영화가 끝날 즈음 우리는 에드워드와 그레이스가 헤어지고 나서야 서로 조금씩 닮아가고 있다는 것, 또는 그들이 어느 지점에서 수렴하고 있다는 것을 알게 됩니다. 예컨대 그레이스의 머그컵 색상이 바뀌어 있다거나, 위키피디아 까지는 아니더라도 그레이스가 시를 모으고 분류하는 일에 인터넷 집단 지성을 활용하는 것 처럼요. 그런 것이 바로 한 치도 앞으로 나아가지 못하는 것 같으나 조용히 어느새 밀려와 있는, 세월의 힘인가 싶기도 합니다. 파도는, 떠나보내야 다시 밀려오고 그러다 발을 적시곤 하지요.

정치와 역사도 그렇지만, 문화라는 것이 특히 그렇습니다. 하루아침에 세상이 바뀌는 일이 아니고, 한 치도 앞으로 나아가지 못하고 여전히 가파른 절벽에 막히고 웅덩이에 갇힌 듯 할 때가 많지만 어느새 밀려와 있는 파도는 지형도 생태계도 다른 모양으로 빚어가고 있는 거겠지요. 그 와중에 바라는 게 서로 조금 다르면 어떤가요. 그 '차이/간극 Gap'이 만들어내는 에너지와 역동성이 더 장엄하고 멋진 풍광을 만들어낼 거라고 기대해보아도 좋지 않을까요. 고인 웅덩이는 썩기 마련이니까요. 그 일에 파도 속 작은 물방울만한 힘이라도 보탤 수 있기를 바라며, 밀려오는 새로운 파도를 맞이하듯, 서서히 방향을 잡아 한 걸음 더 움직여 봅니다.

 토닥이는 마음 다독이는 영화

마음이 시키는 일, 초심을 만나는 자리
〈마이 뉴욕 다이어리〉(2020)

〈마이 뉴욕 다이어리〉는 젊은 여성이 꿈을 안고 뉴욕에 입성하고 좌충우돌을 겪으며 자아를 찾아가는 이야기라는 점에서 〈악마는 프라다를 입는다〉(2006)와 〈프란시스 하〉(2012), 〈레이디 버드〉(2017) 같은 영화들과 결이 비슷합니다. 여기서 주인공들은 모두 작가나 편집인 또는 예술가를 꿈꾸고 있죠. 필리프 팔라도 감독의 〈마이 뉴욕 다이어리〉는 조안나 레코프의 회고록 "My Salinger Year"를 원작으로 만든 영화입니다. 작가 조안나 레코프는 사회 초년생 시절에 1년 정도 뉴욕의 작가 에이전시에서 일했습니다. 그 때 맡았던 업무 중 하나가 제롬 데이비드 샐린저 앞으로 오는 팬레터에 답장을 쓰는 일이었어요. 『호밀밭의 파수꾼』을 쓴 그 '샐린저'입니다.

편지는 쌓이고, 그분은 대답이 없고

J.D. 샐린저는 1951년에 첫 장편 『호밀밭의 파수꾼』을 발표하기까지 단편소설들로 이름을 알렸습니다. 스물 한 살이던 1940년부터 〈뉴요커〉에 실린 작품들이 큰 주목을 받으면서 20세기의 대표적인 작가가 됐

취미와 취향

어요. 그런데 샐린저는 1965년 단편소설 「햅워스」를 발표하고 은둔 생활에 들어갑니다. 2010년에 91세로 자택에서 삶을 마감할 때까지 투고나 출판, 언론 인터뷰나 강연 같은 외부활동을 멈춘 것은 물론이고 독자들의 편지도 받지 않았어요. 그의 삶은 대니 스트롱 감독의 영화 <호밀밭의 반항아>(2017)를 통해 소개되었습니다.

영화 <마이 뉴욕 다이어리>에서 주인공 조안나(마가렛 퀼리)가 뉴욕에 도착한 것은 1995년입니다. 샐린저가 은둔생활을 한 지 30여 년이 지난 때였죠. 캘리포니아의 버클리 대학 영문학도이며 시를 쓰는 조안나는 친구를 만나러 왔던 뉴욕에서 완전히 새로운 삶을 시작했어요. 1990년대 중반이니까 세상은 이미 컴퓨터와 전자출판의 시대로 접어들었지만, 조안나가 취업한 에이전시는 1927년경부터 전혀 변한 게 없어 보였어요. J.D. 샐린저, 아가사 크리스티, 스콧 피츠제럴드 등 유명한 작가들의 작품을 출판사와 연결해주는 회사였습니다.

샐린저는 까탈스러운 은둔자라면서, 사장인 마가렛(시고니 위버)은 조안나에게 몇 가지 주의를 주었어요. 그 누가 물어도 샐린저의 주소나 연락처를 알려주지 말 것, 샐린저에게 먼저 전화하지 말 것, 특히 "작가님, 제 원고 좀 봐 주시겠어요?" 같은 부탁은 절대 하지 말라고 했고요, 샐린저에게 온 편지들에 유형별로 매뉴얼에 맞춰 정중한 답장을 보낼 것. 꼼꼼하게 편지를 읽고 기계적인 답을 보내고 곧바로 폐기하고 잊어버릴 것. 이런 지시들이었죠.

"샐린저 씨는 개인적인 서신을 받지 않습니다. 따라서 본 편지를 작가에게 전할 수 없고 귀하의 편지는 응답받지 못할 것입니다." 이 매뉴얼의 문구들은 작가가 은둔을 시작한 1963년 내용 그대로였습니다.

큰 뜻을 품고 온 뉴욕인데, 조안나로서는 '내가 이런 일을 하려고 여기 남았나?' 이런 자괴감이 들었겠지요. 게다가 시인으로서 감수성이 탁월하고 사려 깊은 조안나는 샐린저에게 보내온 독자들의 편지들을 읽으면서 그들의 세계에 공감하게 됩니다. 『호밀밭의 파수꾼』을 세 번이나 읽었다는 한 소년은 주인공 홀든의 우울에 깊이 동감한다며, 그의 책을 읽으면 "감정이 확 솟아난다"는 편지를 여러 차례 보내옵니다. 홀든 덕분에 참전군인인 아버지를 이해하게 됐다는 사연도 있었고요, 어떤 소녀는 학교생활이 너무너무 싫은데, 문학시간에 배운 『호밀밭의 파수꾼』 때문에 버텼다면서, 회신을 부탁했어요. 문학선생이 샐린저에게서 답장을 받아오면 낙제를 면하게 해주겠다고 했다면서요. 사연마다 그냥 지나치기 어려운 내면의 고백이 담겨 있었어요.

편지들을 받아보며 안타까워하던 조안나는 급기야 샐린저의 독자들과 상상의 교감을 시작합니다. 그리고 결국 사고를 치게 되죠. 조안나는 매뉴얼대로가 아닌, 독자들에게 개인적이고 진심어린 답장을 하기 시작했어요. 물론, 직장 상사들이나 샐린저도 모르게 했던 이 일이 항상 좋은 결과를 가져오는 것만은 아니었습니다. 그럼에도 불구하고 이 일은 사회 초년생 조안나에게 중요한 경험이 됩니다.

예술이란, 규칙을 깨고 진심을 전하는 일

조안나는 이렇게 수십 년 동안 지켜져 온 규칙을 깼어요. 사실은 가장 '시인다운' 일을 한 거죠. 문법에서의 '시적 허용'을 굳이 떠올리지 않더라도, 예술가는 기계적이고 규격화된 세상을 말랑말랑하게 하는 사람들이고 어디서나 규칙을 깨고 신선한 자극과 생각지도 못했던 틈새를 만들어내는 사람들이니까요.

편지를 보내는 독자들은 물론이고 이 작품에 등장하는 사람들은 모두 샐린저와 『호밀밭의 파수꾼』에 매료된 사람들인데요, 결과적으로 샐린저를 가장 잘 이해하고 있었던 것은 조안나였던 것 같습니다. 작가로서 샐린저 자신은 세상과의 단절을 택했고 규칙을 고수했기 때문에 얼핏 타협의 여지가 없어 보였지만, 조안나는 그 너머의 진심과 작가의 초심을 읽을 수 있는 사람이었어요. 사실 샐린저의 걸작 『호밀밭의 파수꾼』은 젊은 날의 반항과 방황을 옹호하고 순수를 지키려는 열망으로 가득한 작품이거든요.

"나는 늘 넓은 호밀밭에서 꼬마들이 재미있게 놀고 있는 모습을 상상하곤 했어. 어린애들만 수천 명이 있을 뿐 주위에 어른이라고는 나밖에 없는 거야. 그리고 난 아득한 절벽 옆에 서 있어. 내가 할 일은 아이들이 절벽으로 떨어질 것 같으면, 재빨리 붙잡아주는 거야. 애들이란 앞뒤 생각 없이 마구 달리는 법이니까 말이야. 그럴 때 어딘가에서 내가 나타나서는 꼬마가 떨어지지 않도록 붙잡아주는 거지. 온종일 그 일만 하는 거야. 말하자면 호밀밭의 파수꾼이 되

 토닥이는 마음 다독이는 영화

고 싶다고나 할까. 바보 같은 얘기라는 건 알고 있어. 하지만 정말 내가 되고 싶은 건 그거야. 바보 같겠지만 말이야."[2]

다섯 과목 중 네 과목에 낙제하고 일 년 사이 네 번째 옮긴 학교에서 또다시 퇴학을 당한 홀든 콜필드는 세상의 모든 가식과 위선을 혐오하는 '성난 젊은이'입니다. 하지만 이 청년에게도 끔찍이 아끼는 대상이 있었으니, 어릴 적 사망한 남동생 앨리와 열 살 된 여동생 피비였어요. 저는 홀든이 앨리와 피비에 대해 이야기하는 방식이 참 좋습니다. 아이들이 예쁘고 사랑스러워서 어쩔 줄 모르겠다는 듯이, 홀든은 "아, 여러분이 그걸 꼭 봐야 하는데!" 이렇게 자꾸 말하거든요. 홀든은 피비에게 넓은 호밀밭의 끝에 서서 아이들이 절벽으로 떨어지지 않도록 지켜주는 단 한 사람의 어른이 되고 싶다고 말했습니다. 비록 현실의 홀든은 여동생의 코 묻은 돈을 빌려 야반도주를 하려는 못 미더운 오빠였지만요.

순수에 대한 옹호 못지않게 또 하나 흥미로운 것은 "아는 것은 없지만 책은 참 많이도 읽었다"는 홀든이 좋은 책에 대한 분명한 기준을 갖고 있었다는 점인데요, 홀든은 이렇게 말합니다.

"정말로 나를 황홀하게 만드는 책은, 그 책을 다 읽었을 때 작가와 친한 친구가 되어 언제라도 전화를 걸어, 자기가 받은 느낌을 이야기할 수 있었으면 좋겠다는 느낌을 주는 책이다."(32쪽)

2. J.D.샐린저, 『호밀밭의 파수꾼』, 정영목 옮김, 민음사, 2015, 229-230쪽.

그러니까 조안나가 규칙을 깨면서까지 답장을 보낸 것은 가장 시인답고 예술가다운 일이면서, 샐린저 자신이 했을 법한 일이었던 겁니다. 더욱이 그건 가장 조안나 자신다운 일이기도 했어요. 자기가 왜 처음 그 곳에 왔는지, 가장 원하는 것이 무엇인지 아는 사람만이 할 수 있는 일이었어요.

조안나는 이처럼 규칙이나 매뉴얼이 아니라 마음이 시키는 대로, 정직하게 사람들의 마음을 만지는 일을 했어요. 심지어 철벽같고 냉정해 보이는 상사 마가렛에게도 그렇게 합니다. 마가렛이 큰 슬픔과 우울에 빠져 있을 때, 용기를 내서 찾아가고 말없이 껴안아준 것도 조안나였어요. 이 방문은 마가렛도 한때 초보였고 열정과 마음이 이끄는 대로 움직이는 사람이었다는 것을 일깨워주었습니다. 언제부턴가 마가렛은 유명작가의 작품을 대할 때 계산기부터 두드리게 되었는데요, 마가렛이 오래 전 상실한 열정과 문학을 그 자체로 사랑하는 마음도 조안나 덕분에 되살아나게 된 거죠.

시인의 감성으로

세상은 언제나 우리가 왜 세상의 규칙과 규격에 맞지 않고 여기서 적합한 사람이 아닌지, 뭐가 더 있어야 하는지, 이런저런 이유들을 찾아 알려주기 바쁩니다. 그렇게 하면 안 되고 그럴 땐 이렇게 대응해야 손해 볼 일이 없다고 말해주는 영리한 정보들은 또 얼마나 많은지 모르겠어요. 어떤 사람들은 위험하고 창조질서를 파괴하는 죄인이므로 교회가 절대로 용납해서는 안 된다고 주장하는 목소리들이 어느 때보다 크게

　　토닥이는 마음 다독이는 영화

들려오기도 합니다.

하지만 예술가들이 그렇듯이, 그리스도인들은 사람들이 각자 담을 쌓고 살아가는 견고한 세계에 작은 균열을 만들어가는 존재라는 사실을 잊지 않았으면 합니다. 그리스도가 세상에 오셔서 하신 일이 율법의 틀을 깨는 일이었던 것, 그럼에도 그것이 하나님의 질서를 무너뜨리는 파괴가 아니라 율법의 완성이며 하나님나라라는 큰 그림의 시작이었던 것을 힘써 기억하는 거지요. 순수함과 초심을 지켜내는 힘이 거기에 있지 않을까 생각해봅니다.

좀 어리숙해보일망정 심판자가 아닌 파수꾼이, 관리자가 아닌 시인이 되어보는 것은 어떨까요. 누군가의 절박한 질문에 마음이 쓰이고 제대로 응답받지 못한 채 폐기되는 편지와 사연들이 눈에 들어온 경험이 있으시다면, 당신은 이미 시인입니다.

당신의 통과의례가 너무 가혹하지 않았기를
〈해피엔드〉(2024)

고등학교 졸업반 학생들의 이야기 두 편을 연달아 보았어요. 이란희 감독의 〈3학년 2학기〉(2024)가 현재의 대한민국과 미래를 생각하게 했다면, 네오 소라 감독의 〈해피엔드〉는 지나간 시절의 친구들과 떠나온 공동체와 지금은 각자의 길로 흩어진 사람들, 그러니까 과거를 생각나게 하는 작품입니다. 〈해피엔드〉는 나름 SF이고 가까운 미래 일본을 시공간으로 선택했음에도 그렇습니다.

고등학교 졸업반인 코우(히다카 유키토)와 유타(쿠리하라 하야토), 아타(하야시 유타)와 밍(시나 펭), 그리고 톰(아라지)은 음악연구동아리의 친구들입니다(저런, 연구라고요?!). 다섯 청소년이 나이트클럽에 들어가고 싶어서 입구에서 통사정을 하는 장면으로 영화가 시작되는데요, 이들 중 유타와 코우가 클럽 잠입에 성공하지만 곧 단속에 걸리고 도망쳐서 모두 함께 학교 동아리방으로 숨어드는 것이 첫 에피소드입니다. 여기서 우리는 이 아이들이 대체로 주변인의 위치에 있다는 것을 눈치 채게 되죠.

 토닥이는 마음 다독이는 영화

코우는 4대째 일본에 거주하고 있으며 체류허가증을 상시 휴대할 의무가 없음에도 불구하고 가는 곳마다 신분을 증명해야 하는 자이니치(재일한국인)이고, 유타는 모친이 수시로 집을 비우는 한 부모 가정의 외아들입니다. 흑인 혼혈인 톰은 아버지를 찾아 졸업 후엔 미국으로 가고 싶어 하고요, 대만인 혼혈의 밍은 중국어를 잘 못하는 중국계입니다. 장난기가 많으며 패션 감각이 남달라 치마교복을 고집하는 남학생 아타도 예사로운 캐릭터는 아닌 것처럼 보이지요. 영화 <해피엔드>는 이 다섯 친구들이 각자의 몫으로 청소년기를 건너갈 통과의례를 경험하는, 눈부신 순간들을 목격하게 합니다.

단짝친구가 유치해보이기 시작할 때

동아리방에서 함께 밤을 보내고 헤어지면서 유타는 코우에게 "사랑해!"라고 낯 간지러운 인사를 던지는데요, 유치원시절부터 친구인 유타와 코우는 다섯 중 가장 친밀하고 가장 많은 것들을 공유하고 있는 단짝친구입니다. 테크노음악과 디제잉에 대한 열정도 둘은 남달랐어요. 언제까지나 함께 꿈꾸고 즐거울 수 있을 것 같았던 두 사람의 관계는 코우의 '계몽(?)' 또는 각성, 그도 아니면 막 눈에 들어온 사랑 때문에, 그러니까 그것을 어떤 이름으로 부르든 둘 사이를 벌어지게 하고 코우가 유타를 철없고 한심하게 보도록 만드는 일련의 사건들 때문에 균열을 맞게 됩니다.

일단은, 같은 반 여학생 후미(이노리 키라라) 때문이라고 해두겠습니다. 또래에 비해 성숙해 보이는 후미는 반정부 시위를 비롯해서 사회

운동에 적극 참여하는 학생이었고요, 학내의 불합리한 이슈에도 침묵하지 않는 행동파입니다. 최대한 문제 일으키지 않고 잘 졸업해야 대학에 갈 장학금을 기대해 볼 수 있는 이방인 코우의 형편으로는 생각지도 못했던 용기를 지닌 친구였죠. 후미와 함께 시위에 참여하고 학교 밖 사람들과 어울릴 기회가 늘어가면서 코우는 유타에게 세상 돌아가는 일에 어떻게 그렇게 무관심할 수 있느냐며 비난하기까지 이릅니다. 그리고 스스로도 심각하게 고민했어요. '우리가 대학에서 만났다면 친구가 될 수 있었을까?'

파시즘, 공포를 팔아 유지되는 권력

<해피엔드>에서 근미래 일본은 공포를 팔아 시민들을 통제하는 파시즘 정권이 지배하고 있습니다. 곧 대지진이 올 거라며 중앙정부의 통제에 무조건 따라야 한다고 총리는 수시로 엄포를 놓고요, 학교 간 경쟁을 뚫고 내진시설 보조금을 받으려면 정부 관료들에게 잘 보여야 한다는 핑계로 교장은 권력에 빌붙기를 일삼았어요. 자신의 차를 망가뜨린 아이들의 장난(엄격하게 말하면 그건 지진 때문이었지만요)에 뿔이 난 교장은 급기야 학교 전체에 AI 감시 시스템을 도입해서 스캐닝을 통해 학생들에게 벌점을 매기기까지 합니다. 수업에 자위대가 들어와 군을 선전하면서 귀화하지 않은 외국인 학생들은 배제하는 차별을 당연시하고요. 후미는 이 학생들과 함께 교장실을 점거하는 농성으로 학교의 억압적 정책에 항거합니다. 이 와중에 쿠미와 유타 사이엔 뛰어넘을 수 없는 협곡이 자라고 있는 것도 같지요.

사랑, 세상을 바꾸는 가장 강력한 힘

<해피엔드>는 네오 소라 감독의 첫 번째 장편 극영화입니다. 다큐멘터리 <류이치 사카모토: 오퍼스>(2023)로 먼저 이름을 알린 네오 소라는 류이치 사카모토의 아들이죠. 도쿄와 뉴욕에서 살았던 그는 동일본대지진 후의 원전반대 시위와 "흑인의 생명이 소중하다 Black Lives Matter"와 같은 인권운동, 2016년의 미국 선주민들의 다코타 파이프 반대 시위 등을 통해 자본주의와 식민지 문제에 눈을 뜨게 됩니다. 1923년 관동대지진 당시 조선인 학살 사건 등의 역사에도 관심을 갖게 되었지요. 그러면서 친밀했던 학창시절의 친구들과 점점 멀어지는 경험을 했다고 밝혔습니다.

요컨대 이 작품은 어느 정도 자전적인 이야기로서, 개인적인 서사로 성큼 다가오는 측면이 있습니다. 영화를 보고 나서 이런 저런 이유로 '아, 저 친구와 나는 길이 다르구나.'라고 생각하며 자연스럽게 멀어진 친구들을 떠올리는 것이 그러므로 이상한 일만은 아닐 겁니다.

나고 자란 배경을 부정해야 할 만큼 인식의 전환이나 각성을 불러일으킨 사건이나 계기들이 혹시 있으신가요? 예를 들자면 그리스도인으로서 보수교단을 떠나야 했던 경험이라든지, 아예 종교 자체를 버리기로 결단한 순간일 수도 있고요, 사회의 아픔에 침묵하는 것에 실망했거나 정치적인 입장과 견해가 달라 전혀 말이 통하지 않는 것 같은 가족 친지나 동창생들과 거리를 두겠다고 다짐한 기억 같은 것 말이지요. 혹은 이전에 멋있어 보였던 패션이나 대중문화 취향이나 라이프스타일이 갑자기 유치하거나 하찮거나 심지어 한심해 보이게 된 변화 같은 것도 있을지 모르겠습니다.

<해피엔드>는 흔히 '성장'이라고 불리는 이런 경험에도 혹시 우리가, 제가 돌아보아야 할 지점은 없는지 잠시 생각해보게 하는 영화입니다. 영화의 마지막, 깜짝 놀랄 만 한 두 친구의 선택과 그들 앞에 놓인 갈림길을 보며 세상을 바꾸는 것은 엄청난 구호나 단합된 실력행사가 아니라 결국 사랑인가, 싶어지는 것이죠. 부정하고 불합리한 거대한 세상을 향해 목소리를 내고 움직여야 한다고 믿고 달리는 '투사'들에게는 조금 허탈할 수도 있겠다 싶은데요, 사랑 없이 하는 일들이 울리는 꽹과리일 뿐이라는 성서의 가르침을 모른 체 할 수 없는 한 그들은 옳고 영화는 '해피'합니다.

사랑을 잊지 않고 사람을 잃지 않고 싶다고 생각하게 되는군요. 그야말로 세상에서 가장 어려운 일이지만요.

나무인형에게 배우는 지혜, 인간으로 산다는 것
〈피노키오〉(2022)

엇. 제페토에게 죽은 아들이 있었던가요? 이름이 무려 카를로라고요? 카를로 콜로디의 그 카를로?

기예르모 델 토로의 2022년 영화 〈피노키오〉가 시작되자마자, 궁금증이 일기 시작했습니다. 오래 전 아들을 잃고 거의 폐인으로 살던 제페토는 술에 취하고 잔뜩 화난 상태에서 피노키오를 조각하다 말고 잠이 듭니다. 밤새 나무 요정이 나타나 피노키오를 말하고 움직이는 꼭두각시로 만들어주죠. 그렇다면 피노키오가 움직이는 소년이 된 것은 디즈니 애니메이션 〈피노키오〉(1940)에서처럼 제페토가 잠들기 전 푸른 별을 향해 예쁘게 소원을 빌어서 그렇게 된 것이 아니라는 얘기인데요, 점점 혼란스러워집니다. 게다가 델 토로의 제페토는 얼핏 인자한 아버지보다는 차라리 신의 영역에 도전했던 괴물 과학자 프랑켄슈타인에 더 가까워 보입니다. '피노키오'라는 이름을 지어준 것도 제페토가 아니라 요정이었어요.

　　그러고 보니 어린 시절 동화책과 디즈니 그림책 외에는 피노키오 완역본을 한 번도 제대로 읽은 적이 없다는 사실을 새삼 깨닫게 됐죠. 너무 유명한 원작의 비애라고나 할까요. 그래서 읽어보았습니다, 카를로 콜로디의 1883년 작 『피노키오의 모험』(비룡소, 2020)을요.

카를로 콜로디의 『피노키오의 모험』, 지극히 현실적인

원작에서 만난 제페토 할아버지는 디즈니 버전에서처럼 버젓한 목수도 아니고 델 토로 영화처럼 예술가는 더더욱 아니었습니다. 지하방에 사는 가난한 노동자였더군요. 아기고양이와 금붕어요? 그런 친구들 없습니다. 제페토가 피노키오를 만든 것도 외로움 때문이 아니라 먹고 살 방도를 찾기 위해서였어요. 통나무를 구하러 버찌 할아버지를 찾아간 제페토는 꼭두각시 인형을 만들어 세상을 돌아다니면서 빵과 포도주를 얻을 생각이라고 말합니다. 그러니 유랑극단에 마음을 빼앗긴 것은 귀 얇고 철없는 피노키오보다 그를 만든 아빠가 먼저였습니다.

　　『피노키오의 모험』을 쓴 작가 카를로 콜로디도 한때 유랑극장을 운영했다고 해요. 1826년 피렌체의 가난한 가정에서 태어난 카를로 콜로디는 신학교에 다니다가 학업을 중단하고 서점과 출판사 직원으로 일하던 시절 문인들과 교류하며 이탈리아 통일운동을 경험했습니다. 극장을 운영하면서 순회공연을 했으며, 오랜 기간 저널리스트로 활동하면서 정치와 세태를 풍자하는 글들을 썼습니다.

　　거짓말을 하면 코가 길어지고 놀기 좋아하다 당나귀가 되는 아이

피노키오의 이야기는 따라서 본국 이탈리아에서는 권선징악의 전래동화 이상으로, 현실적인 의미가 있습니다. 이탈리아 반도와 주변 섬의 여러 국가들로 나뉘어있던 이탈리아는 50년에 가까운 통일운동 끝에 1861년 드디어 통일국가를 이루었어요. 따라서 서민들은 빈곤하고 정치는 불안정한 와중에 하나의 국가라는 정체성과 애국심이 절실했고요, 낙천적이고 유흥을 즐기는 이탈리아인들에게 특히 교육과 근면성실의 가치를 강조해야 할 필요가 있었죠.

원작의 이런 배경을 생각하면 기예르모 델 토로의 <피노키오>가 배경을 무솔리니 통치하의 이탈리아로 옮겨온 것은 대단히 독창적이고 명석한 각색입니다. 콜로디의 피노키오가 통일 이탈리아를 향해 하고 싶은 이야기가 있었던 것처럼, 델 토로의 피노키오는 이탈리아에 관해 우리가 기억하는 가장 폭력적인 역사를 소환해서 오늘날 대중에게 하고 싶은 이야기가 있는 거겠지요.

델 토로의 <피노키오>, 상처받은 제페토

먼저, 델 토로의 <피노키오>가 정치와 예술과 종교를 언급한 방식에 대해 생각해봅니다. 제1차 세계대전 중 단지 전투기의 무게를 덜기 위해 마을에 폭탄을 투하한 군대의 무차별적인 폭력은 제페토의 하나뿐인 아들 카를로의 목숨을 앗아갔어요. 제페토가 십자가상을 만들고 있던 성당에서였어요. 그 날 이후 제페토는 그 일을 중단하고 말았습니다. 신심을 잃었다고 보아야겠지요. 제페토가 다시 십자가상 작업을 시작한 것은 피노키오를 만든 후였어요.

피노키오는 나무로 만든 저 사람(그리스도)은 모두들 좋아하는데 왜 자기는 사람들이 그렇게도 싫어하는 거냐고 제페토에게 묻습니다. 성당의 신부(종교)와 파시스트 시장(정치)이 특히 이 말하는 나무인형을 악마로 여겼거든요. 다른 한편으로는 유랑극단의 주인 볼페 백작(예술)이 있습니다. 그런데 곧 이 세 부류의 인물들이 모두 피노키오를 환영하게 되는 순간이 찾아옵니다. 그것은 바로 피노키오가 죽지 않는 아이라는 사실을 알게 되었을 때였어요. 십자가에서 부활한 그리스도만큼이나, 그들에게 피노키오는 이용가치가 있는 자산 같은 거였어요.

파시스트 시장은 이렇게 말합니다. "불멸의 존재라니, 조국을 위해 싸우는 최고의 병사가 될 거다!" 돈에 눈 먼 극장주는 이렇게 말하죠. "예술이여, 영원하라!" 뒤늦은 인정과 상관없이, 혹은 그 때문에 더더욱, 상실의 아픔과 신에 대한 실망과 분노로부터 이제 막 기운을 차려가는 늙은 목수 제페토와 그의 피조물 피노키오에게 정치와 종교와 예술은 여전히 가혹한 세상의 여러 얼굴이었습니다.

진짜 인간이 된다는 것은 유한성을 받아들이는 것

델토로의 이 영화에서 원작에 대한 가장 독창적인 해석은 위에서 언급한 죽음의 문제와 관련되어 있습니다. 피노키오는 영화에서 세 번 죽습니다. 하지만 매번 다시 살아나지요. '규칙'을 알려준 죽음의 여신은 피노키오는 생명이 없으니까 죽을 수도 없는 거라고 말합니다.

아빠에게 사랑받는 '카를로'가 되고 싶었고 인간 아들이 되는 것이

 토닥이는 마음 다독이는 영화

야말로 가장 좋은 것이라고 한 치 의심도 없이 믿는 피노키오와 관객들을 잠시 멈춰 세워, 영화는 '정말 그럴까요?' '그런데 인간이 된다는 건 무슨 뜻이죠?' 라고 묻습니다. 죽음의 요정이 말하듯이, 사람이 된다는 것은 유한한 인생을 받아들이는 것이라는 점을 분명히 하는 거죠. 그래서 피노키오는 착해져서 인간생명을 선물로 받는 것이 아니라, 마지막에 스스로 결단하고 선택해야 합니다. 사랑하는 이들을 떠나보내고 혼자 영원히 살 건지, 사랑하는 이들을 살리고 그들과 한정된 시간을 함께 살다가 '인간처럼' 때가 되면 소멸할 것인지 말이지요.

요정은 말했어요. 인생이 아름답고 귀중한 것은 그것이 한번 뿐이고 짧기 때문이라고요. 그 유한하고 귀한 삶을, 자신이 아닌 것을 흉내 내며 살아야 한다면 그것처럼 비참한 일도 없겠지요. 지켜야 할 내편과 가족뿐만 아니라 자신을 괴롭혔던 리틀 파시스트 캔들윅과 백작의 원숭이 스파자투라와 우정을 나누고 연대하게 된 것도 델 토로의 피노키오가 지닌 큰 미덕입니다. 그들은 강자의 편에 선 것처럼 보였지만 결국 한없이 약한 존재로 드러난 친구들이었어요. 정말로 대항하고 싸워야 할 대상이 무엇인지를 알아가는 것도 나무 인형 피노키오의 큰 성장입니다.

『피노키오의 모험』은 최근 몇 년 사이 세 편이나 영화로 제작되었어요. 델 토로의 넷플릭스 <피노키오> 외에 디즈니에서 82년 만에 리메이크한 톰 행크스 주연의 <피노키오>(로버트 저메키스, 2022)와 로베르토 베니니가 제페토를 연기한 이탈리아 영화 <피노키오>(마테

오 가로네, 2019)가 있습니다. 베니니는 2002년 자신이 직접 연출한 작품에서 피노키오를(51세 어린이!) 연기하기도 했죠. 착하고 익숙한 피노키오를 만나시려면 톰 행크스의 디즈니 버전을, 원작의 에피소드들을 최대한 살린 각색으로는 로베르토 베니니 주연의 2019년 작 <피노키오>를, 독창적이고 심오한 작품을 원하신다면, 단연 델 토로의 <피노키오>를 권해드립니다.

대한민국의 일주일이 월화수목금금금으로 되어 있다는 농담이 떠돌던 때가 있었지요. 피노키오의 '장난감 나라'에서 일주일은 여섯 번의 목요일과 한 번의 일요일인데, 목요일은 학교에 가지 않는 날이라고 하네요. (하지만 그곳에선 아이들이 당나귀가 되죠.^^;) 익숙했던 이야기를 낯설게 만나고 사유를 풍요롭게 하는 좋은 영화들로 일주일 중 어느 하루쯤은 충분히 즐거우시기를 바랄게요.

 토닥이는 마음 다독이는 영화

가까이서 보면 세상은 얼룩투성이라서
〈마틴 에덴〉(2019)

1876년 샌프란시스코 태생의 미국 작가 잭 런던은 33세이던 1909년 자전적인 장편소설 『마틴 에덴』(녹색광선, 2022)을 발표했습니다. 노동자 계급 출신의 작가가 대중적인 인기를 끌고 성공하게 된 이야기죠. 어려서부터 극한 노동으로 생계를 이어왔던 잭 런던은 열다섯 살에 이미 자기가 번 돈으로 배를 사서 굴 양식장에서 굴을 훔쳐 팔기도 했다는군요. 18세이던 1894년에는 떠돌이 노동자 '호보'로 살았고요. 호보는 화물열차에 무임승차해 이동하면서 일자리를 찾아 부랑자처럼 떠돌던 사람들을 부르는 말이었는데요, 자본주의의 불안정함을 상기하는 사회학적 의미로 해석되곤 합니다.

이런 날것의 경험들이 작가로서 잭 런던에게는 소중한 자산이 되었겠지요. 그가 호보로 떠돌았던 경험은 1907년의 에세이집 『더 로드: 길 위의 삶, 호보 이야기』(지식의편집, 2022)로 남았고, 원양어선으로 물개잡이 배를 타고 알래스카 클론다이크 금광에서 일했던 시절은 늑대의 우두머리가 된 개의 이야기 『야성의 부름』(민음사, 2010)으로 다시 쓰였습니다. 세인트버나드의 골격과 잉글리시 셰퍼드의 지력을 물려받은 '벅'이 작가의 이상적인 인간형이자 그의 분신 이미지라는 것을 이해하는 것은 그다지 어렵지 않습니다.

작가의 인간 분신, 마틴 에덴

피에트로 마르첼로의 영화 <마틴 에덴>은 잭 런던의 자전소설 『마틴 에덴』을 20세기 중반 이탈리아를 배경으로 각색한 작품입니다. 세상을 떠돌던 하층 노동자 계급의 마틴(루카 마리넬리)과 상류층 여성 엘레나(제시카 크레시)의 사랑이야기를 조마조마하게 들여다보다가, 20세기 역사와 사회구조에 대한 생생한 통찰에 짐짓 놀라는 척 하다가, 길들여지지 않은 야성을 지닌 마틴에게 어느새 연민을 품게 되는 작품입니다. 잘생긴 마틴, 루카 마리넬리에게 그해 베니스국제영화제는 남우주연상을 수여했습니다.

초등학교를 채 마치지 못한 선박노동자이며 주물노동자인 마틴을 원작에서는 "아름다움에 호응하는 사람", "도자기 가게의 황소"로 표현했어요. 영화에서 노시인 루스 브리센덴은 마틴에게 이렇게 말하죠. "부엉이로 가득한 둥지에 뛰어들려는 새끼 독수리군." 마틴이 엘레나와 사랑에 빠진 모습을 보고 한 말입니다.

영화는 크게 두 가지 갈래로 진행됩니다. 첫째는 '초등학교 중퇴의 선박노동자가 어떻게 세계적인 명성을 얻은 작가가 됐는가'와 사회와 글쓰기에 대한 작가 마틴의 신념을 중심으로 한 부분이라면, 둘째는 마틴 에덴의 사랑 이야기입니다. 엘레나를 만나고 나서 마틴은 엘레나처럼 말하고 행동하고 싶다고 생각합니다. 프랑스어로 시를 읽고 그림을 그리고 우아하게 피아노를 치는 엘레나의 상류사회를 동경하며 공부를 하고 책을 읽고 글을 쓰는 일에 전념하기로 하죠. 이를테면 마틴의 글쓰기의 시작은 다른 세계에 편입되고 싶은 욕망이었습니다. 하지만 엘레나의 '도자기가게'가 자신의 세계가 될 수 없다는 사실을 알아가면서 '황소' 마틴은 자신의 글로 세상에 맞서기로 합니다.

언어: 세계를 해석할 수 있는 힘

영화가 시작할 때, 마틴이 녹음기에 대고 하는 말은 그러므로 의미심장합니다.

"그리하여 세상은 나보다 강하다. 그 힘에 맞서 내가 가진 건 나 자신뿐이지만 어찌 보면 그건 대단한 일이다. 다수에 짓눌리지 않는 한 나 역시 하나의 힘이며 내 글의 힘으로 세상에 맞설 수 있는 한 내 힘은 가공할 만 하다. 왜냐하면 감옥을 짓는 자는 자유를 쌓는 자보다 자신을 표현할 수 없기 때문이다."

마틴은 엘레나에게 보내는 편지에서 이렇게 쓰기도 했어요.

"쓸 줄 아는 어휘가 늘어나면서 내 세계를 둘러싸고 벌어지는 일들을 해석할 수 있는 언어를 얻었어요."

작가로서 성공하는 것보다 마틴에게 더 절박한 일이 바로 이것이
아니었을까요. 교육과 예술이 할 수 있는 가장 중요한 일 중 하나는 세
계를 스스로 해석할 수 있는 힘을 주는 것이라고 저는 믿어요. 스스로
의 언어로 나에게 일어난 사건과 세계를 설명할 수 있을 때, 모순되고
좌절이 많은 세상이 그런대로 견딜만해지는 것 같거든요. 무얼 어떻게
바꿔야 할지도 조목조목 짚어내고 말로 설명해낼 수 있고요.

바로 그렇기 때문에 마틴은 마냥 희망을 주는 글을 쓸 수는 없었습
니다. 엘레나와 누나 줄리아는 세상이 힘든데 글로 그렇게 '사실적인'
모습만 줄기차게 다루어야 하느냐고 되물었어요. 빈민들에게 희망은
너무 멀리 떨어진 이야기라고 마틴이 답하자, 엘레나는 그러니까 그들
에게 희망이 더 필요한 거라고 했지요. 결국 엘레나는 날것의 거친 글
을 쓰는 마틴이 절대 글로 돈을 벌 수 없을 거라고, 이대로는 가족이 될
수 없다고 단언하고 떠나갑니다

얼룩 투성이 세상을 끌어안는 예술
그렇다면 그건 단지 어휘와 해석의 차이였을까요? 돌이켜보면 사용할
수 있는 어휘가 늘어나기 전부터 이미 마틴은 아름다움과 얼룩(추함)의
역설을 궁금해하는 사람이었습니다. 엘레나와 마틴이 처음 만난 날 엘
레나가 그린 그림을 보고 마틴은 이렇게 말했어요.

"신기해요. 이 그림은 멀리서 봤을 때 멋졌는데, 가까이서 들여다
보니 얼룩 투성이네요."

 토닥이는 마음 다독이는 영화

인상주의 화풍의 배와 바다 그림이었습니다. 가까이서 보면 뭉툭하고 투박한 유화물감의 질감이 윤곽보다 먼저 눈에 들어오는 작품이었죠. 마틴이 멀찍이서 동경했던 점잖은 상류층 사람들의 삶이 그랬을 것이고 작가로 성공한 이후의 마틴 자신의 삶도 그랬을 겁니다. 마틴은 그 점을 견딜 수 없었던 천생 예술가였겠지요. 그럼에도 불구하고 예술은 예술이어서, 그가 가까이서 발견한 세계의 추함은 '젠틀'한 현대사회의 야만성과 모순을 폭로하면서 그 자체로 공감과 연민의 걸작으로 남았습니다.

피에트로 마르첼로의 영화도 그렇습니다. 영화 <마틴 에덴>은 마틴이 처음부터 눈여겨보았던 그 그림처럼, 침몰하는 배의 이미지를 영민하게 사용했어요. 영화에서는 크게 세 가지 색조가 사용됩니다. 과거의 기록과 기억을 다룰 때는 세피아 톤을 사용하고 현재와 현실은 자연색으로 다루었다면, 정서와 감정, 예컨대 슬픔과 절망 또는 마틴의 망가진 상태를 재현할 때는 푸른 색조가 두드러집니다.

침몰하는 배의 장면은 이에 따라 푸른색이 지배적인 영상인데요, 엘레나가 떠나고 마틴의 친구이자 멘토였던 시인 루스마저 죽은 후 마틴의 심경을 표현하는 배의 가라앉음과 이때의 푸른 색조는 수년 후 유명작가가 되어 있는 마틴이 술에 취해 싸우고 만신창이가 되어 있는 새벽의 푸른빛으로 자연스럽게 이어집니다. 엘레나와의 이별과 루스의 죽음이 그랬듯이, 마틴이 그토록 바라던 성공은 영혼의 침몰에 다름 아니었음을 표현하는 영화의 언어이며 적극적인 해석입니다.

결국 마틴은 먼 바다를 향해 걸어 들어갑니다. 제2차 세계대전이 발발한 듯, 누군가 "전쟁이 일어났다!"고 외치고 있었죠. 전쟁과 마틴의 죽음을 연결시킨 것은 인간세계의 폭력과 모순에 대한 절망의 표현이었을 겁니다. 세계대전이야말로 인간의 욕심과 욕망과 폭력성이 극명하게 드러나는 재앙이었으니까요

욕망과 모순을 직시하기를 멈추지 말 것

영화 <마틴 에덴>은 이처럼 격정적이면서도 담담한, 이질적인 것들이 결합되어 흥미로운 감흥을 일으키는 작품입니다. 내가 편입되기 위해 강하게 열망하고 추구하는 세계는 무엇인가, 거부당했다고 느꼈거나 어딘가에 끼지 못해 불안하고 외롭다면 그건 정확히 어떤 이유에서일까, 한번쯤 깊이 고민해 볼 수 있는 영화이기도 하죠.

문득 소설 『야성의 부름』에서 모두가 황금을 향해 달려갈 때 그 한복판에서 작가가 돈과 당대의 욕망이 가져온 비극을 직시하고 경고했던 창의적인 방식을 떠올려봅니다. 강에서 채취한 사금으로 가득한 보따리를 "노란 물이 줄줄 흘러나오는 주머니"로, 하찮은 것처럼 묘사한 것이 재미있었어요. 자연으로부터 충족될 수 있는 날것의 욕망 앞에서 돈 자체(황금)에 대한 욕심은 전혀 '자연스럽지' 않을 뿐 아니라 허상에 가까운 것이라고 폭로하는 것 같습니다.

마지막으로 작가 잭 런던에 관해 한 가지만 덧붙이려고 합니다. 한때 저널리스트로서 노동자와 빈민의 편에서 발언하고 동양인과 소수

                    토닥이는 마음 다독이는 영화

민족을 옹호하는 글들을 남겼던 잭 런던은 러일전쟁(1904-1905) 당시 취재차 한국에 3개월 머물렀던 적이 있습니다. 당시 일본은 좋아했으나 한국은 무기력하고 게으른 민족이라고 폄훼했던 기록이 남아 있는데요, 때문에 사회진화론자이며 백인남성으로서의 한계와 모순을 드러낸 것이라는 비판을 받기도 합니다. 동양의 작은 나라 일본의 편에 선 백인 남성에게 그 일본의 폭압에 짓눌린 더 작은 민족은 그저 게으르고 어리석어보였던가 하고 씁쓸해지는 것은 피할 수 없네요.

다만 자신이 간절히 원했던 세계에 편입된 성취감과 동시에 자신이 그렇게도 비판했던 자본주의의 최대 수혜자가 되었다는 데서 오는 자괴감으로 그가 몹시 괴로워했던 것만은 틀림없어 보입니다. 말년에 잭 런던은 은둔을 선택했는데요, 1916년 40세로 숨을 거둔 그의 공식 사인은 신장결석으로 인한 신부전이었으나, 진통제 과다투여로 인해 자살에 가까운 사망으로 보기도 한다는군요. 실제로 그는 늘 자살충동에 대해 말하고 썼던 전력이 있습니다. 영화 <마틴 에덴>의 결말은 바로 이 점을 염두에 둔 선택이었던 것 같지요.

잭 런던이 혹시 스스로의 모순과 세계의 지저분함을 조금 더 견뎌줬으면 어땠을까 상상해봅니다. 냉철하고 철저하게, 가까이서 본 얼룩을 끌어안고 살아가는 방법을 계속 기록하면서요. 한편으로 그 일은 잭 런던을 읽은 후대의 몫인가 싶습니다만.

〈페니키안 스킴〉(2025)

품위 있고 당당하고 심플하게

"도살장처럼 변해버린 세상에도 희망은 존재한다." 웨스 앤더슨의 영화 〈그랜드 부다페스트 호텔〉(2014)에서 차마 미워할 수 없는 괴짜 호텔지배인 구스타브(랄프 파인즈)가 이렇게 말하는 대목을 저는 참 좋아합니다. 영화의 화자이기도 한 호텔보이 출신 제로가 곧바로 덧붙이죠. "그가 바로 희망이었다." 품위 지상주의자인 구스타브는 곧 죽어도 파나쉬 향수는 포기하지 않는 멋쟁이였어요.

웨스 앤더슨의 만화 같고 연극 같은 영화 〈애스터로이드 시티〉(2023)에서 어쩌다 작품의 주인공이 된 배우이자 전직 목수 오기(제이슨 슈왈츠먼)가 원작자를 찾아가 따져 묻는 장면도 참 좋아요. "그 대목에서 나는 왜 뜨거운 전기스토브에 손바닥을 올려놓아야 하는 거죠?" "글쎄. 잘 모르겠는데… 이상한가?" 이런, 이렇게 심드렁한 '조물주'의 답이라니요. 그에 비하면 오기의 해석은 사랑스럽고도 명쾌합니다. "나는 그녀를 보고 가슴이 빨리 뛰는 이유를 스스로 만들어내야 했나보다고 생각했어요."

2025년 칸 경쟁부문에서 6분 30초간 기립박수를 받았다는 웨스 앤더슨의 새 영화 <페니키안 스킴>에도 개인적으로 찌릿한 장면들이 있었어요. 그중 하나는 예정에 없던 재벌 상속녀의 길을 가게 된 애기수녀 리즐(미아 트리플턴)이 아버지 아나톨 자자 코다(베니치오 델토로)에게 기도응답에 대해 이야기하는 대목입니다. 대략 이런 내용이었어요.

"기도응답 같은 거 받을 줄 몰라요, 그런 척 할 뿐. 그냥 신의 뜻이라고 짐작되는 일을 하는 거죠. 뭐, 알기 어려운 것도 아니잖아요."

듣고 있던 코다가 "아멘."이라고 했던가요.

그러고 보면 웨스 앤더슨에게서 제가 가장 좋아하는 점은 도살장 같고 이해불가한 일들이 도처에서 벌어지는 와중에 생사와 선악의 경계를 따라 비틀거리면서라도 나름의 품위를 잃지 않고 묵묵히 자기 길을 가는 사람들을 향한 편애인가 싶네요. 그래서 새 영화가 나오면 서둘러 극장에 가야 할 것 같은 팬심이 작동하는 것인가 하고요.

아홉 아들 안 부러운, 수녀원의 딸 하나

페니키안 스킴이란 가상의 페니키안 공화국에 운하, 터널, 철도, 발전소 등을 복합 설치하는 인프라 건설 프로젝트입니다. 영화는 이 프로젝트의 기획자이자 유럽 최고의 재벌인 자자 코다가 여섯 번째 항공기 테

러에서 살아남으면서 이야기를 시작하죠. 게다가 거대 프로젝트를 방해하기 위한 경쟁세력들의 '공작'이 실현되면서 자자 코다는 파산의 위기에 처하게 됩니다. 그는 이제 동업자들을 설득해서 함께 고통을 분담하는 것으로 최악의 상황을 돌파해야 하는데요, 이 여행에 외동딸 리즐과 곤충학자인 가정교사 비욘(마이클 세라)이 동행합니다. 열 명이나 되는 자녀 중 아홉 아들을 마다하고 자자 코다가 리즐을, 그것도 수녀가 되겠다는 딸을 후계자로 불러온 이유가 뭘까요? 저에게는 영화에서 가장 흥미로운 포인트이기도 했습니다. 스포일러가 될 것 같아, 여기서 차마 다 이야기할 수는 없지만요.

어머니가 일찍 돌아가시고 아버지에 의해 다섯 살 때부터 수녀원에 보내진 리즐은 딱히 재산 욕심도 없고 아버지가 맘에 들지도 않지만 후계자 '테스트'에 응하기로 합니다. 어머니 사망의 비밀을 밝히고 싶었기 때문이죠. 열 자녀의 모친들인 세 아내와 모두 사별한 자자 코다가 아내들을 살해했다는 루머가 돌고 있었는데요, 코다는 딸에게 자신의 배다른 형제인 엉클 누바(베네딕트 컴버배치)의 존재를 알려줍니다. 리즐의 모친과 부적절한 관계였던 그가 비서와 모친의 관계를 의심해서 벌인 일이었을 거라고 말하죠. 다만 여기에 코다가 어느 정도 죄책감을 갖고 있다는 것은 숨기지 않습니다. 비서가 리즐의 모친과 바람을 피우고 있다고 자신이 누바에게 거짓말을 했기 때문에 벌어진 일이라고 그는 자백했어요.

1950년대가 배경인 이 영화에서 이복형제인 누바와 자자 코다의 관계는 다분히 은유적입니다. 냉전시대의 숱한 싸움들로부터 시작해서 지금까지 진행중인 세계의 전쟁과 갈등을 향해 웨스 앤더슨은 명분 없는 살상이며 실로 허망한 일이라고 일침을 놓습니다. 한참을 죽일 듯이 싸우다가, 도대체 왜냐고 묻는 코다에게 누바가 되물어요. "알잖아?" 코다가 말합니다. "뭔데? 누가 이기고 질지 궁금해서?"

그렇다고 합니다.

웨스 앤더슨식 풍자

한편 리즐은 종신서원을 앞둔 수녀이고, 코다는 죽을 고비를 넘길 때마다 저승 문 앞에 이르는 임사체험을 해요. 이런 대목은 이 영화가 지닌 여러 종교적인 의미를 생각하게 합니다. 천국 혹은 지옥의 문 앞에서 번번이 귀환하는 코다는 점차 심경에 변화를 겪게 되고 마지막에 중대한 결심을 하게 되죠. 이 과정에서 원장수녀(호프 데이비스)가 등장하는 장면을 유심히 보았습니다.

아버지와의 관계가 가까워질 때마다 리즐에게는 보석류가 늘어나는데요, 리즐이 원장수녀를 다시 만났을 때 리즐의 묵주는 보석이 주렁주렁한 귀중품으로 바뀌어 있고, 편의점에서 샀다던 호신용 단검 대신 아랍 왕자가 선물한 보석 찬란한 단검을 품고 있으며, 아버지에게 선물받은 담배 파이프에도 촘촘히 보석이 박혀 있습니다.

원장수녀는 리즐에게 이렇게 화려한 세계에 속한 당신은 수녀와는 어울리지 않는다고 말하며 환속을 권합니다. 대신 기부금과 헌금은 계속 받겠다는 말을 재빨리 덧붙였죠. 어린 수녀 하나의 생애를 건 헌신보다 재벌집 상속녀로서 그가 제공하는 금품이 더 가치 있다는 선언처럼 들리기도 하는데요, 리즐은 물론 지켜보는 우리도 당황스러운 와중에 눈치 빠른 코다가 갑자기 세례를 받겠다고 말합니다. 혹시 그걸로 부족하면 아홉 생명을 더하겠다고 말이지요. 물론 그의 아홉 아들들을 말하는 거였어요. 이 세 사람의 미묘한 신경전과 각자의 문제해결 방식이 너무나 웨스 앤더슨다워서, 무릎을 치며 또 한 번 웃습니다. 실은 웃픈 현실이지만 그걸 그런 방식으로 포착하고 재현해주어 고맙다고나 할까요.

영화의 마지막에 이르러 포도주 외에는 독주를 마셔본 적이 없다던 리즐이 위스키를 앞에 두고 아버지와 마주앉아 있을 무렵, 리즐은 전처럼 소박하고 값싼 재질의 파이프를 입에 물고 있어요. 테이블에는 여전히 해골이 놓여 있어 언제라도 소멸할 수 있는 인생을 상기하지만, 끈적이는 다정함 없이도 부녀는 평화롭습니다. 저질러놓은 일은 스스로 수습하기로 한 이 가족의 성장과 정직한 선택을 응원하게 되는 결말인데요, 아홉 아들이 아니고 리즐이어서 고맙고, 명분 없는 피흘림과 쫓김으로부터 그들이 마침내 자유로워진 것 같아 다행입니다. 하여 우리에게 그리스도의 복음이란 그런 거라고 새삼 생각하게 되더랍니다.

참, 리즐을 연기한 미아 트리플턴이 캐이트 윈슬렛의 딸이라고, 제가 이야기했던가요? 힐다 코다 역으로 등장하는 스칼렛 요한슨과도 분위기가 닮아 보여 더 신기하네요.

　토닥이는 마음 다독이는 영화

불법이 아니면 괜찮은가
〈콘티넨탈 '25〉(2025)

단지 법대로 했을 뿐인데

루마니아 북부 트란실바니아에 사는 헝가리인 오르솔라(에스테르 톰파)는 법집행관입니다. 철거지역의 노숙인을 퇴거시키는 일을 맡고 있는데요, 어느 날 퇴거 집행 도중 노숙인이 스스로 목숨을 끊는 사건이 발생합니다. 일용직 노동자인 그 남자는 호텔이 들어설 건물 지하 보일러실에 불법거주하고 있었어요. 개발회사 측에 사정해서 퇴거일을 한 달이나 미뤄주기도 하고 이사차량을 준비해주고 사전 통보와 소통에 특별히 신경 써서 폭력적인 상황이 발생하지 않도록 오르솔라로서는 최선을 다했지만, 그의 죽음을 막을 수는 없었어요.

큰 충격을 받은 오르솔라는 가족여행도 포기하고 혼자 집에 남아 사건의 늪으로부터 헤어 나오기 위해 안간힘을 씁니다. 홀로 주기도문을 외우고, 믿을 만한 친구에게 마음을 털어놓고, 자선단체에 큰돈을 기부하고, 엄마를 찾아가고, 직장상사에게 묻고, 선불교에 심취한 옛 제자의 말을 경청하며, 정교의 성직자와 상담을 합니다. 개인이 해볼

취미와 취향

수 있는 모든 일을 한 것이죠.

제26회 전주국제영화제 개막작 <콘티넨탈 '25>는 부조리하고 잔인한 사회에서 선하게 살고 싶은 개인이 느끼는 무력감과 공연한(하지만 이유 있는) 죄책감, 그들이 그 죄책을 다루는 방식을 종교와 선행을 매개로 풀어냈습니다. 2025년 베를린국제영화제 각본상(은곰상) 수상작이며, 전체 영상을 아이폰15로 촬영한 것으로도 화제가 되었지요.

루마니아에 헝가리인으로 산다는 것

땅과 거주지, '집'은 영화 <콘티넨탈 '25>에서 루마니아와 헝가리의 과거와 현재, 미래를 이어내는 좋은 매개체입니다. 영화의 제목으로 쓰인 '콘티넨탈'은 곧 들어설 초호화 호텔의 이름이에요. 사망한 노숙인은 바로 이 호텔 부지에 있는 건물 지하의 보일러실에 숨어 살고 있었는데요, 이와 대조적으로 중산층 관료인 오르솔라는 마당이 있고 조용하고 쾌적한 교외의 신축 주택단지에 살고 있습니다. 단, 오르솔라는 터전을 빼앗긴다는 것, 그리하여 '남의 땅'이 된 고향에 거주한다는 것이 어떤 것인지 잘 아는 루마니아의 헝가리인 이라는 점이 중요합니다. 노숙인의 죽음에 죄책감을 느낀다고 호소하는 오르솔라에게 루마니아인 친구가 뜬금없이 이렇게 말합니다.

"난 너를 보면 죄책감을 느꼈어. 트란실바니아는 헝가리인들의 땅이었는데 1918년에 우리가 빼앗은 거잖아."

 토닥이는 마음 다독이는 영화

친구는 제1차 세계대전 이후 트란실바니아가 헝가리에서 루마니아
로 넘어간 역사적 사건을 상기한 거였어요. 이 결정으로 트란실바니아
에 살던 170만 헝가리인들은 졸지에 루마니아의 소수민족이 됐습니다.
여기서 시작된 뿌리 깊은 갈등이 루마니아와 헝가리인들 사이에 혐오
와 배제의 정서를 낳은 것을 영화에서도 확인할 수 있습니다. 노숙인이
사망한 일에 관해 루마니아의 언론은 일제히 "헝가리인 법집행관이"
가혹하게 퇴거를 밀어붙였다고 쓰기 시작했거든요. 악플러들의 공격도
만만치 않았겠지요.

공연한 죄책감 또는 부채의식

이쯤 되면 오히려 파시즘의 피해자로 나서서 싸울 법도 한데, 오르솔라
는 계속해서 고인에게 미안해하고 죄책감을 느끼며, 내가 뭔가 더 할
수 있지 않았을까 생각합니다. 오르솔라가 만난 사람들은 한결같이 법
집행관으로서 당신은 최선을 다했고 할 일을 했을 뿐이므로 "당신 잘못
이 아니야."라고 말해 주었는데도 말이지요.

오르솔라는 그들에게 매번 절박하게 물어요.

"법에 어긋나지 않는다고 정말 괜찮은 걸까요?"

이어서 노숙인과 자신의 문제뿐 아니라 우크라이나와 러시아에서
벌어지고 있는 폭력에 대해서도 묻기를 멈추지 않습니다, 도대체 어떻
게 그것들을 외면하고 살 수 있는지를.

그녀는 한때 대학에서 법을 가르쳤고 변호사가 될 수도 있었으나 지금은 법집행관으로 일하고 있습니다. 책임 있는 자리에 있는 사람들이 한사코 내 잘못이 아니라고 우기며 법망을 피해가고 신뢰를 종잇장만도 못하게 여기며 책임을 떠넘기는 것만 줄기차게 보아오던 대한민국의 정치현실이 오롯이 떠올라 영화를 보는 내내 오르솔라의 슬픔과 우울이 고맙게 느껴졌어요.

세상은 어쩌면 죄책감의 연대 혹은 연쇄가 살리는 것 아닐까 생각해봅니다. 세상의 고통이 나와 무관하지 않다고 느끼고 나의 안락함과 특권이 누군가의 고통과 연결되어 있다는 책임의식, 제가 종종 부채의식이라고 부르는 어떤 정서 말입니다.

고통 받고 있는 사람들에게 연민을 느끼는 한, 우리는 우리 자신이 그런 고통을 가져온 원인에 연루되어 있지 않다고 느끼는 것이다. 우리가 보여주는 연민은 우리의 무능력함뿐만 아니라 우리의 무고함도 증명해 주는 셈이다. 따라서 (우리의 선한 의도에도 불구하고) 연민은 어느 정도 뻔뻔한 (그렇지 않다면 부적절한) 반응일지 모른다. 특권을 누리는 우리와 고통을 받는 그들이 똑같은 지도상에 존재하고 있으며 우리의 특권이 (우리가 상상하고 싶어하지 않는 식으로, 가령 우리의 부가 타인의 궁핍을 수반하는 식으로) 그들의 고통과 연결되어 있을지도 모른다는 사실을 숙고해 보는 것, 그래서 전쟁과 악랄한 정치에 둘러싸인 채 타인에게 연민만을 베

 토닥이는 마음 다독이는 영화

풀기를 그만둔다는 것, 바로 이것이야말로 우리의 과제이다.[3]

저는 이 영화를 전주국제영화제에서 처음 보았습니다. 전주에서 돌아오는 길 한밤중의 고속도로를 달리며 들은 뉴스는 먼 나라에서 벌어진 전쟁의 폭력을 부지런히 전해왔어요. 러시아의 만행을 고발한 우크라이나의 여성 기자 빅토리아 로슈치나의 시신이 고문의 흔적으로 심하게 훼손된 채로 돌아왔다는 소식이었습니다. 21세기 고도 문명의 시대, 사람이 사람에게 그렇게까지 잔혹할 수 있다는 사실에 새삼 경악하며 <콘티넨탈 '25>를 곱씹어보았습니다.

폭력의 시대, 종교가 설 자리란

마침 라두 주네의 이 영화는 거대한 공룡이 기계적으로 움직이는 공원에서 쓰레기를 줍는 노숙인의 모습으로 이야기를 시작했는데요, 산책하던 로봇 개가 노숙인을 위협하고, 무선자동차가 성직자의 걸음을 방해해서 분노를 유발하는 장면들이 포함되어 있습니다. 차마 침묵할 수 없는, 어쩌면 원시 공룡시대부터 시작되어 세월이 지나도 여전히 달라진바 전혀 없는 로봇 시대의 폭력에 대해서도 영화는 하고 싶은 이야기가 있었던 거겠지요.

그 와중에 종교는 어떤가요? 길을 막고 바짓가랑이를 붙들고 외쳐대는 사람들의 질문에 무턱대고 화를 내거나, 미안하고 슬퍼서 어쩔 줄을 모르겠다며 눈물을 흘리며 묻는 이웃을 붙잡고 앉아 선문답을 읊거

---

3. 수전 손택, 『타인의 고통』, 이재원 옮김, 이후, 2004, 154쪽.

나, 영화에 나오는 긴 수염의 사제처럼 "자, 눈을 감고 주기도문을 함께 외워보아요." 하는 것 외에…… 혹시 부끄럽지 않게 내놓을 수 있는 응답이 더 있지 않을까요?

 토닥이는 마음 다독이는 영화

〈콘클라베〉(2024)

2024년 12월 3일 내란의 밤 이후로도 수개월동안 불안했던 기억이 새삼스럽습니다. 이르면 2월 말이면 결정이 날 거라던 헌법재판소의 심리가 장기화하면서 혼란의 시기가 이어졌지요. 8인의 재판관들이 전원일치 판결을 위해 분투하고 있다고 믿는 사람들이 많았지만, 철통보안이 유지되는 사이 억측이 난무하기도 하고 "이게 무슨 콘클라베냐!" 라며 더러 비난 섞인 한탄을 내놓기도 했던 것을 기억합니다. 콘클라베, 얼마간 성스럽고 고풍스러운 이국의 종교 용어는 2025년 대한민국에 이처럼 일상 아닌 일상의 어휘로 훅 다가왔습니다. 마침 에드바르트 베르거의 영화 〈콘클라베〉가 개봉하기도 했고요, 그로부터 얼마 후 현실 바티칸에서는 레오 14세가 새 교황으로 선출되었지요.

바티칸 발 '스릴러'

교황 선종 직후 로마교황청 추기경단장인 로렌스(랄프 파인즈)에게 차기 교황을 선출하는 콘클라베를 주관할 임무가 주어집니다. 3주 후 열린 콘클라베에서 사도궁무처장 트랑블레(존 리스고), 국무원장 벨리니

(스탠리 투치), 베네치아 추기경 테데스코(세르조 카스텔리토)와 나이지리아의 아데예미(루시언 음사마티) 등이 유력한 후보자로 지목되었는데요, 벨리니는 진보적인 신학으로 모든 면에서 보수적인 테데스코와 대립하며 어떻게든 테데스코만은 막아야 한다는 입장이고, 아데예미는 테데스코 만큼 보수적이지만 최초의 흑인 교황이 될 수도 있다는 기대를 받는 인물입니다. 한편 야심가 트랑블레에게는 선종 직전의 마지막 면담에서 교황에 의해 파면되었다는 의혹이 제기되어 있습니다.

로렌스는 콘클라베가 열리는 동안 보안과 안전을 유지하는 동시에 추기경들 사이의 알력과 음모를 파악하고 은밀한 비밀까지도 다루어야 하는 난제를 껴안습니다. 107명의 추기경단에 더해 교황이 비밀리에 임명했다는 108번째 추기경으로 카불의 빈센트 베니타스(카를로스 디에스)가 등장하고 로렌스 자신이 뜻밖에 유력한 교황 후보자로 부상하게 되자 콘클라베는 난맥상을 이루게 되었어요. 추기경단장으로서 로렌스의 언행이 진정성을 의심받는 지경에 이르렀고요, 같은 편이라 믿었고 가장 신뢰하던 벨리니마저 당신의 내면을 똑바로 들여다보고 욕망을 인정하라며 로렌스를 다그칩니다.

스릴러 영화로서 <콘클라베>는 성직자라고 예외일 수 없는 인간의 추함과 나약함이 영상의 압도적인 아름다움과 기묘하게 공존하는 작품입니다. 외부와 완벽하게 단절되어 모든 과정이 비밀스럽게 진행되는 가운데 신의 뜻과 은총은 가장 예상치 못한 방식으로, 봉쇄를 뚫고 기어이 모두에게 고루 도달하고야 맙니다. 오랜 세월 사람들의 시야에서

     토닥이는 마음 다독이는 영화

벗어나 있어 목소리를 빼앗긴 존재들에게까지, 무엇보다 그들에게 가장 필요한 방식으로 말이지요.

닫힌 문과 뚫린 하늘

콘클라베는 라틴어로 콘 클라비스(con claivis), '열쇠를 지니다' 또는 '열쇠로 걸어 잠근 방'이라는 뜻입니다. 베드로에게 천국의 열쇠를 맡긴다는 마태복음 16장 19절의 예수님 말씀이 교황제도의 시초가 되었다는 것은 잘 알려져 있지요. 13세기부터 가톨릭교회는 추기경들이 교황을 선택하기 전까지 식사와 잠을 제외하고는 투표가 이루어지는 성당을 벗어날 수 없도록 했습니다.

닫힌 시공간으로서의 콘클라베 이미지는 영화 초반 선종한 교황의 방에서 시신이 나간 후 굳게 잠긴 문과 붉은 밀랍으로 봉인된 붉은 리본을 통해 충분히 암시되었습니다. 이미 너무 많은 비밀을 듣게 되었다며, 더 이상 비밀을 캐는 사람이 되고 싶지 않다던 로렌스는 후에 '증거'를 찾기 위해 서거한 교황 방의 인장을 뜯어냅니다. 교황청의 오랜 관습과 금기를 깨뜨리는 로렌스의 행위는 견고한 확신을 향한 도전이었습니다.

"형제자매 여러분, 성모 교회에 봉사하는 동안, 제가 무엇보다 두려워하는 죄는 바로 확신입니다. 확신은 통합의 강력한 적입니다. 확신은 포용의 치명적인 적입니다. 그리스도조차 종국에는 확신을 두려워하시지 않았던가요? '주여, 주여, 어찌하여 저를 버리시나이까.' 십자가에서 9시간을 매달리신 후 고통 속에서 그렇게 외쳤죠. 우리 신앙이 살아 있는 까닭은 정확히 의심과 손을 잡고 걷기 때문입니다.... 오로지 확신만 있고 의심이 없다면 신비도 존재할 수가 없습니다. 물론 신앙도 필요가 없겠죠."

"의심하는 교황을 보내주십사, 주님께 기도합시다. 바로 그 의심 덕분에 가톨릭 신앙은 계속해서 생명을 얻고, 그로써 전 세계에 영감을 줄 것입니다. 죄를 짓고 용서를 구하고 또 실천하는 교황을 주십사, 주님께 기도합니다."

콘클라베 첫날 로렌스는 선거인단 앞에서 위와 같은 메시지를 전했어요. 불행히도 어떤 사람은 자신의 죄를 합리화하기 위해 위 구절들을 인용해서 낭패를 보기도 합니다만, 신은 가장 적절한 순간 로렌스의 그릇된 신념에 균열을 내며 자신의 뜻을 알려옵니다. 그 순간이 미리 보수해서 잘 봉쇄된 시스티나 천장의 유리창이 폭음과 함께 깨지는 것으로 표현되었다는 것이 흥미롭습니다. 폭발의 결과로 희고 붉은 추기경단의 아름다운 복장은 흙먼지에 오염되고 말았지요.

여기서 로렌스는 또 한 번 금기를 깨고 봉인을 제거합니다. 콘클라베는 오로지 신의 뜻에 따른 것이어야만 하므로 투표에 영향을 줄 수 있는 일체의 정보를 금하는 것이 교황청의 법이었지만, 교황청 담장 너머 바깥에서 방금 무슨 일이 일어났는지 추기경들에게 알리기로 한 것입니다. 그는 차기 교황을 점지해줄 신의 음성이 세계로부터 단절된 시스티나 성당 안에서만 들려올 거라는 확신을 깨뜨리고 외부의 소식에 귀를 열기로 합니다. 그리고 당면한 현실세계를 바탕으로 서로 논쟁하며 타인의 목소리를 경청한 후에야 추기경들은 비로소 자신들이 선택해야 할 교황의 얼굴을 알아볼 수 있었습니다. 불경하게도(?) 우아함을 잃고 먼지투성이 성의를 착용한 상태에서 말입니다.

배제와 차별 없는 풍경을 향해

의혹과 갈등이 해소된 콘클라베의 끝, 영화의 진짜 마지막은 한 건물에서 문을 열고 나오는 젊은 수녀 셋의 모습입니다. 대각선으로 공간을 가로질러 화면 밖으로 사라질 때까지 그들은 발랄하게 걸으며 웃고 떠드는데요, 그 모습을 위층에서 로렌스가 흐뭇하게 내려다보고 있습니다. 한결 편안하고 자유로워 보이는 얼굴이죠.

모든 것이 제자리로 돌아가는 풍경이란 이런 것이 아닐까 싶습니다. 늘 존재했겠으나 그간 들리지 않던 소리가 들려오고 보이지 않던 존재들이 시야에 들어오는 일 말입니다. 그리고 집나온 교황의 거북이에게 로렌스가 그랬듯이 자신이 가장 안전하고 행복할 수 있는 곳으로 각자 돌아갈 수 있도록 누군가는 손을 빌려주고 대신 걸음을 옮기는 수고를 감당해야겠지요.

그런 의미에서 이 작품이 아녜스 수녀(이사벨라 로셀리니)를 선두로, 수백 년 콘클라베 역사에서 주연은커녕 조연조차도 될 수 없었을 뿐 아니라 불가시의 존재였던 여성에게 목소리를 부여한 것에 특별히 주목해야 합니다. 그것은 또 다른 약자와 소수자를 포용하고 인정하기 위한 전제이자 포석이며 필수요건이기도 하기 때문이지요. 물론 이것은 확신의 봉쇄가 풀리고 굳게 잠긴 문이 열려야 가능한 일입니다.

"내가 뭘 요구했나? 세 가지 아닌가. 통합, 관용, 겸손."

로버트 해리스, 『콘클라베: 신의 선택을 받은 자』(조영학 옮김,
알에이치코리아, 2025)에서,
자신의 강론에 대한 로멜리(영화의 로렌스) 추기경의 요약.

 토닥이는 마음 다독이는 영화

〈프로이트의 라스트 세션〉(2024)

"아마도 루이스와 프로이트는 우리 내면의 갈등을 대변하고 있는 지도 모른다. 마음 한편에서는 권위를 거부하며 프로이트와 함께 "나는 항복하지 않겠다"라고 말하지만, 다른 한 편에서는 루이스처럼 우리 내면에 깊이 자리잡은, 절대자와의 만남을 향한 갈망을 깨닫는다."[4]

생각이 다르고 믿는 바가 달라도, 심지어 그것이 과학과 종교적 확신의 문제라고 해도 서로 농담을 건네며 멋진 대화를 나눌 수 있다면 세상이 조금 더 살만해질까요. 맷 브라운의 영화 〈프로이트의 라스트 세션〉은 세대와 나라와 종교가 다른 20세기의 두 지성이 만난다는 멋진 상상으로부터 시작합니다.

무신론자와 변증가, 나이차만 두 배

1939년 9월 3일, 히틀러가 폴란드를 침공한 지 이틀 후이며 영국의 참

---

4. 아맨드 M. 니콜라이, 『루이스 vs. 프로이트』 (홍성사, 2004), 326쪽.

전으로 제2차 세계대전이라는 세계사적인 비극이 시작되는 시점에 영화도 시작됩니다. 정신분석학의 창시자인 프로이트(안소니 홉킨스)는 빈에서 나치를 피해 런던으로 떠나왔고 16년째 앓고 있는 구강암 말기 증세로 고통이 심했습니다. 83세의 프로이트는 그럼에도 자신의 상황과 운명을 스스로 결정지을 수 있다고 주장하고, 그렇게 할 거라는 고집을 놓지 않습니다.

프로이트의 연락을 받고 그를 만나러 온 41세 C.S.루이스(매튜 구드)는 어린 시절 신앙을 버리고 무신론자로 살다가 30대 초반에 회심한 후 유명한 기독교변증가가 되어 있었어요. 무신론자 시절 루이스는 무신론을 방어하기 위해 프로이트의 이론을 적극적으로 활용했고, 회심한 이후에는 프로이트를 정면으로 논박하는 글들을 썼어요. 『천로역정』의 패러디인 『순례자의 귀향』(홍성사, 2020)에서는 '지기스문트'라는 남성을 등장시켜서 프로이트 심리학을 풍자하기도 했죠. 이 이름은 20세까지 프로이트의 본명이었습니다.

무신론자인 지그문트 프로이트와 최고의 기독교 변증가 C.S. 루이스가 대화하는 장면을 처음 상상한 사람은 정신의학자인 아맨드 M.니콜라이였어요. 니콜라이는 하버드에서 30년 가까이 루이스와 프로이트의 대립되는 세계관을 비교하는 강의로 큰 인기를 끌었습니다. 그는 이 내용을 "The Question of God"이라는 책으로 펴냈는데요. 한국에서는 『루이스 vs. 프로이트』(홍성사, 2019)라는 제목으로 출간되었습니다.

 토닥이는 마음 다독이는 영화

니콜라이의 책은 미국의 극작가 마크 세인트 저메인이 쓴 희곡 <라스트 세션>의 근간이 되었습니다. 2010년부터 뉴욕에서 장기간 상연되었고, 한국에서도 2020년 초연한 이후 꾸준히 상연되며 호응을 얻어 온 2인극입니다. 영화 <프로이트의 라스트 세션>은 따라서 연극 <라스트 세션>과 책 『루이스 vs. 프로이트』, 두 작품에서 출발한 거지요.

차이보다는 공감의 대화

『루이스 vs. 프로이트』에서 저자가 다루는 프로이트와 루이스의 사상과 세계관은 다음과 같은 키워드들을 경유하고 있습니다. 창조자, 양심, 행복, 성, 사랑, 고통과 죽음 같은 문제들이죠. 신의 존재/부재라는 초월적인 영역으로부터 시작해서 인간의 실존에 이르기까지, 두 사람은 각 주제들에 대해 극명하게 대조되는 관점을 취하면서 논쟁합니다.

그런데 특히 영화에서 이러한 접근은 정작 사상의 차이보다 두 사람이 비슷한 고민과 고통을 겪었다는 사실에 더 주목하게 만드는 것 같습니다. 정신의학자답게 니콜라이의 책이 두 사람의 사상의 뿌리로 그들의 유년기부터의 경험과 기억, 전기적인 요소들을 비중 있게 다룬 것과 무관하지 않을 겁니다.

프로이트의 어머니는 아버지의 세 번째 부인이고, 40세인 아버지가 십대인 어머니와 결혼했을 때, 그에게는 이미 손자가 있었습니다. 집안 형편이 넉넉하지 않았고요, 프로이트는 평생 유대인 혐오증의 피해자였어요. 세 살 때까지 어머니 대신 자신을 돌보아주었던 유모가 돌연 집에서 쫓겨난 사건은 어린 프로이트에게 큰 상실이었습니다. 유대교 집안이었지만 어릴 적 프로이트는 가톨릭이었던 유모를 따라 교회에 다녔는데요, 이 모든 개인사가 복합적으로 프로이트가 종교와 신을 거부하게 된 원인이 되었을 거라고, 『루이스 vs. 프로이트』의 저자 니콜라이는 조심스럽게 언급하기도 했습니다.

루이스는 아일랜드에서 변호사 아버지와 목사의 딸이었던 어머니 사이에서 모태신앙으로 태어났어요. 가톨릭사회인 벨파스트에서 이방인이나 다름없는 개신교인 가정이었죠. 프로이트가 어려서 유모를 잃었다면, 루이스는 어머니를 아홉 살에 여읩니다. 아내를 잃고 상심한 아버지가 형과 루이스를 기숙학교에 보냈어요. 여기서 루이스는 가장 어두운 시절을 보냈습니다. 아버지를 떠났듯이 신을 떠나 무신론자가 됐고요, 서른 살까지 무신론자로 삽니다. 사도바울처럼 극적인 경험은 아니지만, 지성과 깨달음이 자신을 회심에 이르게 했다고 그는 말했습니다.

말해진 것과 말해지지 않은 것 사이의 진실

프로이트와 루이스는 둘 다 소년 시절부터 아버지와 불화했고, 꽤 오랜 세월 무신론자로 살았고, 사랑하는 가족의 죽음을 경험했으며, 두려움이 무엇인지 잘 아는 사람들이었습니다. 프로이트는 루이스가 어머니를 잃고 아버지와 분리된 경험을 이야기할 때 단번에 그의 결핍과 근원적인 갈망을 이해합니다. 소년시절의 경험에서 벗어나는 것이 그렇게도 어렵다고, 그는 말했어요. 그것은 자기 자신에게 하는 말이기도 했

 토닥이는 마음 다독이는 영화

을 겁니다. 맷 브라운이 프로이트 역에 안소니 홉킨스를 캐스팅한 것은 따라서 탁월한 선택이었습니다. 그는 <쉐도우 랜드>(1993)에서 50대의 C.S.루이스를 연기했지요. 한때 '루이스'였던 그가 루이스와 유사한 경험을 지녔으나 전혀 다른 믿음을 선택한 프로이트가 되어 나타난 거죠.

단, 맷 브라운의 영화가 주목하는 그들의 공통점과 유대감은 이 정도에 그치지 않습니다. <프로이트의 라스트 세션>은 그들이 비밀을 지니고 있었다는 점에서도 비슷하다고 말합니다. 영화에서 프로이트는 말해지지 않은 것, 혹은 말할 수 없는 것이 더 중요한 의미를 갖는다고 했어요. 꿈과 무의식이 그런 것처럼요.

프로이드에게 그것이 막내딸 안나 프로이트의 동성애 성향과 아버지와의 애착관계의 문제였다면, 루이스에게는 전사한 친구의 어머니였던 무어 부인과의 애매하고 비밀스러운 관계입니다(물론 이 부분은 니콜라이의 책과 저메인의 연극에서 '말해지지 않은 것'이기도 하고, 프로이트와 루이스에 대한 연구서들이나 여러 전기들에서 상이하게 설명되는 이슈입니다만). 신랄한 논쟁을 주고받으면서도 두 사람은 이 문제에 대해서는 함구하고 싶어했습니다. 덕분에 둘이 헤어질 즈음 우리는 그들의 말과 삶을, 그들이 직접 말한 것과 말하지 않은 것 사이의 간극을, 다른 결론을 내린 같은 고민을 두고 대화의 행간과 서로의 마음을 헤아렸을 두 지성의 품격을 반추하게 됩니다.

대화의 품격이란 무엇인가

여러분도 혹시 그러신가요. 기독교가 다시 비웃음과 조롱의 대상이 되어 연일 회자되는 것을 보며 저는 요즘 마음이 편치 않습니다. 궤변과 우격다짐이 난무하고 무례함이 눈살을 찌푸리게 하는 공공의 무대에 어김없이 기독교인들이 '빌런'으로 등장하는 것이 속상하고 부끄럽습니다.

독립을 독립이라 말하지 못하는 독립기념관장, 노동자 탄압 발언에 앞장서온 고용노동부 장관, 차별금지법과 동성애가 북한공산당 혁명에 이용될 것이라고 말하는 국가인권위원장, 명품 귀금속 세트와 금거북이를 뇌물로 바친 기업 회장과 관료들은 모두 교회에 열심히 출석하는 기독교인이거나 국가조찬기도회 임원들이었다고 하지요. 공적인 자리에서 선포되는 신앙이 이토록 폭력적일 수 있구나, 혹 그분들은 순교자의 마음과 사명으로 똘똘 뭉쳐 그 자리를 지키고 있는 것인가, 생각하자면 절망을 넘어 섬뜩하기까지 합니다.

세상의 빛이 되고 희망이 되어야 할 그리스도인들은 어쩌다가 좌절과 혐오의 대명사가 되고 기회주의자의 우두머리가 되고 값싸게 동원하고 함부로 이용하기 좋은 집단의 표상이 되었을까요. <라스트 세션>의 프로이트와 루이스는 비밀스러운 침묵과 서로의 간극을 존중하는 품격있고 우아한 논쟁을 마친 후 "오류에서 오류로, 그렇게 진실에 이를 것이다" 같은 멋진 전망과 함께 퇴장합니다. 그렇게 하기에 우리는 이미 너무 멀리 와 버린 것일까요.

　　토닥이는 마음 다독이는 영화

하지만 그렇다고 가만히 있을 수만은 또 없어서, 모여서 영화라도 보고 대화해보자고, 그렇게 서로의 존재를 확인하고 함께 울고 웃으며 더 나은 세상을 꿈꾸어 보자고, 어쩌면 같은 마음을 품고 계실 분들을 향해 계속해서 말을 건네고 손을 내밀어봅니다.